U0928485

粮食产业高质量发展理论与实践

LIANGSHI CHANYE GAOZHILIANG FAZHAN

LILUN YU SHIJIAN

颜　波　等◎著

目　　录

第一章　粮食产业高质量发展研究①

党的十九大报告指出，我国经济已由高速增长阶段转向高质量发展阶段。高质量发展就是坚持以提高发展质量和效益为中心，更好地满足人民日益增长的美好生活需要的发展，是体现新发展理念的发展。习近平总书记指出，推动高质量发展是当前和今后一个时期确定发展思路、制定经济政策、实施宏观调控的根本要求，必须深刻认识、全面领会、真正落实。② 粮食是关系国计民生的基础性、战略性产业，也要遵循这一规律，由总量扩张向高质量发展阶段迈进。目前我国粮食综合生产能力稳步提升、市场体系不断健全、供给侧结构性改革取得明显成效、产业经济蓬勃发展，为推动我国粮食产业高质量发展提供了较好的物质基础和条件。本章通过分析粮食产业高质量发展的重要意义、内涵、制约因素，提出推动我国粮食产业高质量发展的路径及相关政策建议。

一、粮食产业高质量发展的重要意义

（一）推动粮食产业高质量发展是保障国家粮食安全的根本途径

粮食安全不仅是数量安全、质量安全，其更高层次是产业安全。从数量

---

① 本文完成时间为 2019 年 11 月，形成书稿时作了必要修改。

② 2017 年 12 月 8 日中央政治局会议精神。

安全方面看,我国粮食产量连续多年稳定在6亿吨以上、库存充足(如图1-1),人均粮食占有量高于世界平均水平。但同时也要看到,粮食数量安全基础不牢固,主要依靠政策刺激和要素投入,持续增长内生动力不足,资源环境约束日益凸显。中国农科院调查显示,华北平原已成为全球最大的地下水漏洞区,总面积可能达7万平方公里。从质量安全方面看,我国农业面源污染存在一定问题,化肥、农药过量使用,畜禽粪便、秸秆和农膜资源化处理不足,粮食赖以生长的土壤和水体环境堪忧。从产业安全角度看,需要有相应的加工流通能力和产业链、供应链掌控能力,能够生产出适应消费者需求的粮油产品,并及时把产品供应到消费者手中,这样才能真正实现粮食安全。而我国粮食产业各环节连接不紧密,初加工过剩,优质粮油产品缺口较大;2020年我国进口粮食1.4亿吨,其中大豆进口量10033万吨①,对外采买率超过80%,而我国粮食企业在全球范围内配置粮食资源能力不足,粮食国际供应链脆弱。

因此,保障国家粮食安全,迫切要求通过推动粮食产业高质量发展。一方面,转变粮食生产方式,抓好种子和耕地两个要害,实施种源技术攻关,加强农田整治和高标准良田建设,严控化学投入品使用,狠抓粮食标准化生产、品牌创建、质量安全监管,夯实粮食生产基础,提升供给数量与质量;另一方面,加快推动粮食企业"走出去",培育一批竞争力强的国际大粮商,增强我国对全球粮食产业链供应链的掌控能力。

(二)推动粮食产业高质量发展是全面推进乡村振兴的重要举措

经过不懈努力,我国已全面建成小康社会,实现了第一个百年奋斗目标,并开启了向第二个百年奋斗目标进军的新征程。全面建设社会主义现代化国家,最艰难最繁重的任务依然在农村。推进乡村振兴,促进农民增收,特别是种粮农民增收是关键。国家统计局数据显示,2019年农民人均

---

① 数据来源于海关总署。

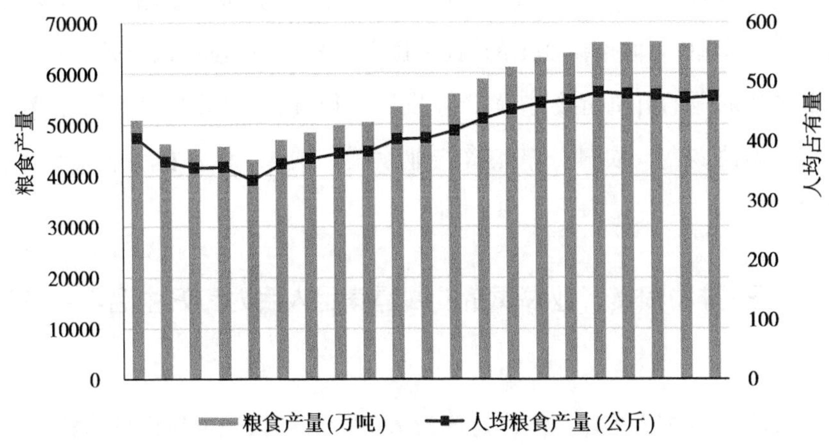

图 1-1　1999—2019 年我国粮食产量及人均占有量情况

数据来源:国家统计局网站

可支配收入为 16020 元,其中,工资性收入、经营净收入和转移性收入分别占 41.09%、35.97%和 20.58%。与全国相比,粮食主产区农民收入中经营净收入比重较高,黑龙江、内蒙古、河南、湖南分别为 48.03%、52.79%、33.48%、38.81%。① 当前,我国经济发展进入新常态,增速放缓,受中美经贸摩擦、新冠肺炎疫情等影响,经济发展下行压力加大,短期内农民外出务工收入和财政转移性收入增长困难,但从农业经营性收入增长看,还有较大空间。一方面粮食大路品种多,专用品种发展不足,粮食主产区提质增效空间大;另一方面,与发达国家相比,目前我国农产品加工业总产值与农业总产值之比为 2.3∶1,比发达国家平均的 3.5∶1 低 1.2 个点②,产业发展增值潜力巨大。

通过推动粮食产业高质量发展,加快从增产导向转向提质导向,构建优质高效的粮食产业体系,引导农民生产适销对路的优质特色绿色产品,切实增加农民种粮收益;同时支持粮食主产区以“粮头食尾”“农头工尾”为抓

① 数据来源于《2019 年中国农村统计年鉴》。

② 数据来源于 https://www.sohu.com/a/417581512_737084。

手，依托县域发展粮食加工、流通，不仅可以把粮食产业链的增值留在县域，改变农村卖原料、城市搞加工的局面，振兴乡村产业，还可以有效促进小农户和现代农业的有机衔接，拓宽产业发展路径，使农民分享粮食加工、流通环节的增值，农业、农村分享粮食产业发展的成果，助力农民增收和乡村振兴。

（三）推动粮食产业高质量发展是满足人民对美好生活需要的迫切要求

2020年我国人均国内生产总值为72000元①，按照世界银行的标准，我国已步入中高收入国家行列，随着城乡居民收入水平持续提高，消费结构不断升级，人民对食品品质和安全的要求也越来越高，不再满足于“吃得饱”“吃得好”，更是要“吃得安全、营养、健康”。但是，我国粮食品质优质特色产品偏少、有效供给尚待提升，难以满足消费者高品质、多样化消费需求。因此，通过推动粮食产业高质量发展，主动对接市场需求，顺应消费升级趋势，优化产品供给结构，通过提品质、增品种、创品牌，着力增加优质产品供给，突出解决“好不好”“优不优”“方便不方便”问题，才能更好地满足人民群众日益增长的美好生活需要，增强人民的获得感、幸福感和安全感。

（四）推动粮食产业高质量发展是提升我国粮食产业国际竞争力的必然选择

根据国际贸易理论，提高粮食产业国际竞争力，一种途径是粮食产品具有较低价格的优势，另一种途径是生产高附加值的优质粮食产品，以相对较高的价格被国际市场接受。粮食是土地密集型产品，而我国粮食生产以小农为主，随着我国劳动力、土地等成本的不断提高，我国粮食生产成本已超过美国等主要粮食出口国。根据国家粮油信息中心数据，2021年1月小

① 数据来源于《2021年中国粮食和物资储备年鉴》。

麦、稻米和大豆国内价格分别为 2750 元/吨、3880 元/吨和 4840 元/吨，进口到港完税价格分别为 2316 元/吨、3984 元/吨和 4268 元/吨，国内与进口的价差分别为 434 元/吨、-104 元/吨和 580 元/吨。

我国工业化和城镇化尚未全部完成，人工和土地成本仍处于上升通道，由成本倒挂所决定的价格倒挂还将持续扩大，提供价格相对较低的粮食产品增强我国粮食产业国际竞争力的潜力有限。因此，只有推动我国粮食产业高质量发展，一方面扩大经营规模，依靠科学技术，不断提高我国粮食劳动生产率、土地产出率、资源利用率；另一方面，走差异化、异质化竞争道路，推进产业融合，生产高附加值的优质粮食产品，才能真正提升我国粮食产业国际竞争力，助推粮食产业强国建设。

二、粮食产业高质量发展的基本内涵

当前我国粮食产业正处于从总量扩张转向数量质量并重的重要关口，处于从“有没有”“够不够”转向“好不好”“优不优”的重要节点，必须深入贯彻落实新发展理念，坚持质量第一、效益优先，深化供给侧结构性改革，转变发展方式、转换增长动能，构建现代化粮食产业体系，在促进数量平衡的同时，要更加注重质量提升、更加注重竞争力提升、更加注重科技创新，实现高质量、可持续发展。结合粮食产业的自身特点和发展规律，我们认为，粮食产业高质量发展的内涵主要体现在产品优质、产出高效、产业融合、结构优化、环境友好等五个方面。

（一）产品优质

高质量发展的核心是质量第一。在基本数量得到满足之后，粮食产品的质量和品质成为消费者最大的关切。粮食产品优质安全，是粮食产业高质量发展的重要目标，也是增强广大人民群众安全感的必然要求。习近平总书记指出：“当前，老百姓对农产品供给的最大关切是吃得安全、吃得放心。要把增加绿色农产品供给放在突出位置,狠抓农产品标准化生产、品牌创建、质量安全监管,推动优胜劣汰、质量兴农。”①要抓住高质量发展和农业供给侧结构性改革这一有利时机,按照创新引领、消费驱动、结构合理、供给有效的要求,加快推进粮食由总量扩张向提质增量并重转变,突出绿色化、优质化、特色化、品牌化,走质量兴粮之路,不断适应居民消费转型升级要求,更好满足日益个性化、多样化、高品质的消费需求。

(二)产出高效

高质量发展要求效益优先。过去,为了解决“吃得饱”问题,粮食主要盯着产量,什么产量高就生产什么,生产什么卖什么,卖不出去由国家兜底,粮食生产、收储、加工、运输、销售等各环节割裂,循环不畅,造成粮食产量高、库存量高、进口量高,资源配置效率低、产出效益低等问题。提高粮食产业的产出效益,一方面要坚持创新发展,使“创新成为第一动力”,加快实施粮食科技创新攻坚计划,聚焦粮食产业高质量发展,建设一批产学研用紧密结合的研发平台,力争在新产品开发、关键核心技术与装备研发等方面取得突破,提升粮食产业创新力和竞争力。另一方面要坚持“粮头食尾”和“农头工尾”,转变粮食产业发展方式,构建现代化粮食产业体系,推动粮食产业链、价值链、供应链“三链协同”,促进粮食“产购储运加销”协同联动,各环节紧密相连,稳步提升粮食产业整体素质、质量和效益。

(三)产业融合

产业融合是实现高质量发展的关键。通过产业融合,延伸产业链,密切利益链,优化资源配置,形成新动能,促进价值链提升和高质量发展。粮食加工转化是粮食产业融合发展的引擎,要充分发挥粮食加工转化的接一连

① 习近平:《论坚持全面深化改革》,中央文献出版社 2018 年版,第 304 页。

三作用，促进粮食产业链上下游对接、产前产中产后联接，构建从田间到餐桌各环节贯通的全产业链经营体系，实现企业内部各经营环节融合发展。通过完善基础设施、公共服务和配套政策，引导关联企业、配套产业、相关服务业向粮食产业园区集聚，形成项目集中、资源集约、功能集成的产业集群，促进粮食市场主体横向融合，提高粮食产业集中度和规模效益。通过粮食产业与科技、信息和文化等相关产业深度融合发展，充分开发粮食产业多种功能和多重价值，不断激发和增强产业高质量发展的动力与活力。引导粮食企业向县域重点乡镇、村及产业园区集中，实现“以产带村、以村促产”，推动粮食产业与乡镇、村庄深度融合发展；围绕“一带一路”建设，支持粮食企业走出去，创新对外投资方式，以投资带动粮食国内外贸易、产业深度融合发展。

（四）结构优化

高质量发展是结构优化的协调发展。产业结构主要包括产品结构、区域结构、要素结构、组织结构和贸易结构等。产业结构优化是实现协调发展的关键，即通过优化资源配置，供给结构不断适应需求结构，推动粮食产业持续、协调进而高质量发展。在产品结构上，生产出来的粮食产品能够有效对接市场需求，供给体系高效，实现粮食供需在高水平上的均衡。在区域结构上，粮食生产布局和加工布局的比较优势得到充分发挥，产销衔接稳定顺畅，产区粮食有稳定销路、销区粮源有可靠保障。在要素结构上，推动粮食产业发展由主要依靠政策支持和资源消耗向依靠创新驱动和提高劳动者素质转变，转换增长动能。在组织结构上，发展适度规模经营，以粮食加工转化为引擎，推动“产购储运加销”协同联动、一二三产业融合发展，提高粮食产业规模化、产业化、集约化、组织化水平。在贸易结构上，善于用好国内国际“两个市场、两种资源”，通过适当增加进口和加快农业“走出去”步伐，有效弥补国内粮食市场需求缺口。

（五）环境友好

高质量发展是资源节约、生态友好的绿色发展。环境友好是满足城乡居民美好生活、建设美丽中国的需求，也是粮食产业高质量发展的硬约束和可持续发展的必然要求。发展粮食产业不能以牺牲生态环境为代价，要突出解决耕地过度开垦、地下水超采、重金属污染、化学投入品过量使用、副产物综合利用等问题。推行粮食标准化清洁生产，完善节水、节肥、节药的激励约束机制，支持粮食企业建立绿色、低碳、环保的循环经济系统，探索多途径实现粮油副产物循环、全值和梯次利用，提高粮食综合利用率和产品附加值，促进生态环保、节粮减损、提质增效，实现粮食产业发展的经济效益与生态效益相统一。

三、粮食产业高质量发展的基础条件

（一）粮食综合生产能力稳步提升

从总产水平看，自 2004 年起我国粮食生产连年丰收，2020 年达到 6.69 亿吨，与 2004 年相比，增加 2 亿吨，增长 42.6%。其中，谷物产量 6.17 亿吨，增加 1.97 亿吨；稻谷产量 2.12 亿吨，增加 0.33 亿吨；小麦产量 1.34 亿吨，增加 0.46 亿吨；玉米产量 2.61 亿吨，增加 1.3 亿吨。从单产水平看，除大豆外，我国谷物单产水平不断提升，与 2004 年相比，2020 年我国稻谷、小麦和玉米单产水平分别为 7044 公斤/公顷、5742 公斤/公顷和 6317 公斤/公顷，较 2004 年增加 733 公斤/公顷、1490 公斤/公顷和 1197 公斤/公顷，增长 11.6%、35%和 23.4%。① 从播种面积看，主要粮食作物播种面积稳步增长，2020 年稻谷、小麦和玉米播种面积分别为 3008 万公顷、2338 万

① 数据来源于《2020 年中国粮食和物资储备年鉴》。

公顷和4126万公顷，比2004年增加170万公顷、175万公顷和1581万公顷。从物质装备水平看，小麦生产实现全程机械化，玉米、水稻耕种收综合机械化水平超过70%①。2011年以来累计建成高标准农田8亿亩，项目区耕地质量提升1—2个等级，粮食亩产提高约100公斤②。

（二）粮食市场体系不断健全

粮食市场服务水平稳步提升，全国粮食商流、物流市场达到500多家。稻谷、小麦、玉米和大豆等主要粮食品种的期货交易规模不断扩大，在发现价格、对冲风险等方面作用不断凸显。全国粮食统一竞价交易系统升级为国家粮食电子交易平台，绝大多数省（区、市）组建粮食交易中心，并接入国家粮食电子交易平台，会员数量已达3万余户，基本涵盖国内主要用粮企业，基本形成以国家粮食电子交易平台为中心，省（区、市）粮食交易平台为支撑的国家粮食交易体系。2018年组织各类粮食交易会3935场，成交粮食近13627万吨，成交金额2319亿元人民币③。通过贷款贴息等政策，支持多元主体积极入市，市场化收购比重不断提高，粮食收购主体多元化格局逐步形成。粮食行业信用体系逐步完善，信用信息归集管理不断规范，市场主体诚信档案不断健全。2018年以来，连续成功举办中国粮食交易大会，推动产销合作迈上新台阶。

（三）粮食产业发展效益和质量显著提升

2019年底，全国纳入粮食产业经济统计范围的各类企业达2.3万家，实现工业总产值3.15万亿元，加工转化率和销售收入利润率分别达到81%和7%。④ 结构布局进一步优化，形成以黑龙江、吉林、辽宁、山东、河北和

---

① 数据来源于农业农村部。

② 数据来源于《中国的粮食安全》白皮书，2019年10月。

③ 数据来源于《中国的粮食安全》白皮书，2019年10月。

④ 数据来源于国家粮食和物资储备局。

河南等地为主的玉米加工区,以黑龙江、江苏、安徽、江西、湖北和湖南等地为主的稻谷加工区,以山东、河南、河北、江苏和安徽等地为主的小麦加工区,以广东、江苏、山东和天津等地为主的进口大豆压榨区。新增长点不断涌现,探索出一批行之有效的产业发展模式,粮机制造业关键设备自主率不断提高,绿色环保新产业发展势头良好,“网上粮店”等新型粮食零售业态快速发展。

(四)粮食供给侧结构性改革取得明显进展

1. 粮食收储制度市场化改革取得突破

取消油菜籽临时收储,对玉米、大豆实施市场化收购加生产者补贴机制,逐步调整优化小麦和稻谷最低收购价格政策,粮食市场正加速从“政策市”向“市场市”转变,2020 年我国粮食市场化收购比重超过 90%,优质优价成效显著。

2. 粮食种植结构不断调优

据农业农村部数据显示,2018 年优质强筋弱筋小麦面积占比达到 30%,节水小麦品种面积占比达到 20%;优质稻谷面积占比超过 80%;主要农作物良种覆盖率持续稳定在 96%以上,粮食生产逐步由增产导向转向提质导向,不断向高质量发展迈进。

3. 粮食生产不断调绿

自 2015 年持续开展化肥农药使用量零增长行动以来,施用量明显下降,化肥、农药等化学投入品实现“零增长”。2020 年,化肥施用量、农药和农用塑料薄膜使用量分别由 2016 年的 5984. 4 万吨、174. 0 万吨和 260. 3 万吨,减少至 5250. 7 万吨、131. 3 万吨和 238. 9 万吨,降幅分别达 12. 3%、24. 5%和 8. 2%(见表 1-1)。

4. 优质粮油产品供给不断增加

在“优质粮食工程”的大力推动和“中国好粮油”行动的引领带动下,涌现出一批名特新品牌,“山西小米”“江苏苏米”“齐鲁粮油”“吉林大米”“广西香米”“荆楚大地”“天府菜油”等成为区域品牌的排头兵。

表 1-1　近年来我国化肥、农药使用情况　　（单位:万吨）

年份	化肥施用量	农药使用量	地膜使用量
1995	3593.7	108.7	91.5
2000	4146.4	128.0	133.5
2014	5996.4	180.7	258.0
2015	6022.6	178.3	260.4
2016	5984.4	174.0	260.3
2017	5859.4	165.5	252.8
2018	5653.4	150.4	246.7
2019	5403.6	139.2	240.8
2020	5250.7	131.3	238.9

数据来源:《中国农村统计年鉴 2021》。

四、粮食产业高质量发展的制约因素

（一）供给结构矛盾突出

1. 品种结构矛盾突出

大豆对外采买率超过 80%,稻谷库存高企,优质粮食供给偏低。据专家估算,目前国内优质小麦产量为 550 万—600 万吨,而市场需求量为 1000 万吨左右,缺口较大。

2. 品种杂而不优

部分种子企业趋于眼前的利益,热衷于研发新品种,缺乏对某一优良品种的持续研究和改进。2005 年之后每年审定的水稻品种都超过 400 个,增加了农户选择品种和企业推广品种的难度。

3. 劳动生产率偏低

2018 年我国小农户数量占到农业经营主体 98%以上,经营耕地面积占总耕地面积的70%，户均规模只有0.5公顷，相当于日本的1/6和美国的1/340，农业劳动生产率仅为日本的33.0%。①

4. 农业面源污染治理有待加强

化肥、农药等农资过量使用虽有所控制，但与国际相比仍有待加强，2019年农药和化肥利用率分别仅为39.8%和39.2%。FAO数据显示，2018年我国氮肥、农药使用量分别为208.53公斤/公顷、13.07公斤/公顷，是世界平均水平的2.99倍和4.97倍。②

（二）加工环节产品附加值低

1. 加工企业多而不强

2020年全国纳入粮食产业经济统计范围的产业化龙头企业占企业总量的比重仅为13%；年加工能力在10万吨以上的不足15%③。粮食加工规模化程度不高，其中成品粮加工企业“小、散、弱”特征尤为突出。

2. 自主创新能力弱

2020年粮食企业研发投入仅占销售收入的0.3%，远低于其他行业；大米加工行业的研发投入更低，仅为0.13%④。科技人才不足，专业技术人员占长期职工的比例偏低。

3. 粮机装备水平偏低

粮机装备企业大部分是中小微型企业，资金匮乏、研发能力弱，部分产品可靠性、稳定性、安全性低，使用寿命短，单机多、成套流水线少，通用机型多，高技术附加值的产品少，高精尖重大装备主要依赖进口。

4. 产品附加值低

粮食加工以米面油、淀粉、酒精等产品初加工为主，精深加工与副产物

---

① 数据来源于全国第三次农业普查。

② 数据来源于联合国粮农组织（FAO）。

③ 数据来源于国家粮食和物资储备局。

④ 数据来源于国家粮食和物资储备局。

综合利用不足，产品以“大路货”为主，品种单一，更新换代慢、特色不突出。加工企业整体规模小、产能利用率低。据统计，稻谷加工行业产能为3.74亿吨，而实际加工量只有1.12亿吨，产能利用率仅为30%①。大米加工行业同质化严重，缺少免淘洗米、胚芽米、营养强化米等特制大米产品的加工和开发。

（三）流通环节成本高

1. 产业链脱节

粮食产购储运加销联结不紧密，循环不够畅通，造成资源配置效率低、产出效益低。

2. 市场体系不健全

各层次粮食市场定位不明、功能不清，市场间缺乏联系和互动。大部分批发市场规模小、竞争力弱；期货市场小麦和稻谷期货因政策影响交易不活跃；线上销售不足，线上线下融合不够。

3. 物流成本偏高

粮食物流集约化、规模化、网络化程度低，运作条块分割，管理模式落后，产业集中度低，没有形成规模优势；尚需探索形成成熟的粮食物流模式，粮食物流成本居高不下，原粮散运成本约占到粮食价格的15%，成品粮包装运输成本约占到粮食价格的30%。

4. 品牌引领作用不强

粮食品牌繁多混杂，具有影响力的知名品牌、驰名商标少，同质化竞争严重，消费者难以辨别品质的好坏。

（四）政策制度供给不足

1. 优质优价的粮食市场机制仍需健全

粮食收储制度改革不到位，对市场仍有扭曲效应，部分地区稻强米弱局

---

① 数据来源于国家粮食和物资储备局。

面仍未改变,优质优价市场机制尚未完全建立起来。

2. 金融支持力度仍需加强

由于粮食企业缺乏抵押物,经营效益偏低,银行只愿贷款给国有粮食企业和大型加工企业,中小企业贷款门槛高,手续繁杂,融资难成本高。

3. 土地政策仍需健全

由于没有配套的细化操作措施,国有粮食企业划拨土地转为出让土地难度较大,国家层面已明确的政策在一些地方难以落实。

五、粮食产业高质量发展的实现路径

习近平总书记指出,要以"粮头食尾""农头工尾"为抓手,推动粮食精深加工,做强绿色食品加工业;①延伸粮食产业链、提升价值链、打造供应链,不断提高农业质量效益和竞争力,实现粮食安全和现代高效农业相统一;②深入推进优质粮食工程,做好粮食市场和流通的文章等③。习近平总书记的系列重要指示为我国粮食产业高质量发展指明了方向和路径。要针对粮食产业高质量发展的制约瓶颈,通过巩固提升粮食综合生产能力,延伸产业链,提升价值链,打造供应链等路径,推动粮食产业加快向高质量发展阶段迈进。

(一)巩固提升粮食综合生产能力,夯实高质量发展基础

贯彻落实国家"藏粮于地、藏粮于技"战略,提升粮食综合产能,夯实高质量发展的物质基础。

1. 加强耕地保护

习近平总书记强调,"耕地是粮食生产的命根子,十八亿亩耕地红线

① 2016 年 5 月习近平总书记在黑龙江考察时的重要讲话。

② 2019 年 3 月 8 日习近平总书记在参加十三届全国人大二次会议河南代表团审议时的重要讲话。

③ 2019 年 9 月习近平总书记在河南省考察时的重要讲话。

必须坚守,现有耕地面积必须保持基本稳定,要像保护大熊猫一样保护耕地"①。要严守永久基本农田目标红线,确保基本农田保护面积不低于18亿亩,执行好耕地占补平衡政策,大规模开展耕地质量保护与提升行动。

2. 提高高标准农田建设力度和质量

高标准农田是保障国家粮食安全最重要的物质基础,必须高度重视,着力提高建设力度和质量。认真落实《全国高标准农田建设规划(2021—2030年)》,确保到2022年建成高标准农田10亿亩,2025年建成10.75亿亩,2030年建成12亿亩。严格落实《高标准农田建设评价激励实施办法(试行)》,确保对每个激励省新增安排1亿—2亿元高标准农田建设资金及时足额拨付。在认真落实国家高标准农田建设任务的基础上,一方面要加强已建高标准农田的管护,另一方面新增高标准农田要向事关"谷物基本自给、口粮绝对安全"的9亿亩粮食生产功能区倾斜,力争将其全部建成旱涝保收的高标准农田,夯实国家粮食安全和高质量发展的基础。

3. 推行优质粮食品种集中连片种植

支持新型粮食生产经营主体,通过土地流转、托管、代耕代种等各种有效方式,带动广大小农户,以整村、整乡、整县为单元,开展土地集中连片种植,推动优质粮油规模化、标准化生产。比如,河南产粮大县滑县集中连片打造了50万亩高标准粮田,将北斗卫星导航技术融入农机作业,实现粮食耕种收无人驾驶,大幅度降低了劳动投入强度。浚县建成了30万亩示范方,通过利用物联网技术,农民可以使用手机APP,对农作物进行实时监测,何时浇水、何时打药,一目了然、一清二楚②。

---

① 《习近平关于"三农"工作论述摘编》,中央文献出版社2019年版。

② 《河南:高标准农田6163万亩,农业科技贡献率居第一方阵》,http://finance.sina.com.cn/roll/2019-08-26/doc-ihytcern3601658.shtml。

（二）延伸产业链，实现“产购储运加销”一体化

1. 积极发展优质粮食订单生产

订单种植是粮食加工企业与农户之间最直接最有效的融合方式。支持粮食企业与新型粮食生产主体和种粮农户签订产销订单，通过“二次结算”、股份合作等方式建立合理的利益分配机制，提高优质粮油专种专收专用一体化程度。例如，云南红河卧龙米业有限公司通过“公司+基地+农户”方式，建立特色优质稻示范基地，确定5元/公斤的最低收购价。收购期间，按照农户实际交售量，再给予农户500—600元/吨质量奖励，这种利益分配方式，极大地调动了农户生产积极性，带动当地农户集中连片种植18000亩优质稻①。

2. 鼓励粮食企业前延后伸

前延通过土地流转、订单农业、专项服务等方式掌控粮源、控制质量；后伸物流营销和品牌打造，拓展加工配送和连锁经营等，实现生产、收购、储存、加工、销售等一体化全产业链发展，提高经营效益和综合竞争力。

（三）提升价值链，提高粮食产业发展效益和质量

1. 加强知名品牌创建力度

切实强化地方和企业品牌意识，弘扬“工匠精神”，推广“吉林大米”“山西小米”“齐鲁粮油”成功经验，创建一批叫得响、过得硬、影响力强的粮食区域公用品牌、企业品牌、产品品牌，做大做强“老字号”，做精做美“新字号”。建立健全粮油品牌信用体系，加强产权保护力度。

2. 深入实施粮食加工业提升行动

贯彻落实国务院办公厅《关于加快推进农业供给侧结构性改革大力发展粮食产业经济的意见》，统筹推动粮食精深加工与初加工协调发展，结合不合理粮食库存消化，着力增加专用米、专用粉、专用油等专用型品种和功

① 案例来源于云南红河卧龙米业有限公司材料。

能性淀粉糖、功能性蛋白等功能性食品的有效供给，引导粮食加工向医药、保健等领域拓展，不断提升加工转化增值率和综合效益。

3. 培育主食产业发展的新增长点

以主食产业化发展为支点，结合全谷物发展、慢性病防控，将健康主食产业作为粮食产业高质量发展的重要方向，加强与附加值较高的食品如手抓饼、面包、糕点、披萨饼等速食、速冻和方便食品产业的结合。推广应用“生产基地+中央厨房+餐饮门店”“生产基地+加工企业+商超销售”等经营模式。

（四）打造供应链，提升粮食产业发展效率

1. 畅通供应链各环节

以粮食加工转化为核心，加强粮食生产、收储、加工、运输、销售、消费供应链的统筹整合，提高粮食产业整体效益。加快粮食企业“走出去”步伐，拓展全球粮食产业链，统筹优化国内外粮食市场和资源，构建持续、稳定、安全的海外粮食供应基地和安全保障体系。例如，中粮集团通过并购和整合在全球主要粮食产区特别是“一带一路”沿线国家进行供应链网络建设，在黑海地区和中亚地区推进一批仓储物流设施重点项目建设①。

2. 发展产业集群

在粮食优势产区、消费能力强的城市周边以及关键物流节点，建设发展粮食产业园区、物流园区、大型交易市场，培育壮大一批集粮油加工、仓储、物流、信息服务等一体化的粮食产业集群隆起带。例如，山东省滨州市基于自身资源禀赋，制定粮食产业发展规划，通过多方发力、部门联动，引导土地、资本、人才、科技等要素向重点龙头企业集聚，以西王集团、三星集团、香驰控股、中裕食品为代表的一批产业发展规模大、科技创新能力强、精深加工程度好的粮食龙头企业集团加速做优做强，带动粮食产业集聚集群发展。

3. 深化产销合作

支持各地政府加强战略协作，建立稳定的粮食产销合作关系，推动龙头

① 案例来源于中粮集团有限公司材料。

企业在粮食主产区建立原料基地，进行标准化种植、规模化加工；在销区布局营销网络，引导销区在产区开展收储经营，促进形成产销区共惠机制；充分发挥中国粮食交易大会平台作用，促进产销合作。

4. 创新营销模式

积极发展便民粮店、粮超对接、粮批对接等直采直供模式，推广“网上粮店”等新型零售业态，完善城乡粮油配送供应网络，促进线上线下融合，畅通粮油供应“最后一公里”。

六、加快推动粮食产业高质量发展的政策建议

（一）发展壮大粮食产业经营主体

切实解决粮食产业市场主体小散弱，经营机制不活，市场竞争力不强等问题。

1. 实施新型粮食经营主体培育工程

落实好《关于实施家庭农场培育计划的指导意见》，支持有意愿长期从事农业生产者稳步扩大规模，发展适度规模经营。支持粮食专业合作社提高发展质量，鼓励发展粮食专业合作社联合社和产业化联合体。不断壮大粮食产业化龙头企业，同等条件下优先支持龙头企业参与“优质粮食工程”等涉粮项目建设，发挥其在粮食生产、加工、品牌建设、科技创新等方面的示范引领作用。

2. 培育一批大型粮食企业集团

鼓励各地深化国有粮食购销企业改革，完善法人治理结构，通过品牌整合、兼并重组等方式，培育发展一批大型粮食骨干企业，发挥其对粮食产业高质量发展的标杆引领作用。

3. 培育打造国际大粮商

支持有实力有意愿的粮食企业，通过合资经营、并购重组等方式，开展

跨国经营,发展成为经营实力强、知名度高的国际大粮商。鼓励粮食企业在国际粮食市场上开展纵向并购,衔接产业链的前端和后端,重点投资粮食产前研发和产后加工、仓储物流、贸易等产业链高端环节,提升粮食国际供应链稳定性与韧性。

(二)着力提升科技支撑能力,塑造产业发展新动能

突出解决研发投入不足,创新体系不完善,产学研用结合不紧密,自主创新能力弱等问题。

1. 加大粮食科技研发投入力度

解决粮食科技研发投入重产前轻产后问题,增加粮食产后加工、装备、减损等方面的比重。通过税收减免、贷款贴息、财政奖补等方式支持粮食企业增加研发投入力度,新建一批粮食产业重点实验室。

2. 健全粮食科技创新平台体系

突出粮食企业自主创新主体地位,支持高等院校、科研机构联合企业建立产业技术创新联盟,开展关键实用技术研发和攻关,建立集科技研发、生产制造、推广应用于一体的产学研用相结合的联合体,促进科技与产业发展深度融合。

3. 紧扣高质量发展提升粮食科技创新能力

围绕粮食产业高质量发展需要,瞄准市场需求,坚持核心技术突破和商业模式创新并举,持续加强优质专用新品种、新技术、新产品、新工艺、新设备的研发与应用,重点突破粮食育种、仓储、加工、装备、物流、质量检测、营养健康等方面的核心关键技术。

4. 加强科技成果转化与应用

建立面向粮食企业科技创新服务网络,推动科技研发与企业需求有效对接,通过技术转让、股份合作、作价投资等多种方式,实现科技成果的市场价值。

5. 加强人才智力支撑

建立健全粮食科技人才培养、选拔、任用的有效激励机制，支持粮食行业领军人才牵头组建科研团队，开展原创性基础研究和面向粮食行业特殊需求的应用研发。鼓励院士到企业设立博士后工作站，支持企业创新。加大对一线技术人员的培训力度，建立技术人才定期培训、考察、交流机制，培育“工匠精神”。继续支持博士到企业挂职锻炼。

（三）持续推进“优质粮食工程”，加强高质量发展的载体建设

“优质粮食工程”是推动粮食产业高质量发展的有效载体和抓手。2019 年 9 月，习近平总书记在河南考察时指出：“要牢牢抓住粮食这个核心竞争力，不断调整优化农业结构，深入推进优质粮食工程”。

1. 继续深入推进“优质粮食工程”

在有效承接和运用粮食产后服务体系、粮食质量安全检验监测体系建设和“中国好粮油”行动计划实施成果的基础上，大力推进“三链协同”，深入实施“五优联动”，以开展粮食绿色仓储、品种品质品牌、质量追溯、机械装备、应急保障能力，节约减损健康消费“六大行动”为重点，打造优质粮食工程升级版，加强项目管理和监管、优化运行机制，逐级压实责任，力争在产业融合、创新破解产业升级难题上取得突破。

2. 支持粮食产后服务体系建设向上下游延伸

推广以粮库建立农业合作社，通过向农户订单种植，提供收购、清理和代储服务；下游对接粮食加工企业，为企业提供优质、稳定的储运服务。

3. 完善粮食标准与质量检验监测体系建设

健全完善与粮食产业高质量发展相适应的质量标准体系，制定农药残留国家标准、化学投入品合理使用准则和粮食品质、营养和评价方法标准，通过标准引领质量提升。结合服务人口数量、区域经济发展水平，按照“机构成网络、监测全覆盖、监管无盲区”要求，科学设置粮食检验检测机构，明确检测任务，加大设施设备经费投入，抓好粮油实验室建设，提高有效检测

能力，为粮食质量安全提供技术支撑和高效服务。

4. 增加优质绿色粮油产品供给

以专种、专收、专储、专用为发展方向，支持企业开展优质粮食订单种植，标准化、规模化生产。强化标准引领，完善“好粮油”系列标准，全面提升粮油产品品质。通过政府引导、企业主导、市场运作，推进品牌培育和整合，打造更多优质粮食品牌，增加绿色优质粮油产品供给。

（四）完善产业支持政策，优化产业发展环境

重点解决粮食高质量发展体制机制不完善，比较效益低，扶持政策弱等问题。

1. 深化粮食收储制度和价格形成机制改革

在总结玉米、大豆等品种改革经验基础上，以市场定价、价补分离为取向，坚持并完善小麦、稻谷最低收购价政策，为优质优价机制充分发挥作用腾出市场空间。探索建立以提高国际竞争力为导向的粮食支持保护制度。

2. 创新完善财税金融和土地支持政策

调整粮食风险基金使用范围，扩大在粮食产业高质量发展方面的支持力度。推广粮食“保险+期货”、完全成本和收入保险等“绿箱”补贴政策，拓宽农民增收渠道。科学确定政策性粮食贷款范围，引进多元主体提供粮食市场化经营贷款，构建稳定的银企合作关系，增强粮食企业抗风险能力和银行机构风险识别能力。进一步细化实化国有粮食企业划拨用地转变为出让用地政策，增强企业内生发展后劲。完善税收政策，继续在城镇土地使用税、房产税和印花税等方面给予粮食企业优惠政策。

3. 优化营商环境

持续深化“放管服”改革，构建亲清新型政商关系，营造公平可预期的营商环境，增强企业家创新创业信心。

（执笔人：颜波、亢霞、姜明伦、曾伟）

第二章　粮食产业高质量发展指标体系[①]

在全面理解粮食产业高质量发展内涵和特征的基础上，需要建立一套内容较为全面、结构较为合理、可量化的评价指标体系，系统性地评价粮食产业高质量发展的水平和程度，综合分析发展影响因素，为制定和实施有效政策措施提供客观科学依据。

一、粮食产业高质量发展的本质要求

（一）高质量发展和粮食产业高质量发展研究综述

1. 高质量发展本质认识

党的十九大报告中指出："我国经济已由高速增长阶段转向高质量发展阶段，正处在转变发展方式、优化经济结构、转换增长动力的攻关期，建设现代化经济体系是跨越关口的迫切要求和我国发展的战略目标"。金碚(2018)认为，经济发展的本质，首先是生产和消费的有用产品的增加，是使用价值量及其质量合意性（即满足购买者对使用价值质量的需要）的增加。经济高速增长和高质量发展只是经济发展的两种不同质态或形态，本应都

① 本文完成时间为2019年10月，形成书稿时作了必要的修改。

要体现经济发展的本质或本真性质，但在经济高速增长阶段，由于生产力落后，社会产品和服务供给量不足，经济社会不得不高度依赖以交换价值所体现的市场经济的工具理性机制，来促进以 GDP、收入、利润等工具性指标衡量的经济增长。然而，当高速增长取得巨大成就，生产力达到一定高度后，经济发展内在矛盾和问题日益显现。特别是随着人民日益增长的美好生活需要和不平衡不充分发展之间的矛盾转变为社会主要矛盾，经济发展必然从原来的高速增长回复到它的本真时代，即从高速增长转变为高质量发展，虽然交换价值仍发挥着重要作用，但对人民日益增长的美好生活需要的使用价值的关注更为突出。① 周文等人（2019）进一步认为，高质量发展的本质是物质资料生产方式顺应时代潮流的转变，是生产力发展和生产关系调整的统一。②

2. 高质量发展内涵解释

关于“高质量发展”内涵的研究和表述很多，主要有以下几个方面：一是金碚（2018）、张俊山（2019）等人从政治经济学角度进行分析，认为高质量发展体现了商品的二重属性，是更加突出使用价值量增加的发展，是能够更好满足人民不断增长的真实需要（即使用价值量与质的需要）的经济发展方式、结构和动力状态③，是为人民提供生活资料活动过程的实现程度不断提高的发展④。二是胡敏（2018）、王一鸣（2018）等人从不同层面进行分析，认为微观层面的高质量发展，是产品和服务的高质量⑤；中观层面的高质量发展，是产业结构优化和区域协调发展；宏观层面的高质量发展表现为国民经济整体的质量提升和效率提高。⑥ 三是任保平等人（2018）从新发展

① 金碚：《关于“高质量发展”的经济学研究》，《中国工业经济》2018 年第 4 期。

② 周文、李思思：《高质量发展的政治经济学阐释》，《政治经济学评论》2019 年第 4 期。

③ 金碚：《关于“高质量发展”的经济学研究》，《中国工业经济》2018 年第 4 期。

④ 张俊山：《对经济高质量发展的马克思主义政治经济学解析》，《经济纵横》2019 年第 1 期。

⑤ 胡敏：《高质量发展要有高质量考评》，《中国经济时报》2018 年 1 月 28 日。

⑥ 王一鸣：《大力推动我国经济高质量发展》，《人民论坛》2018 年第 9 期。

理念定义高质量发展，认为高质量发展是以新发展理念为指导的经济发展质量状态，创新是第一动力、协调是内生特定、绿色是普通形态、开放是必由之路、共享是根本目标。① 四是李伟（2018）、林兆木（2018）等人从投入产出和供给需求角度出发，认为高质量发展即高质量供给、高质量需求、高质量配置、高质量投入产出、高质量收入分配和高质量经济循环②，具体为商品和服务质量普遍持续提高的发展，投入产出效率和经济效益不断提高的发展，创新成为第一动力的发展，绿色成为普遍形态的发展，经济重大关系协调、循环顺畅的发展③。

3. 高质量发展特征研究

金碚（2018）认为，有效地、可持续地满足人民不断增长的多方面需要，是高质量发展的本质性特征④。黄泰岩等人（2021）、师博等人（2018）认为，新时代背景下，高质量发展，要以深化供给侧结构性改革为主线，要体现创新驱动、现代经济体系、新发展格局、统筹发展与安全等特征⑤，并能产生社会友好型和生态友好型的发展成果⑥。冯俏彬（2018）明确认为，高质量发展具体特征表现为第三产业对于经济增长的贡献显著增加、创新对于经济增长的贡献显著增加、消费对于经济增长的贡献显著增加、结构优化以及包容性以及普惠式增长⑦。

4. 粮食产业高质量发展研究

学术界关于“粮食产业高质量发展”方面的研究主要集中在必要性、内

---

① 任保平、李禹墨：《新时代背景下高质量发展新动能的培育》，《黑龙江社会科学》2018年第4期。

② 李伟：《高质量发展有六大内涵》，《中国总会计师》2018年第2期。

③ 林兆木：《关于中国经济高质量发展的几点认识》，《人民日报》2018年1月7日。

④ 金碚：《关于“高质量发展”的经济学研究》，《中国工业经济》2018年第4期。

⑤ 黄泰岩、杨杰东：《以高质量发展为主题的时代特征与价值》，《经济日报》2021年1月21日。

⑥ 师博、张冰瑶：《新时代、新动能、新经济——当前中国经济高质量发展解析》，《上海经济研究》2018年第5期。

⑦ 冯俏彬：《我国经济高质量发展的五大特征与五大途径》，《中国党政干部论坛》2018年第1期。

涵和实现途径等方面。

关于粮食产业高质量发展的必要性和意义研究，普遍认为，推动粮食产业高质量发展对提升国家粮食安全保障能力、满足居民消费结构升级需求、解决粮食产业自身发展的不平衡不充分问题等方面具有重大意义。

关于粮食产业高质量发展内涵研究，不同专家持不同观点。程国强（2019）认为粮食产业高质量发展包括高质量粮食供给保障、高质量粮食产业体系、高质量粮食资源配置、高质量粮食可持续发展和高质量粮食竞争力①。颜波等人（2019）认为粮食产业高质量发展的内涵主要体现在产品优质、产出高效、产业融合、结构优化、环境友好等五个方面②。李光泗等人（2020）认为粮食产业高质量发展包括高质量的粮食供给、更高经济社会效益、实现更强的产业竞争力、与高效的宏观调控能力相匹配③。

关于粮食产业高质量发展实现路径研究。程国强（2019）认为，实现高质量发展，既要促进产业自身的高质量发展，也要提高国家粮食安全保障能力④。陈燕（2020）、程国强（2019）等人进一步认为，粮食产业自身高质量发展，要实现从规模扩张向品质提升转变，要加快转型升级，提升产业附加值⑤；要构建制度环境，坚持改革突破，为粮食高质量发展提供制度供给；要坚持创新驱动，促进粮食一二三产业融合发展、国际化升级。颜波等人（2019）认为，应从“三链协同”来推动粮食产业高质量发展，即：巩固提升粮食综合生产能力，夯实高质量发展基础；延伸产业链，实现“产购储加销”一

① 程国强：《推进粮食产业高质量发展的思考》，《中国粮食经济》2019 年第 9 期。

② 颜波、亢霞等：《我国粮食产业高质量发展研究（上）》，《中国粮食经济》2019 年第 12 期。

③ 李光泗、杨崑、韩冬、亢霞：《高质量发展视角下粮食产业发展路径与政策建议》，《中国粮食经济》2020 年第 2 期。

④ 程国强：《推进粮食产业高质量发展的思考》，《中国粮食经济》2019 年第 9 期。

⑤ 陈燕：《高质量发展视角下的粮食安全问题研究》，《东南学术》2020 年第 1 期。

体化;提升价值链,提高粮食产业发展效益和质量;打造供应链,提升粮食产业发展效率①。

5. 研究综述

综上分析,现有文献对经济高质量发展进行多角度分析和定义,其内涵不断丰富和扩展。但相比而言,粮食产业高质量发展方面的研究,略显不足,特别是对粮食产业高质量发展的本质要求等方面的研究还需要进一步深化。

(二)粮食产业高质量发展本质要求

现有文献研究中,从社会主要矛盾和新发展理念角度定义高质量发展的思想,具有时代特征,既符合新时代、新要求、新挑战、新任务②,也体现了新时代发展质态的本质,即满足人民日益增长的美好生活的需求。正如习近平总书记所指出的,高质量发展,就是能够很好满足人民日益增长的美好生活需要的发展,是体现新发展理念的发展,是创新成为第一动力、协调成为内生特点、绿色成为普遍形态、开放成为必由之路、共享成为根本目的的发展。更明确地说,高质量发展,就是从"有没有"转向"好不好"③。

同时,粮食产业高质量发展必须从战略高度来谋划,主要围绕安全保障能力建设和提高产业竞争力两个方面来构建。提升国家粮食安全保障能力,是指进一步增强粮食国内生产能力、收储保供能力、国际供应链管理和风险管控能力,推进实现粮食安全治理体系和管理能力的现代化,以此建设更高层次、更高质量、更有效率、更可持续的粮食安全保障体系(程国强,

① 颜波、亢霞等:《我国粮食产业高质量发展研究(上)》,《中国粮食经济》2019 年第 12 期。

② 黄泰岩、杨杰东:《以高质量发展为主题的时代特征与价值》,《经济日报》2021 年 1 月 21 日。

③ 习近平:《我国经济已由高速增长阶段转向高质量发展阶段》,《十九大以来重要文献选编》,中央文献出版社 2019 年版。

2019）。提高粮食产业竞争力，就是指通过需求引领、创新驱动、改革突破、结构升级和绿色发展，推动粮食产业转型升级和新旧动能转换，推进现代粮食产业经济体系建设，促进粮食供给体系与需求体系相匹配，保障粮食供给与生态环境的协调。

提升国家粮食安全保障能力和提高粮食产业竞争力，是我国粮食产业高质量发展不可分割的两个方面。其中，提升国家粮食安全保障能力是粮食产业高质量发展的根本，提高粮食产业竞争力是促进粮食产业高质量发展的手段，也是保障国家粮食安全的实现途径。

综合以上分析，粮食产业高质量发展是以保障国家粮食安全为根本，以满足人民日益增长的美好生活需要为导向，以资源有效配置为手段，以制度、技术等创新为动力，体现创新、协调、绿色、开放、共享理念的发展。其本质要求是：

1. 高质量粮食供给保障能力

粮食产业高质量发展是实现粮食供需战略平衡的重要途径，是构建更高层次、更高质量、更有效率、更可持续的粮食安全保障体系的根本途径。具体特征表现为：粮食生产能力和收储保供能力不断增强，确保粮食在数量上"口粮绝对安全、谷物基本安全"；绿色优质粮食产品的有效供给明显增加，在质量上不断满足中高端消费需求；等等。

2. 高质量现代粮食产业体系

粮食产业高质量发展是构建完备而有效的现代粮食产业体系的基本命题。具体特征表现为：产业结构不断优化且"产购储运加销"各环节有序衔接；资源配置效率明显提升，新旧动能转换及时有效，产业经济效益和收入持续增长，全要素生产率处于较高水平；国际竞争力明显增强；等等。

3. 高质量创新投入产出

创新是粮食产业高质量发展的内在动力。创新包括制度创新、技术创新、发展模式创新等。具体特征表现为：创新环境不断优化；创新体制机制不断完善；创新人才队伍不断壮大；创新投入不断加强；创新产出效率不断提升等。

4. 高质量绿色生态

绿色生态是粮食产业可持续发展的环境保障，是农业生态功能持续发挥的基本要求，是人类幸福感持续增强的基本共识。具体特征表现为：生态环境持续向好，污染物排放持续减少，资源利用效率不断提高，综合生态环境监测质量高等。

5. 高质量包容共享

包容是我国构建基于包容性增长的全球粮食价值链体系应该承担的国际责任，共享是要求粮食产业经济发展应以农民增收为落脚点，应以促进全社会生活质量提升为根本遵循。具体特征表现为：在全球粮食供需平衡中大国效应进一步凸显，粮食产业对外开放水平明显提升；种粮农民和企业职工收入持续提高，居民对粮食产品消费的获得感和满意度持续增强，人民生活质量明显提高。

二、粮食产业高质量发展的评价指标设计思路

（一）指标构建的原则

指标体系构建主要遵循以下四个原则：

1. 发展与安全相结合

粮食产业发展是我国粮食安全的根基，是我国粮食安全的物质基础。必须坚持以发展方式的转型升级增强粮食产业发展竞争力，以粮食产业稳定、有效的高质量保障国家粮食安全。粮食安全是粮食产业发展的条件，为粮食产业发展提供了基本支撑。必须增强机遇意识和风险意识，树立底线思维，以粮食安全自主、可控的整体性保障，促进粮食产业持续稳定的高质量发展。因此，在构建粮食产业高质量发展指标体系时，需要设计一些反映粮食安全的指标。

2. 效率与公平相结合

从根本上看，实现高质量发展就是要处理好公平和效率问题，就是在更加公平基础上的高效率发展。不仅要以最少的要素投入获得最大的产出，实现资源配置优化，而且要实现共享发展、充分发展和协同发展，在产品服务高质量、投入产出高效率等基础上，实现发展成果共享化、发展方式绿色化。因此，在构建指标体系时，需要设计一些反映公平的指标，特别是反映发展成果共享化和发展方式绿色化的指标。

3. 前瞻性与可操作性相结合

一方面对反映粮食产业高质量发展的具有前瞻性或趋势性的重要指标，要有选择性纳入指标体系；另一方面，在指标选取上，要优先考虑那些有一定统计制度支撑的指标，便于有效搜集数据，降低统计成本。

4. 全面性与简洁性相结合

指标体系的设计要比较全面反映粮食产业高质量发展特征，但也应避免指标体系面面俱到且设计过于庞杂。所以，在选取指标上，针对每一个评价维度，选取最具代表性的指标。这些指标能够有效表征所评价维度的关键方面。

（二）指标体系的构建

根据粮食产业高质量发展定义和本质要求，从安全保障、结构效益、科技创新、绿色生态和包容共享维度，来构建了粮食产业高质量发展评价指标体系。

该评价指标体系包含五个一级指标，每一个一级指标下又细分为二级指标，每个二级指标用具体表征指标进行度量。一级指标主要包括安全保障、结构效益、科技创新、绿色生态和包容共享 5 个指标；二级指标有 11 个，具体为：数量安全、质量安全、集约高效、结构优化、创新环境、科技投入、科技产出、污染减排、资源利用、开放包容、成果共享；表征指标 52 个。具体指标体系见表 2-1。

表 2-1　粮食高质量发展评价指标体系

一级指标	二级指标	序号	表征指标	计量单位	指标类型	权数（%）
安全保障	数量安全	1	人均粮食播种面积	亩/人	★	2.7
		2	粮食库存年平均周转率	%	★	2.7
		3	国内粮食产量消费比	%	★	2.7
		4	人均耕地面积	亩/人	◆	1.8
		5	高标准农田建设面积占耕地面积比例	%	◆	1.8
		6	单位播种面积粮食产量	公斤/亩	◆	1.8
		7	粮食销售价格指数	%	◆	1.8
		8	粮食库存消费比	%	◆	1.8
		9	粮食产量波动率	%	△	0.9
	质量安全	10	全国粮食优质品率	%	★	2.7
		11	粮食全程质量可追溯产品占比	%	★	2.7
		12	每年新收获粮食质量安全合格率	%	★	2.7
		13	出库粮食保鲜度合格率	%	◆	1.8
		14	居民膳食营养素推荐摄入量达标率	%	◆	1.8
		15	粮食质量安全检测覆盖率	%	◆	1.8
		16	“放心粮油”示范企业	个	△	0.9
		17	中国好粮油品牌数量	个	△	0.9
结构效益	集约高效	18	粮食加工转化率	%	★	2.7
		19	行业销售收入利润率	%	★	2.7
		20	优质粮源基地面积占粮食播种面积比例	%	★	2.7
		21	粮食产后服务中心覆盖率	%	◆	1.8
		22	粮食收获、仓储物流、加工及销售环节平均综合损失浪费率下降比率	%	◆	1.8
		23	全国粮食物流成本下降比率	%	◆	1.8
		24	中国好粮油线上销售率	%	△	0.9
		25	三种粮食成本收益比	%	△	0.9
	结构优化	26	粮食深加工占加工总量比例	%	★	2.7
		27	主食品工业化率	%	★	2.7
		28	主营业务收入 100 亿以上企业占比	%	◆	1.8
		29	行业产能利用率	%	△	0.9

续表

一级指标	二级指标	序号	表征指标	计量单位	指标类型	权数（%）
科技创新	创新环境	30	行业研发人员数占就业人数比重	%	★	2.7
		31	粮食科技创新平台数量增长率	%	◆	1.8
		32	科技创新高层次领军人才数增长率	%	◆	1.8
		33	中高级粮油质量检验人员增长率	%	△	0.9
	科技投入	34	粮食产业研发投入强度增长率	%	★	2.7
		35	涉粮财政科技支出占财政科技支出比重	%	◆	1.8
	科技产出	36	每亿元研发投入形成的专利数	项	★	2.7
		37	粮食行业科技成果转化率	%	★	2.7
		38	关键设备自主率	%	△	0.9
绿色生态	污染减排	39	单位工业增加值能耗下降率	%	★	2.7
		40	单位工业增加值二氧化碳排放下降率	%	△	0.9
		41	粮食加工厂粉尘污染平均浓度	Mg/m^3	△	0.9
	资源利用	42	粮食副产物综合利用率	%	★	2.7
		43	粮食加工营养素损失率	%	★	2.7
		44	二等以上耕地等级比例	%	★	2.7
		45	灌溉水利用系数提高率	%	△	0.9
		46	三大粮食作物化肥利用率	公斤/亩	△	0.9
		47	三大粮食作物农药利用率	公斤/亩	△	0.9
包容共享	开放包容	48	粮食进口渠道多元化程度	%	★	2.7
		49	粮食企业海外直接投资规模增长率	%	◆	1.8
		50	粮油机械设备出口增长率	%	△	0.9
	成果共享	51	种粮农民收入增长率	%	★	2.7
		52	公众对粮食产品消费满意度	%	◆	1.8

注1：表中标★的为粮食产业高质量发展的核心指标，共计21个；标◆的为重要指标，共计17个；标△的为其他一般指标，共计14个。根据其重要程度，按总权数为100%，三类指标的权数之比为3∶2∶1计算，标★的指标权数为2.7%，标◆的指标权数为1.8%，标△的指标权数为0.9%。5个一级指标的权数分别由其所包含的二级指标权数汇总生成。

注2：核心指标、重要指标、一般指标，是根据课题组于2019年邀请20位粮食行业专家评估打分设立的。

（三）指标体系的设计思路

1. 根据粮食产业高质量发展内涵选取一级指标

一级指标“安全保障”，对应的是粮食产业高质量发展内涵中“高质量粮食供给保障能力”。

一级指标“结构效益”，对应的是粮食产业高质量发展内涵中“高质量现代粮食产业体系”。

一级指标“科技创新”，主要反映了“高质量创新体制机制”中技术创新内容。至于高质量创新体制机制中所涉及的制度创新问题，纳入政策体系研究内容，不在也无法在指标体系中反映。涉及发展模式等方面的创新，在其他一级指标下有反映，如体现“互联网+”的粮油产品销售模式，在一级指标“结构效益”中，涉及了表征指标“中国好粮油线上销售率”。

一级指标“绿色生态”，对应的是“高质量绿色生态环境”内容。

一级指标“包容共享”，对应的是粮食产业高质量发展内涵中“高质量包容开放”。

2. 根据粮食产业高质量发展的具体表现设计二级指标

依据高质量粮食供给保障能力的具体表现，设计了“数量安全”和“质量安全”两个二级指标。“数量安全”指标，主要反映我国粮食生产能力和收储保供能力，主要解决“买得到”和“买得起”的问题；“质量安全”指标，主要坚持“质量第一”原则，重在反映绿色优质产品有效供给水平提高。

依据高质量现代粮食产业体系的具体表现，设计了“集约高效”和“结构优化”两个二级指标。“集约高效”指标，主要坚持“效率优先”原则，侧重反映“产购储运加销”一体化程度、资源配置效率等；“结构优化”指标，主要反映粮食功能的开发能力、产业集中度和产能利用率。

依据高质量创新投入产出的具体表现，设计了“创新环境”、“科技投入”和“科技产出”三个二级指标。“创新环境”指标，重在考核人才和创新平台；“科技投入”指标，主要考核政府和企业研发投入；“科技产出”，主要反映研发投入形成的专利数和科技成果的转化。

依据高质量绿色生态的具体表现，设计了两个二级指标，即："污染减排"和"资源利用"。"污染减排"指标，重在考核能耗、二氧化碳排放及粉尘污染情况；"资源利用"指标，主要在副产物综合利用、过度加工、耕地等级和水、农药化肥利用率等方面进行考核。

依据高质量包容共享的具体表现，设计了"开放包容"和"成果共享"两个二级指标。"开放包容"指标，主要反映我国粮食产业参与全球粮食供应链的水平和国际供应链管理能力提高程度；"成果共享"，主要反映我国农民收入增长水平和全社会对粮食产业发展水平的评价。

3. 根据粮食产业高质量发展本质要求和"安全、营养、健康、便捷"的消费理念，遴选表征指标

(1)"数量安全"表征指标

一是反映保障"谷物基本自给、口粮绝对安全"的粮食国内生产能力的表征指标。这类指标表现为国内粮食生产基础能力和国内粮食供给稳定性两个方面。

反映粮食生产基础能力的指标，主要有"人均耕地面积""人均粮食播种面积""高标准农田建设面积占比""国内粮食产量消费比"和"单位播种面积粮食产量"。其中，"人均耕地面积"指标，反映的是粮食生产要素的保障能力；"人均粮食播种面积"和"单位播种面积粮食产量"指标，反映的是粮食生产实际供给能力；"高标准农田建设面积占比"指标，反映的是粮食生产综合效率水平；"国内粮食产量消费比"指标，反映的是我国粮食自给率水平。

反映国内粮食供给稳定性的指标，主要是"粮食产量波动率"和"粮食销售价格指数"。按照"谷物基本自给、口粮绝对安全"的粮食安全战略要求，"人均粮食播种面积"和"国内粮食产量消费比"两个表征指标为核心指标，"人均耕地面积"、"高标准农田建设面积占比"和"单位播种面积粮食产量"是保证我国人均播种面积和国内粮食产量消费比两个核心指标实现的

重要指标。

二是反映高效收储保供能力的表征指标。这类表征指标主要是"粮食库存消费比"和"粮食库存年周转率"。鉴于我国目前主要粮食库存消费比较高,为了提高收储保供效率,将"粮食库存年周转率"设置为核心指标,"粮食库存消费比"为重要指标。

(2)"质量安全"表征指标

质量安全表征指标是根据我国居民消费升级现状及发展趋势而设置的,是按照"安全、营养、健康"消费理念来遴选的;也是为了进一步推进"五优联动"和"优质粮食工程"而设计的。

"全国粮食优质品率"和"粮食全程质量可追溯产品占比",是两项全面反映粮食质量安全的综合性指标和核心指标。

"每年新收获粮食质量安全合格率"、"粮食质量安全检测覆盖率"指标,重在体现"优粮优产"、"优粮优购"和"优粮优加"。从实施"五优联动"和"优质粮食工程"的源头来看,"每年新收获粮食质量安全合格率"指标极为重要,故设置为核心指标。

为了适应世界发达国家对储存粮食保鲜度要求的新趋势,体现我国"优粮优储"新要求,设置了"出库粮食保鲜度合格率"指标。

对于"居民膳食营养素推荐摄入量达标率"指标,需要说明的是,目前我国居民膳食结构中主要是以口粮为主的谷物和以肉、禽、水产为主的动物性食物,动物性食物中又以猪肉为主,而猪肉属于耗粮性畜产品,生猪生产中蛋白源饲料主要来源于玉米、大豆等谷物。虽然居民膳食营养素的摄取来源多样化,但最终来源还是以口粮为主的谷物。不过,该指标的设置,更重要的是要求树立基于大食物理念的国家粮食安全观,在品种结构上实现粮经饲统筹,在品质营养上实现品质与营养层面的粮食供求平衡。

"放心粮油示范企业"指标,重在考核"优粮优销"绩效。"中国好粮油品牌数量"指标,主要是反映品牌引领效应。

(3)“集约高效”表征指标

该类指标的设置主要是反映粮食产业“产购储运加销”一体化发展和资源配置效率,坚持效率优先原则。

生产和产后环节,设置了“优质粮源基地面积占粮食播种面积比例”和“粮食产后服务中心覆盖率”指标,并须测算粮食收获环节损失率。收购方面,由于我国市场化收储制度还在不断完善,所以该方面的内容列入政策层面去分析。仓储物流方面,重在提高效率,设置了“全国粮食物流成本下降比率”,并须测算仓储物流环节损失率;库存周转率指标纳入“数量安全”表征指标。加工方面,设置了“粮食加工转化率”指标,并须测算加工环节损失率。销售方面,设置了“中国好粮油线上销售率”,并须测算销售环节损失率。

“行业销售收入利润率”、“三种粮食成本收益比”指标,主要反映全行业综合经济效益情况。

为了进一步发挥粮食加工业的引擎作用,增加绿色优质粮油产品供给,提升全行业经济效益,将“粮食加工转化率”、“优质粮源基地面积占粮食播种面积比例”和“行业销售收入利润率”,列入核心指标。

(4)“结构优化”表征指标

为了加快粮食产业转型升级,大力促进主食产业化,适度发展粮食精深加工与转化,推动产业集聚发展,设置了“主食品工业化率”、“粮食深加工占加工总量比例”和“主营业务收入100亿以上企业占比”三个表征指标,其中“主食品工业化率”、“粮食深加工占加工总量比例”是核心指标。同时由于我国粮食产能利用率不高,将“行业产能利用率”作为一般指标纳入“结构优化”问题予以考虑。

(5)“创新环境”表征指标

人才是科技创新的第一资源,科技创新平台是科技创新体系的重要支撑。人才资源的开发利用在平台,人才加平台才能营造好的创新环境。

为此,结合粮食行业人才短缺的问题,稳步推进粮食行业人才队伍建设，在人才资源方面，设置了“行业研发人员数占就业人数比重”、“科技创新高层次领军人才数增长率”、“中高级粮油质量检验人员增长率”三个表征指标，其中“行业研发人员数占就业人数比重”为核心指标。

在平台建设方面，只重点设置了“粮食科技创新平台数量增长率”指标。

(6)“科技投入”表征指标

科技投入来源主要是政府财政和企业研发投入。为了强化粮食产业发展中政府和企业加大科技投入强度，主要设置了“粮食产业研发投入强度增长率”和“涉粮财政科技支出占财政科技支出比重”两个表征指标，并将“粮食产业研发投入强度增长率”列入核心指标。

(7)“科技产出”表征指标

科技产出重在考核研发形成的专利数以及科技成果的转化率。该类表征指标主要设置了“每亿元研发投入形成的专利数”和“粮食行业科技成果转化率”两个指标，同时将“关键设备自主率”作为“粮食行业科技成果转化率”的支撑指标。为了体现“科技兴粮”战略实施的效果，也将“每亿元研发投入形成的专利数”和“粮食行业科技成果转化率”两个指标列入核心指标。

(8)“污染减排”表征指标

该类指标，一是按照国家资源环境评价指标体系，设置了“单位工业增加值能耗下降率”、“单位工业增加值二氧化碳排放下降率”两个表征指标；二是体现行业污染排放特点，设置了“粮食加工厂粉尘污染平均浓度”表征指标。从企业效益角度出发，将“单位工业增加值能耗下降率”列入核心指标。

(9)“资源利用”表征指标

该类表征指标有6个，具体为：“粮食副产物综合利用率”“粮食加工营养素损失率”“三等以上耕地等级比例”“灌溉水利用系数提高率”“三大粮食作物化肥利用率”和“三大粮食作物农药利用率”。其中，“粮食副产物综合利用率”，是衡量粮食循环经济发展水平、延伸产业链程度、体现绿色发展的核心指标;“粮食加工营养素损失率”指标,重在引导粮食加工业防止过度加工,为消费者生产营养健康产品;“三等以上耕地等级比例”,是针对我国耕地质量设置的指标;“灌溉水利用系数提高率”指标,是针对灌溉方式粗放导致灌溉水利用系数低的问题而设置的;“三大粮食作物化肥利用率”和“三大粮食作物农药利用率”两个指标设置,旨在推动我国化肥、农药利用率达到国际水平。上述6个表征指标中,“粮食副产物综合利用率”、“粮食加工营养素损失率”列入核心指标,主要考虑的是我国粮食副产物综合利用率、粮食过度加工严重,而且这两个指标既体现了绿色发展,也有利于粮食产业提质增效;“三等以上耕地等级比例”列入核心指标,主要是考虑到目前我国耕地质量问题,相对其他资源问题更加突出。

(10)“开放包容”表征指标

该类指标主要有3个,即:“粮食进口渠道多元化程度”、“粮食海外直接投资规模增长率”和“粮油机械设备出口增长率”。“粮食进口渠道多元化程度”指标,既反映我国参与国际供应链的广度,也反映了我国国际供应链管理能力;“粮食海外直接投资规模增长率”和“粮油机械设备出口增长率”指标,重在反映我国参与国际供应链的水平以及我国粮食产业发展的竞争力。其中,“粮食进口渠道多元化程度”列入核心指标。

(11)“成果共享”表征指标

在我国粮食产业利用两种资源、两个市场,且日益国际化的过程中,作为一个大国让世界各国分享我国粮食产业高质量发展的成果是应尽责任。但鉴于国外消费者分享成果的相关数据采集困难,指标难以设置,所以在该类指标设置中,只考核了本国“种粮农民收入增长率”和“公众对粮食产品消费满意度”两个指标。其中,“种粮农民收入增长率”列入核心指标。

(四)表征统计指标的说明

1.人均粮食播种面积

该指标是指粮食总播种面积除以总人口数。

计算公式为：粮食播种 $= \frac{\text{总粮食播种面积(亩)}}{\text{人口总数(人)}}$

相关数据来源于《中国统计年鉴》和《中国农村统计年鉴》。

2. 粮食库存年平均周转率

该指标是在某一年内库存粮食周转的次数，是反映库存周转速度的指标。相关数据来源于《中国物流统计年鉴》和国家粮食交易中心公开数据。

3. 粮食产量消费比

该指标是指粮食产量与粮食消费量的比值，反映粮食供求平衡状态。

计算公式为：粮食产消比 $= \frac{\text{粮食总产量}}{\text{粮食总消费量}} \times 100\%$

相关数据来源于《中国物流统计年鉴》。

4. 人均耕地面积

该指标是指国家统计局入统的全国人均耕地面积。

计算公式为：人均耕地面积 $= \frac{\text{总耕地面积(亩)}}{\text{人口总数(人)}}$

相关数据来源于《中国统计年鉴》和三次全国国土调查主要数据公报。

5. 高标准农田建设面积占耕地面积比例

该指标是指国家高标准农田建设面积占总耕地面积的比例。

计算公式为：高标准农田建设面积占耕地面积比例 $= \frac{\text{高标准农田建设面积(亩)}}{\text{总耕地面积(亩)}} \times 100\%$

相关数据来源于国家农业与农村部公开数据。

6. 单位播种面积粮食产量

该指标是指粮食总产量与播种面积之比。相关数据来源于《中国统计年鉴》和《中国粮食和物资储备年鉴》。

7. 粮食销售价格指数

粮食销售价格指数反映了粮食的基本供求关系，与粮食安全呈现负相关关系。一般来说，粮食销售价格指数越高，粮食安全保障程度越低。相关数据来源于《中国统计年鉴》。

8. 粮食库存消费比

该指标是期末库存与消费量的比值，即库存消费比=本期期末库存/本期消费量。库存消费比下降，则表示供小于求，上升则表示供给充足。相关数据来源于国家粮食交易中心公开数据和《中国统计年鉴》。

9. 粮食产量波动率

粮食产量波动率是衡量粮食生产稳定能力的重要指标之一。粮食产量波动率 $R_t=(Y_t-Y_t')/Y_t'$，其中 Y_t表示 t 年粮食总产量，Y_t'表示若干年内（如五年）粮食产量平均值。

相关数据来源于《中国统计年鉴》。

10. 全国粮食优质品率

该指标是指优质粮食产量占粮食总产量的比重。相关数据来源于《中国粮食和物资储备年鉴》。

11. 粮食全程质量可追溯产品占比

该指标是指粮食质量可进行生产、流通全过程的可追溯和查询的产品占全部粮食产品的比例。

12. 新收获粮食质量安全合格率

好的粮食是种出来的。新收获粮食质量安全合格，粮食全产业链上的质量安全才有保障。新收获粮食质量安全合格率是指由国家权威部门每年新粮收获时对新收获粮食抽检的质量安全合格率。

13. 出库粮食保鲜度合格率

该指标是指按照粮食储存品质控制指标要求，粮食出库时仍然达到可正常储存的无污染粮油宜存的品质标准的粮食数量比例。

相关数据来源于国家粮食质量检测中心、中国粮食行业协会公开数据。

14. 居民膳食营养素推荐摄入量达标率

该指标是指按照《中国食物与营养发展纲要（2014—2020 年）》确定的营养素摄入量目标和中国营养学会制定的《中国居民膳食营养推荐摄入量》（RNIs）指导性标准，全国居民膳食营养素摄入量达到目标和标准的比率。

《中国食物与营养发展纲要(2014—2020年)》确定的营养素摄入量目标:到2020年,全国人均每日摄入能量2200—2300千卡,其中,谷类食物供能比不低于50%,脂肪供能比不高于30%;人均每日蛋白质摄入量78克,其中,优质蛋白质比例占45%以上;维生素和矿物质等微量营养素摄入量基本达到居民健康需求。相关数据来源于国家农业农村部、国家卫生健康委员会公开检测数据。

15. 粮食质量安全检测覆盖率

该指标是指粮食质量安全检测所覆盖的区域比例。相关数据来源于国家粮食和物资储备局公开数据。

16. "放心粮油"示范企业

该指标是指由中国粮食行业协会认定的放心粮油示范企业,包括示范加工企业、示范主食厨房、示范销售店、示范配送中心和示范批发市场(指成品粮油批发市场)。

17. 中国好粮油品牌数量

该指标是指获得中国好粮油品牌的产品数量(年累计数)。相关数据来源于国家粮食和物资储备局公开数据。

18. 粮食加工转化率

该指标是指加工产品与加工原料消耗之比,即产出量与投入量之比。相关数据来源于国家粮食和物资储备局公开数据。

19. 行业销售收入利润率

该指标是指企业实现的总利润对同期的销售收入的比率。用以反映企业销售收入与利润之间的关系。是反映企业获利能力的重要指标,这项指标越高,说明企业销售收入获取利润的能力越强。相关数据来源于《中国粮食和物资储备年鉴》。

20. 优质粮源基地面积占粮食播种面积比例

该指标是指全国优质粮源基地面积占总粮食播种面积的比重。

计算公式为：优质粮源基地面积占总粮食播种面积比例 = $\frac{\text{优质粮源基地面积(亩)}}{\text{总粮食播种面积(亩)}} \times 100\%$

相关数据来源于国家统计局、国家粮食和物资储备局。

21. 粮食产后服务中心覆盖率

该指标是指粮食产后服务中心所覆盖的区域比例。相关数据来源于国家粮食和物资储备局公开数据。

22. 粮食收获、仓储物流、加工及销售环节平均综合损失浪费率下降比率

该指标是指本期粮食收获、仓储物流、加工及销售各环节损失浪费率加权平均后的综合损失浪费率，与上一期比较所得的下降比率。若该值为正值，表示平均综合损失浪费率下降；若为负值，表示平均综合损失浪费率上升。相关数据来源于国家粮食和物资储备局公开数据。

23. 全国粮食物流成本下降比率

该指标是指粮食流通过程中的运输、装卸等成本。相关数据来源于《中国物流统计年鉴》、国家粮食和物资储备局公开数据及其他调研数据。

24. 中国好粮油线上销售率

该指标是指中国好粮油产品线上销售占全部中国好粮油产品销售量的比例。相关数据来源于国家粮食和物资储备局公开数据及其他调研数据。

25. 三种粮食成本收益比

该指标是指稻谷、小麦、玉米三个品种平均粮食生产成本与收益比值。相关数据来源于《中国农村统计年鉴》。

26. 粮食深加工占加工总量比例

该指标是指粮食深加工产量占粮食总加工量的比例。相关数据来源于《中国粮食和物资储备年鉴》及其他调研数据。

27. 主食品工业化率

该指标是指采用现代化科学营养原理和先进技术装备，实行规模化生

产,提供标准化、方便化、安全化、营养化的主食品供给量占全部粮食消费量的比例。相关数据来源于国家粮食和物资储备局公开数据。

28. 主营业务收入100亿以上企业占比

该指标是指主营业务收入100亿以上的粮油企业数量与全国粮食企业数量的比例,某种程度上可以反映产业集中度。相关数据来源于国家粮食和物资储备局及地方公开数据。

29. 行业产能利用率

产能利用率(Capacity Utilization),也称设备利用率,是工业总产量与生产设备具备的生产能力的比率。相关数据来源于《中国粮食和物资储备年鉴》。

30. 行业研发人员数占就业人数比重

研发(R&D)人员指参与研究与试验发展项目研究、管理和辅助工作的人员,包括项目(课题)组人员,企业科技行政管理人员和直接为项目(课题)活动提供服务的辅助人员。反映投入从事拥有自主知识产权的研究开发活动的人力规模。该指标是指粮食行业研发人员占总就业人数的比重。相关数据来源于《中国科技统计年鉴》、国家粮食和物资储备局公开数据及其他调研数据。

31. 粮食科技创新平台数量增长率

该指标是指各级政府、高校科研院所和企业建立的促进粮食科技创新的各类平台,如院士工作站、研究生工作站、博士后科研工作站、工程技术研究中心、科技公共技术平台、重点实验室、企业研究院、工程技术转移中心、产学研联盟等的数量年增长率。相关数据来源于国家统计局《中国科技统计年鉴》、国家粮食和物资储备局公开数据。

32. 科技创新高层次领军人才数增长率

该指标是指获得“科技创新高层次领军人才”等称号的高层次人才数量年增长比率。相关数据来源于农业农村部、国家粮食和物资储备局公开数据。

33. 中高级粮油质量检验人员增长率

该指标是指获得中高级技术职称的粮油质量检验人员数年增长比例。相关数据来源于《中国粮食和物资储备年鉴》。

34. 粮食产业研发投入强度增长率

该指标是指规模以上粮油加工企业研发（R&D）经费占主营业务收入比重。研发（R&D）经费支出指规模以上粮油加工企业用于内部开展研发（R&D）活动（基础研究、应用研究和试验发展）的实际支出。包括用于研发（R&D）项目（课题）活动的直接支出，以及间接用于研发（R&D）活动的管理费、服务费、与研发（R&D）有关的基本建设支出以及外协加工费等。不包括生产性活动支出、归还贷款支出以及与外单位合作或委托外单位进行研发（R&D）活动而转拨给对方的经费支出。相关数据来源于《中国统计年鉴》、《中国科技统计年鉴》以及国家粮食和物资储备局公开数据。

35. 涉粮财政科技支出占财政科技支出比重

该指标是指各级政府涉粮财政科技支出占财政科技总支出的比重。相关数据来源于《中国统计年鉴》、《中国科技统计年鉴》以及农业农村部《全国农业科技统计资料汇编》。

36. 每亿元研发投入形成的专利数

该指标是通用的反映专利产出效益的重要指标。相关数据来源于《中国统计年鉴》、《中国科技统计年鉴》以及国家粮食和物资储备局公开数据。

37. 粮食行业科技成果转化率

该指标是指为提高生产力水平而对科学研究与技术开发所产生的具有实用价值的科技成果所进行的后续试验、开发、应用、推广直至形成新产品、新工艺、新材料，发展新产业等活动占科技成果总量的比值。相关数据来源于《中国统计年鉴》、《中国科技统计年鉴》以及国家粮食和物资储备局公开数据。

38. 关键设备自主率

该指标是指行业关键设备自主化生产的比例。相关数据来源于国家粮食和物资储备局公开数据。

39. 单位工业增加值能耗下降率

该指标是指在一定时间内单位工业增加值能耗的降低速度。相关数据来源于《中国环境统计年鉴》。

40. 单位工业增加值二氧化碳排放下降率

该指标是指在一定时间内单位工业增加值二氧化碳排放量的降低速度。相关数据来源于《中国环境统计年鉴》。

41. 粮食加工厂粉尘污染平均浓度

该指标是指粮食加工生产在加工或运输原料过程中会产生的粉尘,危害环境和人体健康。相关数据来源于《中国环境统计年鉴》及调查数据。

42. 粮食副产物综合利用率

该指标是指粮食加工过程中产生的副产物进行再加工的利用水平。相关数据来源于农业农村部、国家粮食和物资储备局公开数据及其他。

43. 粮食加工营养素损失率

该指标是指粮食在加工环节因过度或不当加工造成的营养的平均损失比例。相关数据来源于调研检测数据。

44. 三等以上耕地等级比例

耕地质量事关粮食生产可持续发展能力。三等以上耕地等级比例是指按照国家标准委发布的《耕地质量等级》中十个等级标准要求,耕地质量较高的前 1 至 3 等级耕地占比。相关数据来源于自然资源部、农业农村部公开数据。

45. 灌溉水利用系数提高率

该指标是指在一次灌水期间被农作物利用的净水量与水源渠首处总引进水量的比值。它是衡量灌区从水源引水到田间作用吸收利用水的过程中水利用程度的一个重要指标,也是集中反映灌溉工程质量、灌溉技术水平和灌溉用水管理的一项综合指标,是评价农业水资源利用,指导节水灌溉和大中型灌区续建配套及节水改造健康发展的重要参考。灌溉水利用系数提高率是指本期灌溉水利用系数值减去前一期该系数值,再除以前一期该系数值的比值。相关数据来源于《中国水利统计年鉴》。

46. 三大粮食作物化肥利用率

该指标是指三大粮食作物耕地面积化肥的有效利用比例。相关数据来源于《中国农村统计年鉴》。

47. 三大粮食作物农药利用率

该指标是指三大粮食作物耕地面积农药的有效利用比例。相关数据来源于《中国农村统计年鉴》。

48. 粮食进口渠道多元化程度

该指标是指粮食进口来源国多元化,单一产品总进口来源国进口比例低于20%,且重要进口来源国大于10个国家和地区。相关数据来源于《中国海关统计年鉴》。

49. 粮食企业海外直接投资规模增长率

该指标是指粮食企业参与国际粮食产业合作的国外投资额的年增长比率。相关数据来源于《中国贸易外经统计年鉴》。

50. 粮油机械设备出口增长率

该指标是指国内粮油机器企业出口的粮油装备增长比例。相关数据来源于《中国贸易外经统计年鉴》。

51. 种粮农民收入增长率

该指标是指三大粮食品种农民种植收入的增加比例。相关数据来源于《中国农村统计年鉴》。

52. 公众对粮食产品消费满意度

该指标是指通过对城乡居民调查,公众对市场粮食产品消费的满意程度。相关数据来源于问卷调查数据。

三、粮食产业高质量发展的评价指标测算方法

(一)几种主要测算方法

目前已有文献对高质量发展的评价分析,多数采用综合指数评价模型法,少部分采用主成分分析法、因子分析法等多元统计方法以及其他方法。

1. 综合指数评价模型法

该方法主要包括指标数据的标准化处理、指标赋权、线性加权得到总指数及各级分指数等步骤。对经济高质量发展评价研究中确定指标权重的方法主要包括:等权重法赋值①;客观赋权法,如熵权法②、离散系数法③、变异系数法④;主客观相结合方法,如张震等综合采用主观赋权法 AHP 与客观赋权法 EVM⑤,李梦欣等综合采用主观赋权法 AHP 与客观赋权法 BP 神经网络模拟优化确定指标权重⑥。

2. 主成分分析法

该方法主要通过主成分分析提取前 N 个主成分,然后采用每个主成分的方差贡献率与累积方差贡献率的比值作为权重对各个主成分进行加权,得到最后的综合评分,也有专家采用该方法测度了经济高质量发展指数。

① 马茹、罗晖、王宏伟等:《中国区域经济高质量发展评价指标体系及测度研究》,《中国软科学》2019 年第 7 期。

② 魏敏、李书昊:《新时代中国经济高质量发展水平的测度研究》,《数量经济技术经济研究》2018 年第 11 期。

③ 陈晓雪、时大红:《我国 30 个省市社会经济高质量发展的综合评价及差异性研究》,《济南大学学报(社会科学版)》2019 年第 4 期。

④ 江小国、何建波、方蕾:《制造业高质量发展水平测度、区域差异与提升路径》,《上海经济研究》2019 年第 7 期。

⑤ 张震、刘雪梦:《新时代我国 15 个副省级城市经济高质量发展评价体系构建与测度》,《经济问题探索》2019 年第 6 期。

⑥ 李梦欣、任保平:《新时代中国高质量发展的综合评价及其路径选择》,《财经科学》2019 年第 5 期。

3. 其他方法

从高质量发展评价指标体系相关文献检索分析，目前主要使用 TOPSIS 法。该方法主要是通过比较各测度对象与最优方案及最劣方案的相对距离进行量化排序，有的利用 TOPSIS 法对全国各省份经济高质量发展水平进行量化排序①，有的采用熵权 TOPSIS 法测算分析了中国 30 个省份能源高质量发展总体态势及其在清洁低碳、经济高效、安全可靠三大维度的表现②。

（二）粮食产业高质量发展的评价指标测算方法

1. 数据标准化处理

粮食产业高质量发展表征指标按指标属性划分，可分为正向和逆向指标，按指标数据性质划分，可分为绝对数和相对数指标，为了剔除指标数据差异化和量纲的影响，需对指标数据进行标准化处理（也称无量纲化处理）。主要处理方法是极值法，具体有离差标准化和标准差标准化。离差标准化是将某指标中的观测值减去指标中的最小值，再除以该指标的极差（指标中最大值与最小值之差）。标准差标准化是将某指标中的观测值减去指标的平均值，再除以该指标的标准差。

2. 权重确定

由于粮食产业是一个专业性较强的产业，主张采用主观赋权法中的 Delphi 赋权法。具体为：选择粮食行业内既有实际工作经验又有较深理论研究的 10 位以上专家，先期对核心、重要和一般三类指标匿名直接赋权，将专家意见集中、整理、统计后，再匿名反馈给各位专家，再征求意见，再集中、再反馈，经过 4 轮信息反馈，确定三类指标属性权重之比。

---

① 魏敏、李书昊：《新时代中国经济高质量发展水平的测度研究》，《数量经济技术经济研究》2018 年第 11 期。

② 韩君、吴俊珺：《新时代我国能源高质量发展评价体系构建与测度研究》，《重庆理工大学学报（社会科学版）》2020 年第 3 期。

2018—2019年,国家粮食安全政策专家咨询委员会课题组曾采用Delphi赋权法,对表2-1中的核心、重要和一般三类指标进行直接赋权,根据4轮赋权信息,确定三类指标属性权重之比大致为3∶2∶1。然后,按总权数为100%,三类指标的权数之比(3∶2∶1)来确定各表征指标权重(见表2-1)。

3. 指数测算

首先,根据表征指标标准化数据和权重,测算各表征指标指数和二级指标指数;然后,依据二级指标指数,加总求和测算出全国粮食高质量发展评价指数以及安全保障指数、结构效益指数、科技创新指数、绿色生态指数、包容共享指数5个分类指数。

高质量发展指数计算公式为:

$$Z = \sum_{i=1}^{N} W_i Y_i$$

其中, Z 为粮食高质量发展指数, Y 为表征指标指数, N 为指标个数(N=1,2…,52), W 为指标的权数。

(执笔人:祁华清、樊琦)

第三章　市场主体与粮食产业高质量发展[①]

粮食市场主体是推进粮食产业高质量发展的重要力量，是实现国家粮食安全的重要载体和抓手。随着粮食收储制度市场化改革不断深入，各地大力培育新型多元市场主体，基本形成国有粮食企业、民营企业、外资企业共同发展又相互竞争的局面。但是各类粮食市场主体普遍存在规模偏小、自主创新能力较弱等问题。在实地调研的基础上，本章系统总结分析了我国粮食市场主体发展的现状、存在的问题及面临的困难，并提出了相关政策建议。

一、粮食市场主体基本情况及发展特征

随着城镇化加快推进，土地流转加快，农业不断向现代化转型，种粮大户、家庭农场、专业合作社等新型农业经营主体涌现并快速发展壮大，粮食生产规模化、组织化程度明显提升，成为推动粮食产业高质量发展的重要力量，也是转变粮食经营方式的关键主体。

（一）新型粮食生产经营主体不断发展壮大

2018 年，全国各类新型农业经营主体和服务主体总量超过 300 万家，

---

① 本文完成时间为 2019 年 8 月，形成书稿时作了必要的修改。

其中家庭农场近 60 万家、县级以上示范家庭农场 8. 3 万家，经营面积 1. 62 亿亩；依法登记的农民合作社 217. 3 万家、县级以上示范社 18 万多家，3. 5 万家农民合作社创办加工实体，近 2 万家农民合作社发展农村电子商务，7300 多家农民合作社进军休闲农业和乡村旅游；从事农业生产托管的社会化服务组织 37 万个，以综合托管系数计算的农业生产托管面积为 3. 64 亿亩，实现了集中连片种植和集约化经营，节约了生产成本，增加了经营效益①。粮食主产区河南省 2018 年新型农业经营主体发展到 28 万家，其中农民合作社近 18 万家、连片 200 亩以上的家庭农场 3. 9 万家、50 亩以上的种粮大户 4. 3 万户，土地流转面积 3915 万亩，适度规模经营占家庭承包面积比重超过 60%②。

（二）加工企业经营能力不断提升，引擎带动作用明显提高

1. 龙头企业辐射带动作用明显，产业链不断延伸

近些年来，实力较强的粮食企业逐步向生产环节或精深加工环节拓展多种经营，食品加工和饲料加工企业数量扩增较快，产业链下游产品逐渐多元化，形成新的效益增长点。以全国粮食主产区河南省为例，在生产环节，粮食龙头企业经营延伸到种子研发推广。省粮食集团与西北农林科技大学、河南省农科院合作，开展“西农 979”“郑麦 366”等优质小麦“育繁推”业务，2018 年推广优质小麦 100 万亩。在产后服务环节，截至 2019 年年底河南省粮食产后服务中心项目总数达 961 个，总投资 154620 万元，实现了全省产粮大县全覆盖，已累计建成项目 462 个，新增仓容 205 万吨③，在粮食收购中发挥了重要作用，有效缓解了部分市县仓容不足的矛盾。在流通环节，加工企业与仓储和购销企业联系更加紧密。河南省各类粮食企业有超过 70%的仓容实现了低温储粮、氮气储粮等现代化绿色储粮技术，部分粮

① 数据来源于《新型农业经营主体和服务主体高质量发展规划（2020—2022 年）》。

② 数据来源于河南省农业农村厅统计资料。

③ 数据来源于《2020 中国粮食和物资储备年鉴》。

库完成了智能化改造升级，对组织粮源发挥了重要作用。在加工环节，不断向深加工领域延伸。居民收入水平提升推动行业转型升级，食品消费从面粉向挂面、面食品方向推进，从散装烘焙糕点向小包装产品转变。以挂面为代表的主食加工业已经进入成熟阶段，部分有实力的企业向生产面包、蛋糕、月饼、速食、速冻等面制品发展，主要从生产线、工艺、包装等方面转型，聚焦新品研发和品牌建设；精深加工方向主要包括葡萄糖、麦芽糖、果葡糖浆、麦芽糊精等，食品加工业各细分行业的龙头企业逐渐形成寡头竞争。

2. 基地化集聚化发展趋势明显，供应链更加巩固

各类粮食企业探索与农民结成利益共同体，通过开展订单定制种植，建立粮食种植基地，确保粮源数量、质量和市场价格稳定。比如，河南省粮食龙头企业关联农户 190 万户，发展订单小麦 710 多万亩，平均每斤价格比普通小麦高 0.1 元以上。粮食企业集聚能力提高，加工主体进一步向主产区集聚。据统计，河南省建立以粮油食品为主的产业集聚区 64 个，占全部集聚区的 35.5%，其中年产值超百亿的产业集聚区 6 个①，形成了具有区域优势、产品差异的产业集群。

3. 差异化竞争程度提高，生态链趋于优化

目前粮油市场呈现各类龙头企业和各种粮油品牌充分竞争、竞相发展的阶段性特征。大企业做大做强、小企业做优做精的差异化定位将是未来趋势。龙头企业在收购资金、仓储设施建设、固定资产购置、技术改造和引进方面实力较强，业务从仓储环节向生产环节或利润率更高的粮油转化、精深加工环节延伸，形成新的效益增长点。中小企业品牌化意识增强，在推出精包装、健康食品等高附加值产品以及成本控制方面不断提升产品竞争力。比如，河南省永城市某面粉集团从代加工向打造自有品牌转变。受线上渠道冲击的传统贸易商，近年也陆续从经营代理品牌转向建立自主品牌。

---

① 《中国食品报》2016 年 5 月 17 日报道《2 万亿市场！我国“高颜值”主食产业待分享》。

（三）国有粮食企业改革发展取得积极成效

1. 转型发展取得阶段性成果

国有粮食企业改革经历了从“主副分离”到减员分流、破解“老人、老粮、老账”问题，从转换经营机制到产权制度改革，逐步实现由“计划主渠道”向现代市场主体的转变，转型发展取得阶段性成果。近年来，一些地方相继制定出台了国企改革实施意见或方案。随着国有粮食企业改革的深入推进，企业结构不断优化，改革发展质量效率不断提升。一些国有粮食企业实施了公司制改革，法人治理结构不断完善，部分企业实现了出资人由管企业向管资本转变；不少地方进行兼并重组，有效提高了融集资金、掌控粮源和抵御市场风险的能力。2020 年末，纳入统计范围的国有粮食企业 1.1 万户，从业人员 34 万人；全国国有粮食企业资产总额 2.3 万亿元；净资产 4000 亿元，同比增长 10%。全国国有粮食企业主营业务收入 10456.4 亿元，实现利润总额 175.4 亿元，连续十三年统算盈利。全国 27 个省（区、市）实现统算盈利，其中广东、黑龙江、北京、江苏、上海、安徽、浙江、天津、甘肃、陕西、新疆、云南、河北等 13 省（区、市）盈利超亿元①。

2. 在保供稳价方面发挥重要作用

国有粮食企业中近 90%为粮食经营企业，主要从事政策性粮食收储保管业务，拥有 2/3 左右的仓房资产，一半以上仓房使用了储粮新技术。2020 年国有企业标准仓房仓容、简易仓房仓容和油罐总罐容分别占全行业的 65%、49%、40%；日烘干能力、铁路专用线、专用码头吨位分别占全行业的 37%、81%、56%②。日趋完善的硬件设施为国有粮食企业保障政策性业务奠定了扎实基础。2020 年，在新冠肺炎疫情期间，国有粮食经营企业扎实开展粮食收购、储备轮换、政策性粮食投放、充实成品储备等各项工作，36

① 数据来源于《2021 中国粮食和物资储备发展报告》。

② 数据来源于国家粮食和物资储备局。

个大中城市及价格易波动地区的成品粮油库存达到满足20天以上市场供应量，推进5388家粮食应急加工企业复工复产，在粮食收购、保障供应、确保储备安全等方面发挥了重要的宏观调控载体作用，有效保持了市场稳定。

3. 体制机制改革取得较好成效

各地加大国有粮食企业改革力度，积极推动地方储备粮企业储备运营与商业经营相分离，做好人员、实物、财务、账务管理“四分开”。山西省成立山西粮油集团储备粮管理公司，明确其公益类企业性质，承担省级储备粮管理职责。贵州省组建省粮食储备管理集团公司，下设区域性子公司，承担省级储备粮收储、轮换、销售、动用等政策性职能；贵州省和贵阳市共建省粮食发展集团公司，承担粮食加工、贸易、物流等经营性职能。各地改革成效明显，据统计，国有粮食产业企业数量虽不到全行业的10%，但产值和销售收入占比超过全行业的15%，利润总体占全行业的50%，高于行业平均水平。2020年，全国入统国有及国有控股粮食产业企业、工业总产值、销售收入和利润总额分别占产业企业总量的8%、17%、19%、51%①。

二、粮食市场主体面临的主要困难和问题

市场主体是市场机制运行的载体和市场体系的重要组成部分，市场主体发育程度对粮食产业经济发展起着重要作用。近年来，通过采取一系列措施培育壮大市场主体，推进粮食产业经济发展，取得了积极成效，为推动粮食产业高质量发展奠定了较好基础。同时也要看到，粮食市场主体发展还面临一些困难和问题，主要表现为竞争力不强，引导生产、促进流通、调节供求的功能有待进一步发挥。

（一）种粮比较效益偏低，农民种粮积极性有待提高

受资源环境约束，随着土地流转租金、人工成本、机械成本、农药和种子

① 数据来源于国家粮食和物资储备局。

等物化成本不断上升,农户种粮成本高位运行。与美国相比,2019 年我国每吨稻谷、小麦和玉米生产总成本分别高出 38%、71%和 172%①。尽管种粮主体稳定增收,但种粮收益始终处于微利状态,甚至部分品种净利润为负,2019 年稻谷、小麦和玉米的每亩净利润分别为 20 元、15 元和-127 元②。一些地方反映,涉农物资价格和人工成本上涨幅度较大,粮食主产区粮食比较效益下降,对种粮农民收益影响较大,且主产区财力薄弱,农民和企业利益没有得到合理补偿,产销区共同承担粮食安全责任机制有待进一步强化。部分农民反映,种粮一年收益还没有一个月打工收入多,宁愿外出打工,也不愿意种地。

(二)市场主体融资难融资贵问题突出,产业发展资金不足

粮食经营量大利薄,需要周转资金多,企业融资需求强烈。尽管农业发展银行全力做好政策性收购贷款供应,部分省份组建了粮食收购融资担保平台,不少企业仍反映无法满足融资需求。调研了解到,农民合作社、粮食企业和批发市场普遍反映,由于缺乏优质抵押品、收益低,大部分银行只愿意贷款给中央企业、地方国有骨干企业、大型加工企业,合作社和中小企业受限于贷款门槛高,手续复杂、长期贷款少、结构不合理,融资难融资贵问题比较突出,粮食市场主体长期陷于贷款难的境地。有的地方反映,基层国有粮食企业规模小、资产质量差,政策性收购能贷款,自营收购缺乏资金“有心无力”。有的民营企业反映,用粮企业只能通过个人房产抵押从农村信用社、地方性银行取得高息小额贷款。特别是现有农村金融产品、服务和贷款抵押方式相对较少,新型经营主体直接融资渠道狭窄。尽管与用粮企业合作可部分解决资金问题,但资金成本高,以轻资产为主的合作社缺乏传统信贷所需的抵押物,社员不能分红,影响合作社稳定发展,也增加了赊账企业的成本,高成本、低收益的粮食生产经营难以持续。

① 数据来源于美国农业部 ERS 数据库和《2020 年中国粮食和物资储备年鉴》。

② 数据来源于《2020 年中国粮食和物资储备年鉴》。

（三）产销主体联结不紧密，面临产业链升级挑战

1. 新型粮食经营主体服务和发展能力有限

新型粮食生产经营主体既是重要的生产主体，也是带动小农户与现代农业发展有机衔接的关键一环。新型主体在经营规模、要素投入、种粮效益等方面相比传统小农户有一定优势，但随着粮食经营规模扩大，也面临社会化服务供给跟不上的突出问题。除合作社和龙头企业能为社员提供生产服务外，种粮大户和家庭农场社会化服务需求缺口较大，雇工成本高，家庭农场使用自有机械的成本高于社会化服务。合作社的辐射带动能力相对较强，在统一协调生产资料、技术指导灾害预防、降低农民采购成本、减少经营风险等方面起到重要作用，是落实优质麦种植补贴等普惠政策的重要主体，但部分合作社还不具备自我发展能力。针对农户不离地的实际而探索的土地托管方式，仍然是一家一户的经营方式，没有改变土地细碎化经营现状，难以完全发挥服务的规模效益，分散种植条件下合作社提供农资、农机服务成本较高。

2. 生产主体与收购企业、加工用粮企业对优质粮的认定标准不同

比如，小麦收购企业认定容重等质量安全标准，加工企业认定的优质是精度、稳定性、面筋含量、纯度等内在品质指标。如河南省某粮食集团食品加工的小麦要求纯度在85%—90%以上，掺混拉低了单个品种价值，品质控制困难，增加企业成本。多数新型经营主体的生产还局限于第一产业，种什么卖什么，直接销售原粮。优质小麦与普通小麦价差不大，导致种植结构难以与市场需求对接，也制约了优质小麦产业化发展。

3. 生产主体与用粮企业之间的利益联结机制不紧密

粮食生产主体与用粮企业初步建立了“利益共享、风险共担”的利益联结，但由于机制不健全，利益联结不够紧密，产业链条的断裂、脱节及合同违约现象时有发生。由于企业与农户之间签订的合同约束力不够，加之有些农户法律意识淡薄，违约现象时常发生，农户潜在地承担了较多的市场风险和自然风险。农户及部分新型经营主体对风险厌恶程度较高，对企业需要

的单产较低、抗逆性较低等优质粮食接受意愿不强。

（四）国有粮食企业深化改革不彻底，现代企业制度不健全

1. 在管理体制上，国有粮食企业体制机制改革仍不到位

部分地方国有粮食企业政企不分，企业缺乏改革发展的动力和活力，既当运动员，又当裁判员，在具体工作中既有行政监管缺位的问题，也存在对企业事项干预过度的情况。同时，地方国有粮食企业仍存在多头管理现象。调研了解到，由于国有粮食企业功能定位不清晰，各地探索实施不同的管理体制，有的地方由国资部门管理，有的由发改部门管理，有的由粮食和储备部门管理，有的由商务部门管理，有的人财物和业务分别由不同部门管理，交叉管理的情况比较普遍。由于国有粮食企业改革与执行政策性粮食收储政策不协调，少数地方国有粮食企业改革不彻底，部分企业仅限于治理结构和组织结构等形式上的改革，实际运营中还是“穿新鞋走老路”，经营管理存在较大风险隐患。

2. 在企业现状上，地方国有粮食企业多呈现小散弱

除少数央企和省属企业外，大部分基层国有粮食企业规模小、布局散、队伍弱，多以“一县多企、一企多点”形式存在，单打独斗、各自为战，政策依赖、低水平经营、保生存特征明显。由于资产规模小、经营效益差，享受政策支持少，抗风险能力较低，若遇市场环境恶化、政策调整，多面临倒闭风险，进而产生一系列的安置就业、人员不稳定等社会问题。受发展历程和行业特点影响，仓储设施陈旧、专业人员不足、科技和信息化建设滞后，企业人员普遍存在平均年龄偏大、市场经营能力偏低、队伍青黄不接等问题，难以支撑企业高质量可持续发展。

3. 在经营管理上，企业内控管理和外部监管亟须加强

从粮食企业自身看，部分基层国有粮食企业规模小、市场化程度低，现代企业制度不健全，有的制度缺失，有的制度难以发挥作用；法人治理结构不完善，管理粗放，效能不高。从外部监管看，部分地方国有粮食企业出资

人监管缺位，企业权属不清，财务账目、资产情况、资金使用、债权债务等缺乏监管。机构改革后，大部分市县粮食局被并入发改、商务、农业等部门，有的地方粮食行政管理部门被裁撤，由事业单位甚至企业代行粮食行政管理职责，不具备监管主体资格，还有一些地方粮食行政执法和质量监测检验机构被并入市场监管部门，监管一定程度上被削弱。

（五）流通企业同质化竞争，转型升级难度较大

1. 加工企业粗放竞争

当前我国粮食加工企业中，小规模企业众多，大中型企业占比较少，难以形成龙头效应和规模效应。粮食加工初级产品仍然较多，精深加工产品偏少，尤其是玉米加工业产品仍以淀粉和酒精等初级产品为主。粮食加工产品同质化严重，精细化程度不高，高附加值的优质粮油产品市场供给有待进一步提高。粮食品牌多而杂，大部分品牌的市场占有率较低，对内竞争力不强，对外影响力较小。

2. 流通企业效率有待提升

粮食生产规模化集约化趋势不断发展，单品种粮食生产更加集中，跨区域粮食流通规模不断扩大，区域粮食购销呈现“你中有我，我中有你”的格局，对粮食仓储物流提出了更高要求。调研中，农民合作社反映仓储和烘干能力欠缺，贸易企业反映大量仓容闲置，物流企业提出仓储成本较高。不少粮食企业表示，铁路运输请车、审批、装车、储存、短搬环节多、耗时长、综合成本高，公路运输运量小、风险大、运费成本高。

三、推动粮食市场主体高质量发展的路径探索

（一）建立农民利益保护长效机制

1. 从生产源头加大防灾抗灾力度

加快选育推广适合当地气候条件、对赤霉病等抗性好的优良品种，在不

影响脱粒的情况下择机加快收割,减轻自然灾害的不利影响。逐步退出低质低效非适宜区小麦种植,调减非优势产区粮食种植面积,增加优质品种面积,推进农业供给侧结构性改革。

2. 建立健全粮食产后服务体系

进一步加大"优质粮食工程"建设投入,完善粮食产后服务体系,为农民提供"代清理、代干燥、代储存、代加工、代销售"服务,针对性解决粮食烘干晾晒能力不足、储存仓容矛盾、市场销售困难等问题,推动农户节粮减损和助农增收。

3. 加强农业保险制度建设

强化农业保险顶层设计,降低赔付条件,提高赔付标准,加大保障力度,推动农业保险从保成本向保产量、保收入转变。按照"提标、扩面、增品"总体思路,深入推进农业大灾保险试点,继续推广三大粮食作物完全成本和收入保险,同时鼓励引导保险机构根据农户需求,开发高保障或补充保障型农业保险产品。

4. 加强产销合作

推动龙头企业在粮食主产区建立原粮基地,培育标准化种植、规模化加工、一体化发展的全产业链企业。加大粮食主产区与粮食主销区的对接力度,巩固深化产销合作关系,引导销区在产区开展收储经营,促进形成产销区共惠机制。

(二)健全粮食市场经营贷款资金保障制度

1. 改革完善粮食产业发展融资机制

把农民粮食生产资料贷款、政府储备粮贷款、粮食企业经营贷款、收购资金贷款、仓储物流设施建设贷款、粮食产业基地建设贷款统一列入粮食政策性贷款。适当增加粮食政策性金融服务主体,鼓励商业银行开展粮食政策性贷款业务,开展粮食政策性贷款业务的金融机构,享受涉农涉粮贷款政策优惠。调整优化贷款投放品种结构,在加强风险管控的前提下,支持各类金融主体探索开发土地使用经营权抵押、仓单抵押、实物抵押、信用贷款、投贷联动等多种贷款产品，增加中长期贷款投放总量，更好满足粮食生产和经营主体信贷需求。

2. 增强融资风险识别和防范能力

政府有关部门加强与各类金融机构衔接协调，搭建银企对接平台，创新供应链金融服务模式，对各类粮食市场主体进行摸底调查，方便银行机构选择经营能力强、发展前景好、贷款风险小、诚实守信的市场主体发放贷款，满足各类市场主体生产经营资金需求。加大财政支持力度，完善粮食收购贷款信用保证基金等制度，优化基金运作流程，研究扩大基金适用银行和企业覆盖范围。降低粮食贷款门槛，提高风险容忍度，简化放贷手续，着力解决基层银行“不会贷、不想贷、不敢贷”问题。

（三）切实提高粮食仓储物流效率

1. 有效整合利用现有仓储物流资源

摸清粮食仓储资源分布、质量、仓容等情况，以及各类市场主体仓容需求数量、类型、条件等情况，指导鼓励种粮大户、农民合作社、粮食加工企业与粮食仓储企业加强对接，通过兼并重组、股份合作、购买仓储服务等形式，充分利用闲置仓容，满足市场仓储需求。

2. 加快构建新型粮食应急供应网络体系

充分利用现有资源和企业设施，构建以区域性成品粮应急配送中心为龙头，以县级以上城市粮食应急供应网点为骨干，以覆盖社区街道和乡镇的城乡粮食应急供应网点为基础，粮食应急加工、储运、供应各环节协调配套的新型粮食应急供应网络体系。

3. 把粮食纳入绿色通道政策范围

国务院《收费公路管理条例》和交通运输部、国家发展改革委制定的《鲜活农产品品种目录》规定，新鲜蔬菜、新鲜水果、鲜活水产品、新鲜的肉蛋奶、活的畜禽等5大类24分类146个品种类别产品（其中包括鲜玉米）可享受减免通行费的绿色通道政策。玉米收储制度改革期间，东北地区探索把粮食纳入享受绿色通道政策，出台了免收本省玉米公路通行费的政策，对降低运输成本、分流铁路压力起到积极作用，具有很强操作性和现实意义。将粮食纳入鲜活农产品品种目录，享受绿色通道政策，或者参照执行绿色通道政策，切实降低粮食物流成本。

4. 粮食产业园区配套建设铁路专运线

粮食是大宗物资，在物流集中的产业园区建设铁路专运线，有利于充分利用铁路运力，减少短途搬运，大大提高粮食物流效率，增强粮食产业市场竞争力。支持粮食主产区规划新建粮食物流园区时统筹配套建设粮食铁路专运线，对没有铁路专运线的大型粮食物流园区，补充规划建设铁路专运线。

四、加快粮食市场主体高质量发展的措施建议

促进粮食产业高质量发展，要坚持市场化导向和保护农民利益并重，保障粮食数量和提高粮食质量并重，根据各类市场主体的功能定位，创新体制机制激发发展活力，培育市场主体释放发展潜力，延伸产业链条增加发展动能，提升国家粮食安全保障水平。

（一）明确各类主体功能定位，厘清高质量发展思路

高质量发展要求根据各类市场主体功能定位，厘清发展思路，促进协调发展，实现共享多赢。生产经营主体是产业链供应链的源头，决定粮食供给数量、质量和结构，要保护好农民利益，调动保护种粮积极性，引导农民根据市场需求调整优化种植结构，增加粮食市场有效供给。加工转化企业是价值链的引擎，是满足消费者美好生活需要和提升粮食市场价值的关键，对市场需求十分敏感，具有定价核心的功能，主要诉求是原料价格和质量基本稳定，避免对销售渠道、市场份额、生产持续性带来大的影响。流通企业是产

业链的纽带，对接供给侧和需求侧，传递市场需求和价格信号，为种粮农民销售变现，为加工转化企业组织粮源，对市场风险更加敏感，经营融资需求强烈，公平宽松的政策环境有利于其发展壮大。

（二）改革完善价格形成机制，激发粮食市场主体内生动力

我国粮食收储制度和价格形成机制，目前在国家调控方面集中体现在最低收购价政策上。粮食最低收购价实施 10 多年以来，实现了保护农民利益、调动种粮积极性、促进粮食生产稳定发展的初衷。但如果最低收购价格水平过低，难以调动种粮积极性；最低收购价格水平过高又会刺激低质量生产，难以调优生产结构。坚持并完善稻谷、小麦最低收购价政策，按照市场化导向和保护农民利益并重的原则，增强政策弹性，合理确定价格，体现品质价差、地区价差。要突出解决优质劣质一个价，农民发展优质粮食意愿不强，导致大路货过剩，优质粮短缺；“麦强粉弱”“稻强米弱”，加工企业经营困难，发展引擎作用难以充分发挥；收储和管理成本高风险大，不少粮食长期储存品质下降，销售处置价差亏损巨大，财政资金边际效益递减等问题。

（三）深化国有粮食企业改革，激发产业高质量发展活力

1. 进一步改革完善体制机制，实行分级分类管理

按照国家关于粮食储备和经营分开、地方储备以省级为主的要求，针对市、县级地方储备企业小、散、弱的问题，进一步深化国有粮食企业改革，储备企业分中央和省两级，实行中央和省两级垂直管理。省级成立公益性质的储备粮管理中心或公司，负责省级储备粮的统一管理，合理布局省储粮企业，确保地方储备粮安全。市、县级建立成品粮和应急储备，由指定的粮食企业承担，确保本地区特殊情况下的应急供应。其他国有粮食企业转换经营机制，给予相应政策支持，以市场化粮食经营、发展粮食产业经济为主。对中央储备粮直属企业，完善现行两级法人三级架构的运行模式，增加分（子）公司职权或增加分（子）公司一级法人，加强对直属库的管理。对省级

储备粮直属企业，建立健全相关管理制度、标准和规范，提高省级储备粮企业现代化、规范化、标准化、信息化水平。对其他国有粮食企业，按现代企业制度要求健全管理制度，积极推进股份制改革，搞活企业经营，发展粮食产业经济。同时，把坚持和加强党的全面领导与粮食企业法人治理有机融合，确保党的领导落实到国有粮食企业改革发展全过程。

2. 进一步加快地方国有粮食企业政策重组，促进企业做强做优做大

调查发现，地方粮食企业小散弱的现状亟须改变。一些地方已经开始组建粮食集团公司，通过整合优势资源，推进粮食产业链融合发展，发展成为当地粮食产业的领军企业。可参照此模式，探索"一省一企""一市一企"，或者部分地区"一县一企"的发展模式，成立专司地方储备粮、最低收购价粮等其他政策性粮食收储管理的公益性企业，彻底打破地方国有粮食企业小散乱局面。建议可由相关部门统筹，鼓励各地深化国有粮食企业改革，健全市场化经营机制，加快混合所有制改革步伐，打破市县行政区划限制，通过兼并重组等方式，整合基层地方国有粮食企业，给予一定的政策和资金倾斜，加快培育竞争力强的大型国有粮食企业集团。

3. 进一步强化规范管理和监管责任落实，形成强大监管合力

一是健全完善中央企业内部监管体系。涉粮央企是中央事权粮食的重要承储主体。要督促相关央企进一步健全完善企业内部监管机构、落实监管人员、明确监管责任，建立行之有效的国有粮食企业内部监管机制。二是强化地方政府属地监管责任。贯彻落实国家关于粮食储备安全管理有关要求，完善粮食安全责任考核内容，将"地方政府对辖区内承储最低收购价粮、临时存储粮等其他中央事权粮食的企业，依法履行属地监管责任"纳入粮食安全责任考核。增强各级粮食监管力量，增加人员和资金投入，创新监管方式，加快推进信息化监管手段的应用，实现粮食收、储、购、销业务的全程动态监管。三是形成监管合力。地方政府及其有关部门、农发行等方面都要共同承担起各自应负的责任，地方粮食行政管理部门、财政部门、农发行相应分支机构必须齐抓共管，强化地方储备粮管理办法的刚性执行。推

动建立粮食和物资储备局垂管机构与地方粮食行政管理部门的监管信息共享、监督检查同步的工作机制，重点加强对政策性粮食承储企业监管力度，真正形成监管合力，压实监管责任。

（四）完善相关配套政策措施，提高粮食市场主体积极性

1. 稳定完善扶持粮食生产政策举措，促进供给侧结构性改革

加强对病虫害和自然灾害抗性好的粮食品种研发推广，加大土地污染地区、生态脆弱地区、自然灾害易发地区的休耕轮作力度，加大先进粮食生产技术推广应用力度，从生产源头提高粮食质量和品质。加强农业社会化服务，新型经营主体的支持政策向专业合作社倾斜，重点培育加工、产品营销等专业性合作组织，在购置机械等方面给予补助。予以合作社正常同等的市场经济法人地位，使其成为参与市场竞争的主体。

2. 以优质粮食工程建设为载体，提高粮食供给质量

深入推进优质粮食工程，扎实实施粮食绿色仓储、粮食品种品质品牌、粮食质量追溯、粮食机械装备、粮食应急保障能力和粮食节约减损健康消费等“六大提升行动”，突出项目支撑作用，加大资金支持，强化典型示范引领，在稳步提升粮食产能的基础上，促进优化粮食品种品质结构，着力增加优质高效粮油产品供给，推动粮食产业提质增效，加快建设与我国发展阶段和发展水平相适应的高质量、现代化粮食产业体系。

3. 以贷款业务和优惠政策挂钩为突破口，改革完善粮食产业发展融资机制

合理确定粮食政策性贷款范围，引进多元主体提供粮食市场化经营贷款，构建稳定的银企合作关系，增强粮食企业抗风险能力和银行机构风险识别能力，满足粮食产业发展融资需求。建立与贷款资格挂钩的信用评价体系。对成长性好的龙头企业、骨干企业加大贷款保障，加强科技创新支持和品牌建设。

4. 以生产者收入支持为重点,完善主产区利益补偿机制

落实粮食风险基金、优质粮食工程、产粮大省(县)、产油大省(县)等财政支持政策,统筹粮食领域财政资金向产业发展、科技创新、技术改造升级等方向倾斜。对于产业集聚区核心产区、产粮大县和超级产粮大县,从省级层面实现均衡性转移支付。除在产粮大县安排奖励资金之外,补贴资金由省级人民政府统筹安排使用。以不降低粮食生产核心区农民生产积极性为前提,基于当前的生产经营条件,测算价格调整的安全区间,探索"保险+期货"、收入保险等收储制度改革的配套支持政策,扩大农业保险覆盖范围,做到成本保险全覆盖。针对不同区域的气候条件特征,设计差异化的灾害保险。如针对近年导致粮食减产与质量下降的大风、暴雨天气,设计涝灾、风灾等险种。开展收入保险试点,针对收入水平的特点,开发成本保障型产品、风险保障型产品,在保障粮食生产积极性的基础上提高产业效益。

(执笔人:颜波、王世海、刘珊珊、周竹君、高丹桂、胡耀芳、唐安娜、张慧杰、崔菲菲)

第四章　科技创新与粮食产业高质量发展①

科技创新，是促进粮食产业发展方式转变、粮食产业转型升级、粮食产业新旧动能转换的内生动力，是推进粮食产业高质量发展的第一动力。

一、科技创新是粮食产业高质量发展的内生动力

（一）科技创新与产业发展

现实中，往往将科学与技术结合一起，统称“科学技术”，事实上，两者有联系，也有区别。科学是一套理论或知识体系，是人类发现自然界、经济社会中各种现象背后的规律，并用理论阐释规律的一套知识体系。科学要解决的是理论问题。技术是一套方法和技能体系，是将成熟的科学理论运用到实际中去的方法和技能。技术要解决的是成果应用问题。而科技创新，是科学研究和技术创新的总称，是指发现、创造新知识，并应用新知识开发和形成系列技术和工艺方法，以此提高产品质量，提供新服务，增加人类福祉的过程。

科技创新与产业发展，各自具有自身变化规律，但它们相互作用、互为

① 本文完成时间为2020年12月，形成书稿时作了必要的修改。

动力。一方面，科技创新动力，除了源于人类的好奇心和求知欲外，主要源于经济社会发展特别是产业发展需求；另一方面，促进产业发展的因素虽然很多，但科技创新是其重要的原动力。

一般而言，科技创新，可分为常规性科技创新和颠覆性科技创新。常规性科技创新，可持续提高人类生产、生活质量，持续推动产业渐进式发展；而颠覆性科技创新，即技术革命，则能催生新的产业革命，促进社会生产力跨越式发展。18 世纪的蒸汽机技术革命，催生了产业机械化革命；19 世纪的电力、运输技术革命，直接推动了产业电气化革命；20 世纪的电子信息技术革命，带来了产业自动化革命。而 21 世纪的信息网络、生物科技、新材料等颠覆性技术，促进产业发展方式、商业模式、工艺技术等发生深刻变革，催生了产业智慧革命。

总之，科技创新是推动产业发展的内在，而且在现代产业发展中将发挥超乎想象的神奇作用。未来的产业发展将主要依靠科学技术能力的拥有、掌握、运用、发展与扩散，来促进经济发展方式转变、经济结构优化、产业转型升级、管理和决策水平提升、一国综合国力提高，等等。

（二）科技创新是粮食产业高质量发展的内生动力

尽管我国粮食生产实现“十八连丰”，但我国粮食产业发展的不平衡不充分性问题依然突出，资源和环境的约束性问题明显。我国粮食产业必须由总量扩张向提质增效转变、由单纯依靠资源要素投入向以科技创新驱动为主转变，以供给侧结构性改革为主线，推动质量变革、效率变革、动力变革，提高全要素生产率。

1. 科技创新促进粮食产业发展方式转变

过去，我国粮食产业发展基本上是通过增加资源投入、扩充新建项目、扩大规模而实现的粗放型增长，这种发展方式所带来的高投入、高消耗、低产出、低效益的矛盾也愈显突出，边际收益递减效应也更为明显。从长期来看，土地、资本、劳动力等生产要素约束越来越强，只有科技创新，才能为粮食产业发展提供持久动力。因此,必须依靠科技创新,推动粮食产业从粗放型增长方式向集约型发展方式转变,实现内涵式增长。

2. 科技创新促进粮食产业转型升级

目前我国粮食供给有保障,但仍存在结构性矛盾突出,供过于求与供不应求并存;行业经济效益水平相对较低,粮食企业副产物综合利用能力不高;产业链条较短,产品附加值相对较低等问题。解决上述问题亟须深入实施科技兴粮、科技强粮战略,以科技创新为动力,推动粮食产业高质量发展,提升粮食产业科技水平,不断提高粮食加工层次和技术装备水平,延长粮食产业链,大幅度提高粮食加工转化增值率和副产物综合利用率,提高供给和需求的适配度,推动粮食产业转型升级。

3. 科技创新促进粮食产业发展新旧动能转换

粮食产业的新旧动能转化,是新模式代替旧模式、新业态代替旧业态、新技术代替旧技术等动能的转换。党的十九大明确提出,我国经济已从中高速发展阶段转变为高质量发展阶段,党的十九届五中全会也指出,在"十四五"期间,我国开启全面建设社会主义现代化国家新征程。也就是说,高质量发展是我国社会主义经济现代化建设的根本要求。而高质量发展的动力,将从原来的拼环境和资源的要素驱动转为创新驱动,科技创新将是经济发展的根本动力。现阶段,我国粮食产业的发展正处于新一轮的新旧动能转换的历史过程。例如,在育种环节,以前是常规育种,现阶段则利用农作物基因组测序以及在此基础上的分子标记技术、转基因技术,并将这些技术与常规育种结合,选择性培育高品质、高产高效的农作物新品种和新材料;在储粮环节,以前主要采用磷化氢熏蒸杀虫技术,污染环境,现在主要推广气调储粮、生物防治等绿色储粮技术;在运输环节,也正不断加强粮食"四散化"装卸、运输方面的技术研发和应用推广。这些科技创新,不仅节约了粮食、降低了成本,而且有形和无形中增加了粮食产量,也满足了中高端消费需求。

未来,随着科技的不断创新,新技术的不断推广应用,粮食产业全要素生产率不断提高，粮食产业的整体效益随之增加。

二、粮食产业科技创新演进及现状

（一）我国粮食产业科技创新演进

1.粮食科技制度建设与调整时期（1949—1978年）

（1）粮食产业科技制度建设阶段（1949—1957年）。1950年我国制定了《1951—1955年农业科研计划》对农业的科研方向作出具体规划，颁布了《农业技术推广方案（草案）》及工作条例。1956年党中央发出了“向科学进军”的伟大号召，制定了《1956—1967年全国农业科学研究方案》，提出今后农业科学研究的基本任务就是要通过科技创新促进农业增产。为了建立统一的农业科技体系，1957年国家组建中国农业科学院，初步形成了以中国农科院统一领导的计划型农业科技体制的基本框架和管理格局，基本上建成从中央到地方三级农业科学研究体系。为了更好地服务粮食产业发展，国家粮食部于1956年设立粮食科学研究所，主要开展粮食储藏、加工和粮食机械等方面的研究工作。

（2）粮食科技体制发展阶段（1958—1978年）。1957年中央八届三中全会通过了《农业发展纲要四十条（修正草案）》，对农业发展进行了具体规划并提出具体指标，为追求高指标，大批农业研究机构在这个时期成立。1960年末，国家开展了科研机构精简、迁移、合并、下放和撤销工作。此时，粮食科研院所合并了1957年设立的粮食部设计院，整合粮食科研力量。1963年全国农业科技工作会议召开，根据关于科技力量体系整合的会议精神，国家将原来以中国农科院为中心的农业科研体系转变为由农业部直接领导，同时也明确了省级农科院、县级良种繁殖场、农业试验站的归口管理，强化了政府领导地位和作用，建立了新的农业科技管理体制。这一时期，开展了许多重大创新研究，如中科院遗传所在1970年通过花药培养，在世界上首次获得了小麦单倍体植株；袁隆平繁育了水稻不育株；等等。这些科研技术为现阶段乃至未来保障我国粮食安全奠定了重要基础。

2. 科技创新促进粮食增产稳产时期(1978—2007 年)

1978 年制定了《1978—1985 年全国科学技术发展规划纲要》，按照“调整、改革、整顿、提高”的方针，大力发展农业科技。这一时期粮食产业的主要特征是技术创新带动粮食增产，粮食产业高速发展；同时，“粮食经济”作为单独的学科被重视，粮食产业的经济问题被列为独立的学科发展。

1980 年关于加强农业科技创新，国家提出了各级农业科研单位及高等农业院校的科研方向。1985 年颁布《中共中央关于科学技术体制改革的决定》，开始了科技体制由计划分配资源向市场分配资源的改革转变。1992 年之后，国家先后发布了《关于农业科技体制改革的若干意见》(试行)、《关于加速科技进步的决定》，组织精干的科技力量，从事农业基础性研究、高科技研究和重大科技攻关研究。1999 年国家将原国家内贸局所属成都粮食储藏研究所、无锡科学研究设计院等 7 家单位划入国家粮食储备局，并对相关单位名称、管理体制和科研方向进行了调整。2003 年国家粮食局科学研究院以公益性和经营性分离的形式进行改革，京外 5 个科研院所在中谷集团管理下，整体转制进入国有大型企业。

这一时期，粮食行业科研院所创新，服务粮食产业升级改造，促进了粮食流通快速发展。

3. 科技创新促进粮食产业高质量发展时期(2007 年至今)

为了尽快提升农业科技自主创新能力，增强农业科技支撑和引领作用，2006 年、2007 年，中央一号文件连续两年提出建立国家农业科技创新体系，国家也编制了农业科技创新体系建设方案。2012 年国家粮食局出台《粮食科技“十二五”发展规划》，指出重视科技支撑作用，加快粮食科技创新体系建设，以此大力推动粮食流通产业结构调整，促进粮食流通产业现代化。

党的十八大以来，中央确立了“以我为主、立足国内、确保产能、适度进口、科技支撑”的新的国家粮食安全战略，国家粮食部门制定《关于深化粮食科技体制改革和加快创新体系建设的指导意见》《粮食行业科技“十三五”发展规划》，围绕化解粮食供求结构性矛盾、收储供应能力攻坚、粮食产业转型升级、粮食流通方式变革等问题，提出了具体指导意见与规划。这一时期，大力推广应用农业科技，粮食生产科技支撑不断强化，粮食储运科技水平日益提升。

党的十九大以来，我国粮食行业贯彻实施国家创新驱动发展战略和“藏粮于地、藏粮于技”战略，粮食行业科技创新能力不断增强，行业科技水平不断提高，与此同时，不断鼓励和支持企业在粮食领域应用新一代信息通信、新材料、智能制造等新科技，促进了现代科技与粮食产业经济发展深度融合，成为推动粮食产业高质量发展的强劲驱动力。

（二）我国粮食产业科技创新现状

1. 科技创新有效保障国家粮食安全

新中国成立以来，特别是改革开放以来，农业和粮食科技创新促进了我国粮食产业快速发展，有效保障了国家粮食安全。在粮食育种和生产领域，我国粮食科技原始创新、成果转化和技术推广能力显著增强。育种方面，目前我国已构建了现代分子育种新技术、新方法体系，主要农作物新一轮品种更新换代不断加速。杂交水稻育种技术持续提升，超级稻、海稻育种技术取得突破性进展；小麦选育出一批有突破性的品种，目前优良品种覆盖率95%以上；玉米育种的种质资源也不断扩增和改良。以水稻新品种审定为例，生产方面，良种配良法，通过病虫防治、绿色植保、无人机等新技术应用，2020 年水稻、小麦、玉米三大粮食作物农药、化肥利用率分别达到40. 6%、40. 2%①。

在粮食储藏、粮油加工科技方面也取得了重大成就。粮食储藏“四合一”升级新技术，有效推动了我国绿色储粮、节能增效，以及储藏自动化、智

① 数据来源于农业农村部官网。

能化水平的提升;粮油检测技术研发和推广,以及一系列粮油标准的制定,有效保障了我国粮油质量安全;一批处于国际先进水平的粮油加工节粮减损技术,也有效提高了大米、面粉和植物油的出品率。

2. 科技创新有力提升国际竞争力

目前,我国杂交水稻技术一直处于世界领先水平,该技术已在世界 20 多个国家推广应用。在土壤质量、农业生态环境、旱作节水、化肥农药减量等领域,开展重点攻关,也取得了一批具有自主知识产权的创新成果。在全球农业研究热点领域,我国科技创新力已居前列,大大提升了我国粮食产业国际竞争力。

3. 科技创新促进产业转型升级

在粮食生产端,目前全国农作物耕种收综合机械化率超过 70%,小麦、水稻、玉米三大粮食作物生产基本实现机械化,显著增强了农业综合生产能力。在消费端,我国农业数字经济占比已达 7. 3%,农产品网络零售额达到 2305 亿元(2018 年数据)①。随着时代的发展与信息传播,粮食产业的高新技术需求比重不断增加。

同时,我国粮食产业链条短,向前后两端延伸不够。粮食加工产品同质化严重,精细化程度低,产品质量不稳定,新产品开发和结构调整相对滞后,一些附加值高的优质粮食产品市场供给有限,难以满足高品质、多样化消费需求。粮食产业要紧跟时代的步伐,必须发挥粮食科技的驱动作用,促进产业转型升级。

(三)我国粮食产业科技创新存在的问题

1. 科技创新体系有待健全

(1)创新主体职责和定位有待进一步明确。粮食科技创新主体,主要包括中央农业和粮食科研院所、农业和涉农高校、省级农业科研院所、地市

① 洪涛:《2019 中国农产品电商发展报告》,《农业工程技术》2019 年第 9 期。

级农科所、粮食企业及其他。粮食科技创新，主要有粮食产业基础研究、前沿技术研究、产业关键技术和共性技术研究、系统集成创新、技术试验传播扩散等科技创新活动。目前，各类创新主体的职责和定位不明确，布局有待进一步调整优化，导致创新资源配置不够合理、创新效率低等问题。

(2)协同创新机制不完善。一是协同创新的合作机制不稳定。以产学研协同模式为例，其风险分摊与补偿主要是以政府为主导，采用政府贴息、建立风险补偿基金和对科技担保机构进行政策扶持等方式，资金来源渠道窄，没有充分发挥企业创新主体作用，没有完全建立起以企业为主体的"政、产、学、研"多元协同合作的技术创新市场体系和科技创新服务体系。二是资源共享机制不完善。从创新供给方看，科技创新基础设施建设由实现部门或单位所有或主导，导致资源投入和建设分散，不能实现资源共享。从创新供求看，创新资源需求方和供给方存在信息不对称问题，科技创新供给与需求脱节，共享机制能够有效破解这一问题，但我国科技创新资源信息共享平台建设不足。

(3)科技创新结构不平衡。实用应用类研究较多，基础研究较少，且实用基础类研究中，研究重复与研究雷同的问题依旧存在。从科技创新方向看，在基因调控和分子育种等方面取得了突破性科技成果，但在粮油机械装备、粮食加工与副产物综合利用、减量减损、资源环境保护等方面，还需加大科技创新力度。

2. 科技创新动力机制需要健全，科技服务体系有待进一步建设

目前，粮食产业科技创新动力不足。一是企业技术创新内生动力不足。例如，"育繁推一体化"种子企业作为高新技术企业具有高投入性、高创新性、高风险性等特征，不仅存在研发不确定性带来的技术风险，而且存在品种更新快带来的市场风险。从事粮油加工的企业，考虑到自身资金不足以及技术的可模仿性等因素，缺乏在研发上增加投入的动力和意愿。二是基础研究和原始创新不够。在全国高校学科布局中，涉粮高校力量薄弱，特别是从事粮食流通研究的高校，其学科建设更加薄弱，由此带来粮食产业基础

研究和原始创新的人财物投入不够,创新不足。三是粮食科技服务体系不健全。一方面,专业化、产业化和品牌化的科技服务业有待发展,科技成果转移转化服务机构有待进一步建设;另一方面,金融机构有待打造多层次的科技投融资体系,拓宽科技创新融资渠道。

3. 科技创新人才队伍建设有待加强,人才评价激励机制需要完善

(1)粮食产业科技创新人才得不到稳定供给。2020 年末,全国粮食系统大学以上学历人员占职工总数的 14%,高中及以下学历占比最大①。造成从事粮食行业人才学历层次偏低的原因,主要是我国具有粮食专业培养力量的高校数量较少,并且在涉粮专业招生就业过程中,选择粮食专业的高校人才偏少。

(2)企业与科研机构的继续教育缺失。目前,我国粮食企业以民营企业为主,整体呈现"小、散、弱"的态势,缺乏"人才是第一资源"的战略思维,无暇强化专业技术人才,也无能力进行高技能人才队伍建设。

(3)科技人才评价激励机制不健全。目前,我国粮食科技创新体制,没有完全建立以突出行业特色的创新能力、质量、贡献、绩效为导向的人才评价机制,以及人才分类管理和分类评价制度,粮食科技成果转化收益分配激励机制也不完善,某种程度上限制了科技人才的创造活力。

4. 科技创新财政投入和市场环境有待加强和改善

我国粮食科技创新项目资金投入不足,粮食产业科研投入占粮食销售收入的比重不足,且远低于发达国家。同时,粮食科技投入多头管理,导致粮食科技经费很难达到最优化配置。

知识产权保护亟须完善,技术创新市场环境亟须净化。我国粮食产业的科技创新成果在市场上取得重大成功后,往往会致使其他企业的争相模仿,而我国对于知识产权的维护力度不足,侵犯知识产权者处置不严的情况,导致部分企业知法犯法。以粮食种业为例,目前,审定品种明显增多,特

① 数据来源于《2020 中国粮食和物资储备年鉴》。

别是粮食新品种数量多,审定品种的供应增加推动了农作物品种的更新换代。但品种质量参差不齐,模仿的多原创的少,品种与品种之间差异很小。另外,1997 年我国颁布实施《植物新品种保护条例》以来,品种权的保护日益受到重视。2017 年,国家又将植物新品种的特异性、一致性、稳定性测试权下放给企业,缩短了新品种申请时间,避免了新品种还未上市就可能被更新品种取代。但育种侵权多、维权难的现实增加了种业发展的难度。

三、粮食产业高质量发展对科技创新的战略需求

(一)粮食高质量产业发展面临的形势

1. 人口峰值到来和城镇化水平提高,将增强粮食供需矛盾

2019 年我国人口总量已达 14 亿,约占世界总人口的 18%,相当于亚洲总人口的 1/3,所有发达国家的人口总和。① 综合国内外相关机构预测,随着全面两孩政策的实施,2030 年我国人口总量将达到峰值 14.5 亿人。人口增长必将带来对粮食需求的增长,也将会增强我国粮食供需总量矛盾。

另外,随着经济的增长和人口的增加,我国城镇化水平不断提高,特别从 2014 年开始,我国城镇化水平进入快速发展期。截至 2019 年底,我国城镇化率已达 60.6%。② 据预测,2030 年我国城镇人口的比例将达到 70%以上,接近世界高收入国家城镇化水平。这意味着未来每年约 1000 万人口从乡村转移到城市。城市化率水平的提高,将进一步增加粮食供需矛盾,对我国粮食安全带来了巨大的压力。

2. 资源和环境问题,将成为制约我国粮食产业发展的主要因素

(1)耕地减少、质量下降。我国是人口大国,人均耕地资源有限,在经济高速发展中,耕地面积减少将是一个不可避免的长期趋势,虽然国家实行

---

① 数据来源于《中国统计年鉴 2020》。

② 数据来源于《中国统计年鉴 2020》。

了严格的耕地保护制度和耕地占补平衡策略，只能是减缓这种趋势，却不能遏制这一趋势。据国家统计局数据显示，2021 年我国耕地面积 19.179 亿亩，按照全国总人口数 14.1178 亿计算，人均耕地面积约为 1.36 亩，人均耕地面积比 1999 年的 1.54 亩减少约 0.18 亩，人均耕地面积不足世界平均数 4.5 亩的 1/3。

从耕地质量看，近年来有了一定程度改善，但整体质量不高。截至 2019 年底，全国耕地质量平均等级为 4.76 等，处于中等地质量水平。其中，1—3 等耕地面积为 6.32 亿亩，占耕地总面积的 31.24%；4—6 等为 9.47 亿亩，占 46.81%；7—10 等为 4.44 亿亩，占 21.95%①。目前影响耕地质量的因素，除了农药、化肥和地膜的过量施用、浸入土壤的水质量安全问题等不利因素外，主要污染物还是重金属，其中镉是首要污染物。

（2）资源供需矛盾日益突出。水资源总量不足、分布不均匀。2019 年，我国水资源总量 29041 亿立方米，人均 2100 立方米，仅为世界平均数的 1/4 多，被联合国列为 13 个贫水国之一。② 而且，水资源的时间和空间分布极不均衡。从水资源的时间分布看，我国各地的降水时间分布比较集中，一般集中在夏季和汛期，不但容易形成春旱夏涝，而且形成江河的汛期洪水和非汛期枯水。同时，从水资源的空间分布看，其与我国土地资源的分布不相匹配。我国长江流域及其以南地区水资源量占全国的 82%，耕地仅占 36%；而我国北方海河、淮河、黄河三大流域拥有全国 40%的耕地却只占有全国 10%的水资源，是我国水资源最为紧张的地区。③

水资源的需求日益加大。不仅人口的增长增加了对水的需求，而且随着我国经济快速增长，工业用水也大幅度增长。目前，工业用水量占全国总用水量的 20%以上，随着工业的发展，这一比例将不断上升。工业、生活用水的迅速增加，挤压了我国农业用水的增长空间。水资源与粮食生产的区

---

① 数据来源于《2019 中国生态环境状况公报》。

② 数据来源于《中国统计年鉴 2020》和《世界水发展报告》。

③ 数据是课题组根据《中国水利统计年鉴 2020》和《中国统计年鉴 2020》测算所得。

域分布不匹配,将直接影响我国粮食生产。目前,我国13个粮食主产区中,有6个省分布在长江流域,7个省位于长江以北的地区;长江以北主产区的粮食生产总量占全国粮食生产总量的比例,高于长江流域的6个省的占比。但是,长江以北水资源只占全国水资源总量的19%,长江以南水资源却占全国水资源总量的81%①。

3. 生态环境总体功能下降,抵御各种自然灾害的能力弱

一是水土流失和土壤沙漠化问题严重。长期人地矛盾突出,盲目毁林开荒,盲目开采矿藏,导致大量的水土流失和土壤的沙漠化。国家生态环境部《2019中国生态环境状况公报》显示,全国水土流失面积达273.69万平方千米;全国荒漠化土地面积为261.16万平方千米,沙化土地面积为172.12万平方千米,两者占国土面积的45%以上;酸雨区面积约47.4万平方千米,占国土面积的5.0%,酸雨主要分布在长江以南—云贵高原以东地区,较重酸雨城市(区、县)比例为4.9%,呈上升趋势②。

二是农业生产中农药、化肥的大量施用,形成的农业面源污染未根本遏制。虽然近年来水稻、小麦、玉米三大粮食作物农药和化肥利用率逐年提升,但农业生产形成的对农药、化肥的强依赖状况,很难彻底改变,由此造成的农业面源污染远未根本遏制。

水土流失和土壤沙漠化的扩大,以及农业面源污染,都将导致农业的生态环境功能减弱,若其进一步加剧,可能导致农业的生态失衡和生态危机,各种灾害风险频发。

4. 全球气候变化的挑战

全球气候变化的最大挑战,将是气温升高。目前,全球气温比1850—1900年已升高1℃左右,若按照目前的速度发展,2030年至2052年间,全球气温将升高1.5℃。联合国政府间气候变化专门委员会(IPCC)2018年

① 数据是课题组根据《中国水利统计年鉴2020》测算所得。

② 数据来源于《2019中国生态环境状况公报》。

发布《全球升温 1.5℃特别报告》,认为全球所有地区平均温度升高 0.5℃,会增加洪涝、干旱、热浪等极端天气气候事件的发生,也会对水稻、小麦、玉米等农作物产量降低带来风险①。

受全球气候变化的影响,我国气候也发生了显著的变化,对农业生产和粮食安全影响巨大。由于气候变暖的走势打乱了原有的气候模式,有的地方洪涝成灾,有的地方连年干旱,且洪涝、干旱、暴雨等气候条件越来越没有规律,使农业生产的不稳定性增加。黄河从 1972 年首次断流以来,断流情况一年比一年严重,断流时间和距离越来越长。目前因黄河断流而受旱的农田累积为 500 万公顷②。气温的升高还诱发了病虫害的新趋势,更多的病虫害开始更为广泛的扩张。近 20 年来,我国爆发过飞蝗、草地螟、稻飞虱等虫灾;随着气候变化,水稻、小麦、玉米等主要粮食作物的病害也呈现加重趋势,更多的病害开始向高纬度、高海拔的北方地区扩张③。

5. 消费理念转变与消费结构升级,促进粮食产业质量变革、动力变革

我国已全面建成小康社会,开启社会主义现代化建设的新征程,经济发展从高速增长阶段转向高质量发展阶段,居民消费水平明显提高,消费理念从原有的“安全”理念,转向“安全、营养、健康”理念为主。随着消费水平提高、消费理念转变,食物消费结构不断升级,对多样化、个性化、定制化、营养化的中高端粮油产品的需求也将不断增加。为了满足消费者的新需求,粮食产业必须坚持以需求为导向、以科技创新为引领,围绕“绿色化、优质化、特色化、品牌化”发展思路,实现绿色生产、绿色仓储、绿色物流、绿色加工等,以此增加绿色、优质的中高端粮油产品供给。

(二)粮食产业高质量发展对粮食科技创新发展的需求

农业是国民经济的基础,粮食生产是农业最基本的功能,也正逐渐成为

① 李慧、唐森:《〈全球升温 1.5℃特别报告〉引关注,0.5℃可能带来更多风险》,《中国气象报》2018 年 11 月 23 日。

② 《粮食安全干部读本》编写组:《粮食安全干部读本》,人民出版社 2021 年版。

③ 《粮食安全干部读本》编写组:《粮食安全干部读本》,人民出版社 2021 年版。

一个巨大的产业，有着广阔的市场。截至2019年末，虽然第一产业总产值占国内生产总值比重下降为7.1%①，第一产业对国内生产总值的贡献率基本稳定在4.0%左右②，但最终消费支出对国内生产总值增长的贡献率为57.8%，而最终消费支出中全国居民人均食品烟酒消费支出占比为28.2%③，该比重依然是主要消费细分领域（含食品烟酒、衣着、居住、生活用品及服务、交通通信、教育文化娱乐、医疗保健、其他用品及服务等）比重最大的。随着全球经济一体化的进程加快，我国人口的增长、人民生活水平的不断提高，粮食生产的基础地位将得到强化，粮食产业的市场前景将更加广阔，粮食产业发展对高新技术的需求比历史上任何一个时期更强烈、更迫切。

当前，我国粮食单产达到5720公斤/公顷（2019年），人均拥有量超过470公斤，但优质专用品种远赶不上消费需求；在我国水资源严重不足的同时，灌溉水有效利用率为55.9%，农田用水浪费仍然较大；我国主食品工业化率为25%，其中面制主食品工业化率为30%，米制主食品工业化率为20%，而发达国家平均达到70%左右，美国、日本分别占92%和82%④。为此，农作物品种改良和新品种培育，减肥减药、节水节种、机械化生产、防灾减灾等绿色标准化生产技术集成推广，绿色环保储粮新技术研发推广，粮食精深加工技术和副产物综合利用技术，粮食物流运输技术集成及物流标准化建设，主食品工业化开发，粮食应急管理技术等，将成为当前最迫切需要的系列技术。这些技术的突破不仅可以大幅度提高国家粮食安全保障能力，而且能够带动现代农业科技产业蓬勃发展，满足农业和农村经济发展的重大需求。

---

① 数据来源于《中国农村统计年鉴2020》。

② 数据来源于《中国统计年鉴2020》。

③ 数据来源于《中国统计年鉴2020》。

④ 程国强：《推进粮食产业高质量发展的思考》，《中国粮食经济》2019年第9期。

四、粮食产业科技创新发展的思路和目标

党的十九届五中全会明确提出:“坚持创新在我国现代化建设全局中的核心地位,把科技自立自强作为国家发展的战略支撑。”这是指导我国粮食产业科技创新,实现高质量发展的重要论断。粮食产业科技创新发展,应立足现实、放眼长远,以农业供给侧结构性改革为主线,紧紧围绕国家粮食安全战略和乡村振兴战略以保障未来人口高峰期粮食安全、农民增收以及满足消费结构转变升级带来的新需求为目标,充分发挥市场和政府作用,深化粮食科技体制改革,提高粮食科技创新能力,完善粮食科技创新体系,增强粮食产业健康发展新动能。

(一)总体思路和战略目标

——加强粮食安全科技的基础研究、战略性研究和实施重大科学工程,为应用研究提供技术源泉,增强我国粮食生产技术持续创新的能力,最终建立与我国农业大国地位相适应的、具有世界先进水平的粮食安全科技创新体系。

——在战略性、前沿性、基础性领域特别是关键技术上取得重大突破,不断形成新理论、新技术、新方法、新产品,并在生产中得到充分应用,满足国家粮食安全等对科技的需求,推动粮食产业技术革命。

——建设一支高水平、精干的具有国际先进水平的研发队伍,构建和完善粮食安全技术自主创新体系,加速推进新的科技革命。

——建立健全开放、流动、竞争、协作的新体制及运行机制,使保障国家粮食安全的科学技术研发能力达到国际先进水平,在若干重要领域达到国际领先水平。

（二）具体目标

——提高耕地质量，促进资源循环发展。以“绿色、循环”发展为目标，利用科技创新促进我国土地质量优化，加大农业面源污染治理和废弃物高值化利用等先进适用、便捷的技术示范推广力度。发布生态种植养殖和秸秆综合利用等农业循环经济应用技术和产品名录，综合促进粮食耕地绿色可持续发展。

——培育优良品种，推进“育繁推一体化”。以“高产、优质”为目标，通过自主创新培育加大突破性优良品种的培育工作，建立研制综合配套技术，持续提高粮食单产水平。鼓励种子企业利用品种测试、种子生产、加工、仓储和运输等外包服务，整合社会资源来推进“育繁推一体化”，减少企业运营成本，引导企业进行自主创新和新品种研发。

——加大绿色现代化仓储建设，构建粮食现代物流体系。以“绿色、减损”为目标，开展粮食仓储物流科技创新。在粮食仓储环节，依据绿色生态储粮原理，加强绿色储粮、安全储粮的基础和应用研究，开展粮食仓储环节共性关键技术的攻关。在物流环节，加强粮食物流基础理论研究，围绕粮食物流“绿色、提效、降本、减损”的目标，开展粮食物流技术及配套装备研发和示范应用。

——加强口粮营养健康加工研发，加强粮食深加工转化技术研发。以“安全、营养、健康”为目标，开展口粮加工科技创新。加强粮食营养健康评价与机理研究，制定口粮适度加工标准体系，开展适度加工共性关键技术的研发和推广。以“精度、深度、适度”为目标，开展粮食精深加工及副产物综合利用技术研发，突出粮食加工副产物全效利用。以“自动化、智能化、高效化、减损化”为目标，开展粮食加工装备技术研发。

——建设粮食现代化信息技术体系，提高粮食科技产出效率。以“共享、开放”为目标，构建现代化粮食产业信息体系，围绕国家粮食安全、粮食重大科技工程等领域，搭建相关信息与服务平台，加快重大信息化成果工程化、集成化和产业化，整合粮食产业内的各类资源，促进粮食产业高质量发展。

五、推进粮食产业科技创新的政策建议

（一）优化粮食科技创新体系

1. 优化创新主体功能布局。中央农业和粮食科研院所、农业和涉农高校，侧重于粮食产业基础科学研究、行业战略性前沿技术研究以及全行业关键技术、共性技术研究、系统集成创新攻关；地方农业科研院所，侧重于区域内粮食产业关键技术、共性技术研究、系统集成创新以及技术试验传播扩散。强化企业技术创新主体地位，创新体制机制，激发企业增加研发投入，加快成果转化。

2. 建立健全协同创新机制。在确定各主体明确职责和归属权益的基础上，加强多主体之间的协同创新。充分发挥市场在配置资源中的决定性作用和有为政府作用，建立起以企业为主体的“政、产、学、研”多元协同合作的技术创新市场体系。在国家农业科技创新联盟建设的基础上，围绕粮食储备、加工、物流、装备等领域，建立国家和地方粮食科技创新联盟，聚焦粮食产业发展全国性和区域性重大问题，集聚科技优势资源，以重大需求为导向，以行业公益性项目为纽带，探索资源共享、运行灵活的高效协同创新机制。围绕打造现代粮食产业体系，发展粮食产业“三链协同”，尽快建立国家级现代粮食产业技术体系，组建国家现代粮食产业技术体系建设科技创新专家组（库）。不断探索新型科技资源组合模式，整合科技力量，协同推进粮食产业高质量发展。

3. 明确创新方向。继续推进基因调控和分子育种技术创新，加强绿色储粮技术、口粮营养健康技术、粮食全产业链装备技术、副产物综合利用技术、适度加工技术、环境修复技术等方面的科技创新，形成一批有突破性的

具有自主知识产权和应用价值大的创新成果，推动粮食产业高质量发展。

（二）增强科技创新动力

1. 激发企业创新动力。为减少企业运营成本，探索种子企业利用品种测试、种子生产、加工、仓储和运输等外包服务，推进“育繁推一体化”。为鼓励企业开展科技创新活动，承接科技成果转化，化解研发投入不足困难，在产权、利益分配明确的条件下，探索科技成果拥有单位（人）与企业新的合作模式。

2. 增强高校、科研机构创新动力。积极支持粮食流通学科和专业建设。加强粮食科研人才队伍建设，继续实施粮食行业科技创新杰出人才培养计划，引进海外高层次人才，加强技能人才的培养。强化涉粮高校、科研院所在实验室等基础设施方面建设。

（三）健全科技服务体系

1. 加强技术创新服务平台建设。完善体制机制，加强国家粮食技术转移中心建设。鼓励建立综合化、专业化的面向中小微企业的社会化技术创新服务平台。制定大型科研基础设施开放目录，鼓励高校、科研院所科研设施开放共享，提供技术服务。建立国家粮食行业科技管理信息系统，推进科技创新信息互联互通。

2. 建立多元化科技服务体系。在完善基层农技推广机构设置的同时，采取项目支出、政府购买服务等多种措施和方法，引导和支持高校、科研院所、企业、农业合作组织等开展农技推广服务。深入实施粮食行业科技特派员制度，鼓励科技人员到企业兼职。

（四）完善人才评价激励机制

1. 强化新的评价导向。认真贯彻落实中共中央办公厅、国务院办公厅印发了《关于分类推进人才评价机制改革的指导意见》（2018）、《关于深化项目评审、人才评价、机构评估改革的意见》(2018),对科技人才实施分类管理的同时,进一步强化突出品德、能力、业绩导向。

2. 完善人才激励机制。以激发科技人员的创造活力为出发点,不断探索风险共担、利益共享的科技成果转移转化机制。设立基础研究、重大应用类项目的奖励机制。

(五)加大科技创新投入

优化科研经费结构,按一定比例适当增加粮食产业科研经费在国家科研经费中的占比。重点加大粮食基础科学研究、行业战略性前沿技术研究以及全行业关键技术、共性技术、系统集成创新的投入力度。引导企业加大科技创新投入。

(六)优化创新市场环境

1. 引入实质性派生品种制度,提高保护水平。在新品种保护条例中引入《国际植物新品种保护公约》(UPOV 公约)1991 年文本内容,将保护范围扩大到所有种属和所有种属的收获物、制成品等各个环节,建立实质性派生品种制度,遏制剽窃、低水平模仿和修饰育种。

2. 完善法律法规,加大处罚力度。加强专利保护,更大力度打击科研侵权行为,净化市场环境。在《刑法》中增设“侵权植物新品种权罪”;将无证生产、经营种子或未经授权生产、经营保护品种纳入非法经营行为范围。

(执笔人:祁华清、叶举)

第五章　技能人才培养与粮食产业高质量发展[①]

粮食安全是国家安全的重要基础，扛稳粮食安全重任，粮食技能人才素质至关重要。因此，要聚焦创新技能人才培养模式，深化粮食职业教育改革，加快实施职业技能提升行动，培养造就一支规模庞大、技术精湛的技能人才队伍，为切实提高粮食生产、储备、流通能力和节粮减损能力，助推粮食产业高质量发展保驾护航。

一、技能人才在粮食产业高质量发展中的重要作用

2018 年 5 月，国家粮食和物资储备局联合国家发展和改革委员会、教育部、人力资源和社会保障部印发《关于“人才兴粮”的实施意见》指出，实施“人才兴粮”，完善体制机制，优化队伍结构，增强综合素质，对于深化粮食流通改革、建设粮食产业强国、保障国家粮食安全具有重要意义。粮食行业技能人才是“人才兴粮”队伍的重要组成部分，是粮食行业一线职工队伍的核心力量。深入实施人才兴粮，适应粮食流通行业技术进步和产业发展需求，加快培养基层一线仓储保管、质量检验、设备研发等专业技术人才和

① 本文完成时间为 2020 年 10 月，形成书稿时作了必要的修改。

实用型人才，打造一支技艺精湛、技能高超的技能人才队伍，是保障国家粮食安全的重要基础性工作，具有不可替代的重要作用。

（一）加强技能人才培养，是夯实国家粮食安全基础，深入实施国家粮食安全战略的需要

粮食安全既要有数量安全，也要有质量安全。粮食产购储运加销每个环节都需要有技能人才来支撑。就粮食流通领域来说，确保储存安全，需要有保管人才；确保加工质量和效率，需要有加工技术人才；确保成品粮食品质量安全，需要有检验人才。在收购、销售等环节，也需要技能人才，确保粮食的质量安全。因此，技能人才是保障国家粮食安全的一个重要基础。

（二）加强技能人才培养，是落实供给侧结构性改革，大力提高产业发展水平的需要

当前，粮食行业加工能力过剩，但中高端加工能力不足，生产与供给难以满足人民群众日益增长的中高端、多元化消费需求。一些高档、绿色产品需要从国外进口，国内大部分企业却在进行中低端同质化竞争，既不能充分满足市场需求，更不利于技术创新与行业进步。要改善这一问题，就需要技术技能人才对质量精心打磨，需要弘扬工匠精神，对产品升级倾心注力，以市场需求为导向，不断优化产品结构，提高企业竞争力，发展壮大新动能，提高粮食产业发展水平。

（三）加强技能人才培养，是加快粮食行业产业发展，加快转型升级的需要

任何一个产业的发展，都需要相当数量的技能人才来保障。人类社会发展的历史告诉我们，人的现代化是社会现代化的核心。有了机器，却不能很好地使用，产业发展就成了空话。粮食产业的发展，同样需要使用“利器”的人，技能人才扮演了关键角色。当前，我国粮食产业大而不强，科技含

量不高，产业链脱节、发展方式粗放、发展后继乏力，这就需要通过科技创新推进质量升级、技术升级、产业升级，真正实现从量到质、从速度到效益、从旧动力到新动力的更迭转换。这个过程，没有技术技能人才是不可能实现的。

二、粮食技能人才培养情况分析①

（一）粮食技能人才整体情况

2020 年全国粮食各类涉粮企业从业人员 187.23 万人，其中，国有及国有控股企业从业人员 48.5 万人，占比 25.9%；非国有企业 138.73 万人，占比 74.1%。粮食经营企业人才队伍呈现出如下特征：

1. 从学历结构来看，虽然涉粮企业长期职工整体学历水平有所提升，但高中及以下学历职工仍占近半数，高学历职工比重偏低

在涉粮企业 172.4 万长期职工中，本科及以上学历 24.89 万人，占比 14.44%，专科学历 34.64 万人，占比 20.1%，较 2016 年水平分别上升 4 个和 2 个百分点；中专学历 27.47 万人，占比 15.93%，高中及以下学历 85.4 万人，占比 49.54%，较 2016 年水平分别下降 9.8 个和 0.54 个百分点。

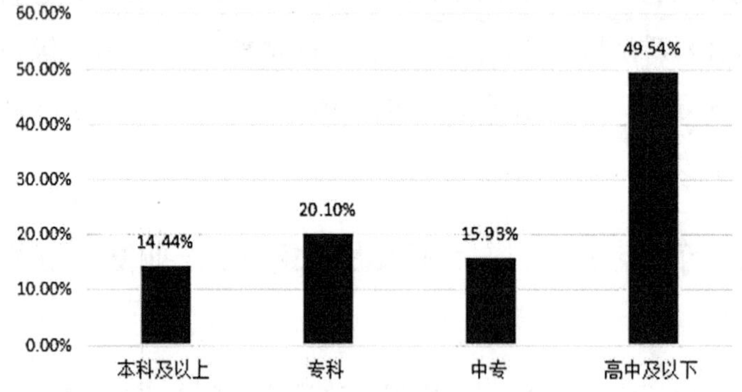

图 5-1　2020 年涉粮企业长期职工学历情况

数据来源：国家粮食和物资储备局。

① 数据来源于《2021 年中国粮食和物资储备发展报告》。

2. 从技能水平来看，高技能人才匮乏问题没有明显改善，技能人才队伍结构不合理

全国粮食行业长期职工中工人 118. 99 万人，其中技术工人 38. 75 万人，高技能人才 7. 88 万人，占技术工人的 20. 34%，距离《全国粮食行业中长期人才发展规划纲要（2011—2020 年）》提出的“到 2020 年，高技能人才总量达到 15. 4 万人，占技能劳动者的比例达到 28%”的目标尚有差距。

3. 从年龄结构来看，技能人才队伍老龄化程度继续加重，国有及国有控股企业尤为突出

在涉粮企业长期职工中，46 岁及以上的占 32. 22%，较 2016 年水平上升 3. 32 个百分点，其中国有及国有控股企业 46 岁及以上的达 42. 21%，较 2016 年水平上升 2. 81 个百分点。各地粮食储备库普遍反映一线岗位青黄不接，青年技能人才培养更加紧迫。

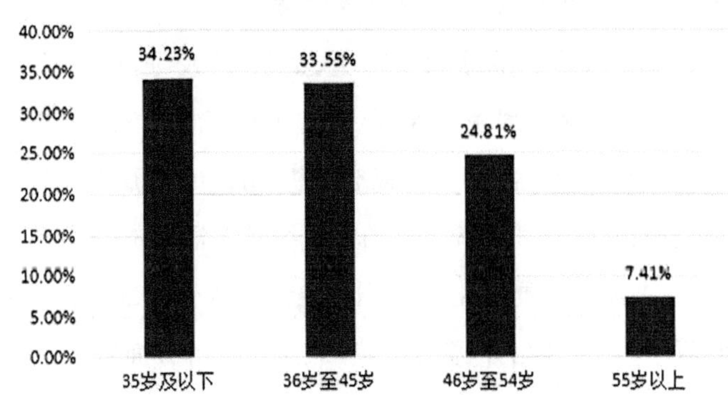

图 5-2　2020 年涉粮企业长期职工年龄情况

数据来源：国家粮食和物资储备局。

（二）粮食技术技能人才培养问题与分析

1. 激励和经费保障机制不完善，技能成才渠道不畅通

一是激励机制。目前粮食行业高技能人才与工程技术人才职业发展通道尚未打通，高技能人才与专业技术人才的评价办法仍然无法互通；重技能

的分配制度仍未在粮食行业广泛推开，岗位津贴和技术补贴等仅有部分大型国有企业、一些民营企业执行，且在薪酬结构中占比甚微；部分企业以学历为标准进行招工、按学历确定工资标准。《国家职业资格目录》改革后，涉及粮食行业的职业仅有5项，目录外的职业技能评价办法和标准还是空白状态，技术工人技能等级晋升渠道不畅、参加技能培训积极性不高。

二是经费保障机制。国家多次明确要求加大职业技能培训经费保障，通过提取企业员工教育培训经费筹集培训资金。现实中，粮食行业技能人才培养可用经费十分有限，许多中小企业甚至未按规定提取员工教育培训经费，未履行员工培训的义务。大部分职业院校中技工院校的生源来自农村和城市困难家庭，政府按市区和县城区给予在校生不同的学费减免补助，但远低于中级技能人才教学成本，使得先进技术设备实训以观摩教学为多，技能操作训练质量难以保障。

2. 行业部门职能局限，技能人才培养推力不足

行政管理部门在发挥联系科研院所、企业、院校等行业主体的桥梁作用，在引导院校、企业和科研院所深度合作，实现产学研三对接等方面作用有待加强。分析其原因，客观上，随着地方机构改革，基层粮食行政管理部门被撤并，负责具体指导和协调业务的人员编制大幅缩减，日常行政管理工作力量紧缺，行业服务职能弱化；主观上，粮食行政管理部门在技能人才培养方面的政策落实、责任划分、资金配套、绩效考核等方面协调力度还不够，抓手还不多。

3. 产教融合不足，专业人才质量与企业需求存在差距

近年来，在全国粮食教育教学指导委员会及粮油储检、加工、购销与物流等3个专业委员会的合力推动下，涉粮职业院校开展了粮食行业人才需求调研、编制中高职《粮食专业教学标准》、开发《粮食专业企业生产实际教学案例库》、选派教师赴粮食企业实践锻炼、组织学生参加职业技能竞赛等大量工作，积极促进粮食专业教育教学改革创新，取得了一些成效。但是，粮食专业教育教学改革力度依然不足，与企业人才需求的对接

不够紧密，技术技能人才培养质量依然不高。主要存在以下几方面问题：一是《粮食专业教学标准》不够完善。课程设置没有完全涵盖企业典型工作任务，理论课程依然偏多偏深，技能操作内容不够详实。专业设置过度受限于专业目录，缺乏法律、财经、互联网、自动化、物流、贸易、企业管理等支持的融汇，导致学生知识面窄、综合素质不高、岗位竞争性差。二是实训场地设备投入不足，实用性和教学操作性不强。专业实习实训场地和建设资金需求大，很难产生经济效益，学校在实训场地设备投入上有很大顾虑。理论课程和实训课程在教学场地、教材、设备等方面界限明显，相应理论实践一体、工学结合的教学渠道、平台、载体等资源明显不足。

4. 企业缺乏驱动力，陷入人才匮乏恶性循环

粮食行业是微利行业，粮食企业的经济效益整体不高，难以保证人才培养资金投入到位，更难以建立和运行内部人才激励机制。近年来，部分国有粮企取得较好的经济效益，很大程度上得益于国家政策性收储的“红利”，但企业内部缺乏技术技能人才培养的驱动力。民营粮食企业也将寻求国家政策支持作为企业经营的主要方向，普遍认为依靠政策扶持比通过人才培养提升市场竞争力更为重要。

同时，人才大量流动使得企业对内部职业技能培训缺乏信心。由于企业员工的职业规划意识不断增强，劳动力流动逐步常态化，加上粮食企业多远离市区，工作环境较差，收入不高，更加剧了人才流失。大部分粮食企业缺乏人才发展战略规划，对职工培训存在误区，重使用轻培养，担心投入大量的人力财力培养出来的员工跳槽。

5. 就业门槛不合理，影响技能人才供需对接

当前，我国职业院校毕业生存在就业面窄、就业质量较差的情况，这在粮食行业尤为突出。许多省级以上粮油储备库由于缺乏招聘自主权，招聘条件由上级单位统一设定，学历门槛设置不合理，粮食仓储管理等一线岗位普遍要求本科以上学历，影响行业人才供需对接。一方面，大量职业院校粮

食专业毕业生难以实现对口就业,即便勉强就业,作为合同工也难有发展上升空间;另一方面,本科生从事一线生产工作前需要进行额外的技能培训,而且粮油储备库普遍工作环境差、待遇不高,留不住人才,造成教育资源、培训资源双重浪费。

三、推进粮食技能人才高质量发展的政策建议

当前,粮食行业正处于深化改革、转型发展的关键期,比以往任何时候都渴求高素质、专业化的技能人才。要提高站位,充分认识到在全行业打造一支业务精湛、勇于创新、技术高超、素质全面的技能人才队伍,对服务粮食产业高质量发展、保障国家粮食安全的重要意义。要更加注重建立和完善技能人才发展机制和政策措施,助推粮食行业技能人才培养工作迈上新台阶。

(一)切实强化顶层设计,为持续推进技能人才队伍建设谋篇布局

近年来,国家加快实施人才强国战略,对技能人才工作作出总体部署,明确了技能人才队伍建设的目标任务和政策措施。为此,要立足粮食行业技能人才现状,科学研判发展形势,准确把握发展趋势,研究制定培养造就粮食行业技能人才的指导意见,从技能人才培养、考核评价、岗位使用、表彰奖励和福利保障等方面全面部署,达到深化认识、统一思想、凝聚共识,以解决问题为目的,为当前和今后一个时期扎实有效地推进粮食行业技能人才培养工作明确工作目标和行动指南。

(二)不断提升责任意识,把技能人才培养摆在更加突出的位置

在努力开创新时代技能人才队伍建设新局面的时代背景下,将技能人才培养工作纳入对地方各级党委政府粮食安全责任考核事项,如设立专项

资金保障技能人才培养、建立健全技能人才培养实施方案，开展技能竞赛和比武练兵等，切实提升各级行政管理部门责任意识，监督指导行业自上而下层层落实主体责任，分步实施抓成效，利用好考核“指挥棒”作用，逐步推动粮食行业技能人才数量和质量的显著提高。

（三）守正创新竞赛形式，着力打造技术精湛的高技能人才队伍

随着历届粮食行业职业技能竞赛的成功举办，粮食行业涌现出一大批优秀的高技能人才，有效地推动了粮食行业技能人才队伍建设工作的高质量发展。要坚持以竞赛活动为契机，更加注重完善技术工人职业发展机制和政策。一是会同相关单位联合办赛，提高粮食行业职业竞赛规格和社会影响力，为优秀人才脱颖而出创造条件；二是进一步扩大竞赛规模，充分调动职工参赛积极性，增加参赛选手数量，让更多行家里手、粮工巧匠竞相涌现；三是积极将行业职业院校学生和专业教师竞赛纳入相关竞赛计划，建立学生和专业教师竞赛长效机制，为后备人才成长搭建更多更好的平台，加快培养大批高素质技能人才和储备。

（四）不断完善激励机制，激发粮食行业技能人才工作热情和荣誉感

长期以来，粮食行业技术工人收入水平偏低，激励机制不完善，各项保障待遇较弱，轻视技能劳动者的传统观念仍然存在，严重影响了技术工人在技术岗位就业的积极性。2018 年 3 月，中共中央办公厅、国务院办公厅印发了《关于提高技术工人待遇的意见》，抓住了技术工人最现实的利益问题。2021 年 1 月，人力资源和社会保障部印发了《关于进一步加强高技能人才与专业技术人才职业发展贯通的实施意见》，从顶层设计上打通了两类人才职业发展互通的壁垒。为激发粮食行业广大技术工人的积极性、主动性和工作热情，由主管部门牵头联合相关部门建立完善有利于技能人才竞相成长、各展其能的激励机制，研究出台

相关激励奖励措施办法，特别是对行业高技能人才，要想方设法创造条件，打通高技能人才与专业技术人才职业发展通道，从加强服务保障、提高政治、经济、社会待遇、叠加荣誉称号等方面研究政策措施，不断拓宽技能人才职业发展空间，真正为技能人才的成长、人才的合理使用创造一个良好的环境，切实增强粮食行业技术工人获得感、自豪感、荣誉感。

（五）大力发展职业教育，满足行业发展对技术技能人才培养新要求

深刻认识当前职业教育大势，着眼开创粮食职业教育新格局，充分发挥全国粮食职业教育教学指导委员会的作用，加快发展粮食行业现代职业教育，积极探索技能人才培养模式新途径。一是广泛进行市场调查与新技术、新产品、新设备信息的收集，适时调整专业设置，设立粮食产业相关学科专业，进一步优化专业布局；二是拓宽和完善人才职业教育成长通道，鼓励企业技能人才开展再培训再教育，完善粮食行业一线技能人员继续教育制度；三是探索建立“劳模进校园”活动长效机制，将工匠精神培育融入职业教育，努力实现职业技能和职业精神培养高度融合；四是促进校企供需双向对接，深化工学结合人才培养模式，大力实施现代学徒制培养，推动校企共建多元化生产性实训基地、技术技能大师工作室、企业工作室、冠名实验室等，强化教育教学实践性和职业性，切实增强职业院校技术技能积累能力和学生就业创业能力。

（执笔人：赵广美、沈红、王小可、周波、雷阳阳、鞠志远）

第六章　收储制度改革与粮食产业高质量发展[①]

粮食购销对接粮食生产和消费，搞好粮食收购是搞活粮食流通和推动粮食产业高质量发展的关键。近几年，我国粮食收购政策不断改革完善，对激发多元主体参与粮食市场收购、促进粮食价格回归市场、保障农民收入等起到了重要作用，但还需要从制度层面进一步理顺供求与价格、生产与流通、政府与市场、中央与地方、国际市场与国内市场的关系。构建更加成熟更加定型的粮食收购制度，对于推动农业供给侧结构性改革和粮食产业高质量发展，更好服务“三农”和保障粮食安全具有非常重要的意义。

一、粮食收储制度改革取得的成效和存在的问题

改革开放以来，我国粮食收购先后实行了统购统销、双轨制、“三项政策、一项改革”、“放开销区、保护产区”、“放开收购、直补粮农”和实现政策性收储等政策，国家不断完善粮食收购政策，加强粮食供需调控，确保粮食安全。特别是2014年以来，我国粮食收购制度分品种逐步实施改革，当年大豆实行“目标价格”改革，随后2016年玉米取消临时收储政策，实行“市场化收购，价补分离”政策，稻谷小麦仍然实行“最低收购价”政策，但最低收购价总体降低。

① 本文完成时间为2020年11月，形成书稿时作了必要的修改。

2020年起稻谷、小麦实施“最低收购价、限量收购”的收购政策。玉米大豆“市场化收购,价补分离”和稻谷小麦“最低收购价”粮食收购制度改革,对我国粮食生产、购销、加工业发展,以及农民收入都产生了很大影响。

(一)稻谷和小麦“最低收购价”政策取得的成效和存在的问题

1. 稻谷和小麦“最低收购价”政策取得的成效

一是粮食产量大幅增加。稻谷、小麦实施最低收购价格政策以来,产量一直保持增长态势,如稻谷产量从2004年的3581.8亿斤增加至2020年的4237.2亿斤,增长了18.3%;小麦产量从2004年的1839.0亿斤增加至2020年的2685.1亿斤,增长了46%①,“保供给”目标成效明显。

二是农民粮食种植收入基本稳定。最低收购价确定了农民售粮价格底线,夯筑了农民售粮收入水平。政府通过有针对性的购销,防止了粮食市场价格的大幅波动,农民粮食种植收益得到基本保障。

2. 稻谷和小麦“最低收购价”政策存在的主要问题

一是在国内外市场紧密联动、国内生产成本上升的新形势下,很难找到粮食市场均衡的最低收购价。“粮价高不得,低不得,不高不低太难得”。最低收购价由政府确定,粮食价格是“政策市”,但是又很难找到合理价格,影响了市场预期和价格信号作用的发挥。当粮食市场价格低时,政府提高最低收购价,刺激农民的种植预期,导致粮食产量逐年增加。同时,由于国内外粮价长期倒挂,优质稻谷和小麦的进口和边贸增加,形成“新粮入库、洋粮入市”等问题,加大库存压力和财政负担,使得最低收购价难以为续,也给我国粮食下游产业发展带来较大的挑战。以粳稻为例,从2011年的1.28元/斤提高到2012年的1.40元/斤,2013年又调到1.50元/斤,2014年又调高到1.55元/斤,并维持到2016年,在高价格刺激下,稻谷增产,政府大量收购粳稻,粳稻库存高企。2017年国家将稻谷价格下调0.05元,为

① 数据来源于国家统计局。

1.50元/斤,2018年再次大幅下调0.20元,降至1.30元/斤,此前收购的库存需要多年消化。经过一番调高调低,仍然没有找到一个体现市场均衡的合理粳稻收购价格。2020年稻谷、小麦价格与2019年基本持平,上半年估计粮食收储仓容不足,但目前市场价格高走,主产区最低收购价、收购量大幅下降。在开放市场环境下,国内粮食价格受国际粮食价格的限制,粮食价格过高,进口压力加大,对国内粮食市场形成一定冲击,一度出现“高产量、高库存、高价格”现象。

二是央地政府关于粮食最低价收购的诉求不一致,增加了库存压力和财政负担。最低收购价政策是中央政府补贴收购粮食,解决的是地方卖粮难的问题,最低收购价的调整会影响中央和地方之间的关系。地方政府一般不希望调低最低收购价水平,最好能保持上涨态势,保障农民收入稳定。但调高或保持最低收购价水平,不用地方财政支付;而高产量、高收购量带来的高库存以及由此形成的财政压力最终由国家负担。

三是当初政策制定是“数量”导向,难以体现优质优价,容易导致粮食品种结构失调等问题。目前的最低收购价一般是三等粮食的到库价,等级划分的主要标准是“容重”,这种标准与市场需求脱节,没有体现优质优价的定价原则,只要等级一样,价格就一样,优劣稻谷品种混收混存,体现不出优质稻谷的资源价值,扭曲了粮食市场,会导致“劣币驱逐良币”现象。同时,也造成优质进口粮食增加,进一步加大国内普通粮食库存量。

(二)玉米和大豆“市场化收购,价补分离”政策取得的成效和存在的主要问题

1. 玉米和大豆“市场化收购,价补分离”政策取得的成效

一是玉米和大豆收购的市场化改革逐步理顺了价格关系,其中玉米收购价格从2015年的1.03元/斤下降到2019年的0.86元/斤,价格逐渐回归到市场均衡水平,优质优价得到了较好体现。

二是粮食流通活力不断增强,2016年以来,多元主体积极入市,东北地

区玉米由“就地储”转变为“全国销”。其中，吉林省省内贸易企业与港口及销区客户互动频繁，2018、2019 年度收购玉米 537.2 亿斤，贸易企业收购量占 73%①，有效保障了农民的玉米种植基本收益，粮食产量大幅提升。

三是玉米加工产业有效激活。由于价格的理顺，粮食企业开工率持续回升，据吉林省反映，2016—2018 年期间，该省深加工企业实际加工玉米量分别为 198.8 亿斤、221.4 亿斤和 241.6 亿斤②，深加工业发展较快，经营状况明显好转。

2. 玉米和大豆收购政策存在的主要问题

一是玉米市场波动较大。随着 2016 年玉米取消临时收储政策，政策性玉米收购量大幅度减少，政府对粮食收购价格的支撑作用减弱，玉米收购价格不断波动（图 6-1）。随着政策性玉米的不断销售出库，政府掌握的玉米库存量不断下降，对玉米市场的调控能力也有所减弱，同时受到国际玉米价格大幅波动的冲击，我国玉米现货价格波动的频率和幅度都在不断加大，给玉米生产和消费带来不利影响。

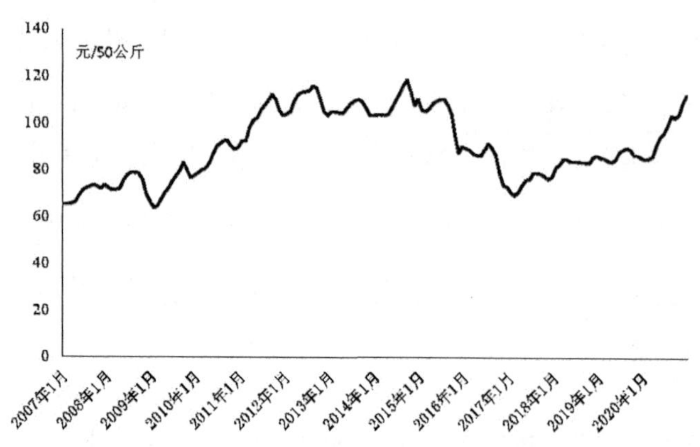

图 6-1　2007—2020 年期间我国玉米收购价格

数据来源：布瑞克数据库。

① 数据来源于实地调研数据。

② 数据来源于实地调研数据。

二是局部地区出现阶段性卖粮难和抢购问题。自2018年以来，中美贸易摩擦、国内经济下行压力较大，影响了玉米深加工产业的快速发展，2018年深加工企业玉米需求减少，消耗不足5000万吨。同时，2018年受非洲猪瘟、猪周期处于低谷等因素影响，饲料行业发展遇阻，多重因素叠加，导致玉米市场整体需求疲软，且下游主体普遍看淡行业发展，玉米新粮上市时收购热情不高，东北三省玉米主产区出现市场主体不收粮，农民卖粮渠道减少的情况。2020年，全球新冠肺炎疫情严重，粮食生产受到一定影响，一些国家粮食出口政策发生变化，国际玉米价格上涨，国内玉米价格受此影响，农民惜售和资本炒作，使部分地区出现玉米抢购现象。由于完全采取“市场化收购”，没有完备的丰歉调剂制度安排，政府调控市场的能力减弱，“托市”“调市”功能都受到一定程度的影响，也是引起“卖粮难”和“抢购风波”的重要原因。

二、粮食收储制度改革完善的思路与路径

稻谷和小麦是基本口粮，直接关系到全国人民吃饭问题，其购销市场化改革仍然要保持谨慎的态度，需要统筹考虑国内外市场，在保持生产、流通、供给相对稳定的前提下有序推进，突出市场定价，强化精准调控，增加粮食提质增效和粮食直补等配套措施，激发粮食产业各环节市场主体的活力，逐渐形成粮食市场定价机制，推动粮食生产由追求产量向追求产量、质量并重转变。玉米和大豆作为非基本口粮，其市场化改革推进的步子可以大一些，以此支持下游产业发展。但单靠“市场”的力量暂时难以实现，要借助政府的服务，协调好央地政府粮食收购诉求，重点加强对粮食供给的调节和引导，加强对粮食价格信息的监测预警工作，及时有效地将价格信息传递给市场主体，理顺粮食供求价格关系。

（一）粮食收储制度改革完善的总体思路

综合分析我国人口众多、耕地淡水等资源禀赋相对不足的基本国情，以及对外开放的国内外环境和国际经验，有以下几点认识：一是从粮食供求与价格的逻辑关系看，政府不宜直接干预粮食市场价格。价值规律、供求规律和竞争规律是市场经济三大规律，其中价格变动规律是市场内生机制，核心是价格由市场形成。政府直接干预粮食收购价格，不仅影响粮食市场预期，也影响要素价格，进而影响粮食以及粮食生产要素的合理配置。政府应在粮食供需方面发挥重要引导作用，通过均衡粮食供求关系引导价格水平。

二是从粮食价格与农民增收的特点规律看，提高粮价对增加农民收益有限。近几年我国粮食种植成本不断提高，上涨比例超过粮食价格上涨比例，粮食种植净收益相对稳定甚至略有下降。我国人均耕地 1.3 亩，每户经营耕地按照 10 亩算，每亩粮食平均产量为 381 公斤，粮食提高 0.1 元/公斤，家庭年收入仅增加 381 元，通过提高粮价增加农民种植收入非常有限①。

三是从国际经验看，粮价市场形成与稳定粮食供给、增加农民收入可以系统设计。美国 1933 年出台了无追索权贷款政策，相当于我国的最低收购价政策，造成美国粮食过剩。1985 年，美国开始实施无追索权贷款差额补贴（LDP）和营销援助贷款（MAL），之后以此为基础，先后实施目标价格补贴、直接补贴和反周期补贴、农民收入保障计划等。一方面，在一定市场条件下，农户自愿加入 LDP 计划，将一部分粮食抵押给美国商品信贷公司（CCC），LDP 额度与抵押商品数量挂钩；另一方面，通过价格补贴或支持政策弥补农户因价格波动造成的损失，形成市场化、稳供给、保收入的政策体系②。美国粮食政策经验表明，我国可以探索市场化条件下稳供给予保收

① 数据来源于国家统计局网站。

② 数据来源于美国农业部网站。

入相结合的补贴机制。

综合以上情况，粮食收储制度改革完善总体思路是：按照中共十九届四中全会确定的推进国家治理体系和治理能力现代化的总体目标，坚持稳中求进工作总基调，坚持以供给侧结构性改革为主线，正确处理“多”与“少”、“质”与“量”、生产与流通、当前与长远、政府与市场、国内与国外“六大关系”，正确把握粮食供求与价格的内在逻辑和我国粮食价格与农民增收的特点规律，系统性构建保障粮食有效供给和促进农民持续增收的体制机制，形成长期稳定可预期的制度环境，促进粮食产业高质量发展，更可持续地保障粮食安全。

粮食收储制度改革完善总的原则是：一要坚持底线思维、精准施策。把确保粮食供给作为首要任务，以确保口粮绝对安全、防止谷贱伤农为底线，精准把握政策性收储力度，提高政府补贴的精准性、指向性和操作性，通过稳定、可预期的制度，科学合理引导市场预期，保持供求总量基本平衡和价格基本稳定。二要坚持市场定价、价补分离。坚持市场化、法治化方向，逐步减少对粮食价格的直接干预，建立粮食价格的市场形成机制，有效发挥市场决定性作用和更好发挥政府作用。三要坚持统筹兼顾、循序渐进。统筹“黄箱”“绿箱”和“蓝箱”政策，统筹财政体制、补贴机制改革，兼顾当前和长远，兼顾不同粮食品种重要程度，分品种、渐进式推进。

（二）粮食收储制度改革完善的实施路径

1. 稻谷、小麦改革完善实施路径

稻谷、小麦是口粮品种，其收储制度改革需要积极稳慎，建议采取三步走。第一步，坚持完善现行“最低收购价、限量收购”政策。及时总结全国及分地区收购，特别是收购量情况，评估实施效果。把“保供给”作为优先目标，合理确定最低收购价和收购限量。以近几年最低价收购量为基础，分省下达指导性收购计划。在出现较大范围农民“卖粮难”时，可由省级政府提出追加收购申请，经国家有关部门批准后实施。第二步，建议施行“政府

定价、总量平衡、中央支持、省级负责、限量收购”试点。选择订单粮食收购开展基础比较好的地区，如江苏、安徽等省作为试点地区，由中央核定中央储备、地方储备、政策性粮食的年度计划收购规模，在给予地方政府一定转移支付情况下，委托省级政府在核定规模内以订单形式组织政策性收购。核定规模可以某年或几年平均收储量为基数，并根据全国总量平衡需要确定。订单价格为最低收购价格。第三步，建议施行“市场定价、价补分离、总量平衡、订单收购、中央支持、省级负责”制度。借鉴美国贷款差额补贴的做法，最大限度减少对价格的直接干预。订单收购量按第二步方法确定，但价格随行就市、补贴与订单收购相挂钩，建立利益引导机制，在充分发挥市场决定性作用的同时，增强政府对粮食资源的调控力。

2. 玉米、大豆改革完善实施路径

玉米和大豆已经实行购销市场化，重点是完善价补分离的方法，可在稻谷、小麦施行第三步改革时采取同样的收储制度，从而实现各粮食品种收储制度的统一和定型，在市场供求形成价格的同时，更好地稳供给、稳预期。

三、粮食收储制度改革完善的配套保障措施

为推进粮食收购制度改革，确保新收购制度顺利实施，需要同步实施相关配套政策，保障企业收购资金供给、引导粮食市场预期、稳定农民粮食种植收入等。

（一）推进多元主体积极入市收购

粮食收购制度实施市场化改革，政策性收购将越来越少，要充分发挥市场主体粮食收储能力，防止农民“卖粮难”，就要培育多元化市场主体参与粮食收购。一是鼓励引导粮食加工企业、饲料生产企业等多元主体入市收购，防止出现市场无人收粮的问题。二是充分发挥粮食产后服务中心作用，进一步加大政策扶持力度和规划引导，为种粮人提供全方位、多元化优质服

务。三是充分发挥各类粮食交易平台的作用,发展“互联网+”粮食,拓宽农民粮食销售渠道。

(二)完善粮食市场化收购资金保障

粮食行业经营利润比较薄,粮食企业多数是中小型企业,企业资金积累能力和融资能力非常弱,需要完善金融服务体系,创新金融产品,为粮食收储提供资金支持。一是完善收购信用担保基金运行机制。在国家层面出台粮食收购共同担保基金方面的筹集和管理办法,统一规范信用保障基金用于粮食收购的贷款流程,推动保障基金和担保基金制度可持续发展。二是引导商业性金融机构参与基金运作。统筹协调地方各部门,利用融资担保、信用系统等措施扩大融资渠道,适当增加信用保证基金规模,扩大信用保证基金适用范围,探索和鼓励市级层面建立信用保证基金。引导地方政府建立市场化收购贷款业务的风险补偿机制,有条件的地方可由政府直属的投融资公司对市场性收购贷款提供全额保证担保。三是创新企业经营方式。鼓励粮食收储企业开展代收代储、合作经营等,充分利用外部资金。

(三)完善财税支持保障

通过提高粮食收购价格的方式促进农民增收比较困难,而且“高粮价”会影响粮食下游产业的发展。需要通过完善财税支农政策等方式促进农民增收。

1. 建立健全“优质粮食工程”激励机制

根据市场需求和粮食内在品质,通过单收单储,切实做到按质论价,激发市场活力,引导农民按市场需求种植,更好鼓励地方和农民扩大优质粮食生产和供给,推动农业由增产导向转向提质导向,向更绿色和更可持续方向加快转变。

2. 加强农民粮食种植收入保险

抓紧完善农业保险,开发符合农民需要的保险产品,推动农业保险从保成本向保收益转变，有效分散和管理粮食经营的自然风险和市场风险，保持农民种粮收益预期基本稳定。

3. 建立合理的利益分享机制

打造粮食经营者与企业形成风险共担、收益共享的利益共同体，合理分配粮食产业链经营收益，增加农民粮食种植收入。

4. 加大财政转移支付力度

根据中央与地方财政事权和支出责任，加快完善利益补偿机制，针对共同事权部分，加大对省级财政转移支付力度，增强地方政府重农抓粮和农民务农种粮的积极性，确保粮食收购制度改革顺利进行。

（四）加强市场预期引导

粮食市场化收购，通过市场机制调节粮食价格和供求关系，要充分发挥政府对市场预期的引导作用。

1. 做好粮食统计工作，提高粮食统计数据的准确性和科学性

尤其是要加强生产成本调查，使成本核算成为最低收购价政策制定的科学依据，夯实定价基础。

2. 及时发布相关信息

加强对粮食市场的年度分析和跟踪研究，强化国家粮食安全状况变化的敏感性、应对的主动性，及时对外公布研究成果，服务科学决策。

3. 加强市场分析研究，增强市场监测预警能力

建立联合的粮食信息采集分析体系。特别是加强月度、季度、半年度、年度及重大时间节点的信息采集监测，及时发布预警信息。提前做好最低收购价启动前的准备工作，对主产区启动价格监测预警机制，关注市场价格变化。

（五）加强基层粮食行政管理部门力量

根据保障国家粮食安全的需要，强化基层粮食行政管理力量，定职能定

编制，充实人员，筑牢基层粮食管理运行安全机制。加强基层粮食行政管理部门对政策性小麦订单收购的监管，落实相关政策，组织粮食新型生产主体申报小麦订单，核实订单粮食生产条件，按照订单要求落实小麦生产，帮助粮食新型生产主体销售小麦，帮助粮食新型生产主体申报小麦生产补贴。

（执笔人：陈玉中、胡文国、周竹君、王娟、贾小玲）

第七章　优质粮食工程与粮食产业高质量发展[①]

深入推进优质粮食工程，加快粮食产业高质量发展，是新时代落实国家粮食安全战略和乡村振兴战略的重要举措，是粮食供给侧结构性改革、优化粮食产业结构、促进产业转型升级发展的现实选择，是实现从吃得饱向吃得好转变、满足人民美好生活向往的有效路径。

一、实施优质粮食工程的成效及问题

2017 年，原国家粮食局、财政部印发了《关于"优质粮食工程"实施方案的通知》，各地陆续开展"中国好粮油"行动，加强建设产后服务体系，积极构建完善质检监测体系。2020 年优质粮食工程实施的四年来，实施范围已由首批的 16 个省份覆盖到 31 个省份，中央财政累计安排专项资金 200 多亿元，带动地方财政和社会投资 600 多亿元。在优质粮食工程的有力推动下，粮食产业经济保持了稳中向好的势头，"三链协同""五优联动"初见成效，2020 年全国粮食产业经济利润总额同比增长 10%[②]，有力促进了地方粮食产业经济发展，为推进粮食产业高质量发展奠定了坚实基础。

---

① 本文完成时间为 2020 年 9 月，形成书稿时作了必要的修改。

② 数据来源于国家粮食和物资储备局。

（一）粮油产品优质品率有了较大提高

据网上调研①显示，稻谷、小麦、玉米的优质品率都有较大幅度提高，优质粮油产品收购和销售量实现“双增长”，粮油产品传统销售模式向现代产品营销转变，企业经营水平和利润水平有了较大提升。在调研的900多家企业中，60%以上的企业采取了订单种植和分等储存等精细化粮食储存管理。优质粮油收购量由2017年的3450万吨，增加到2019年的4300万吨，增长了近25%；优质粮食销售量由2017年的1440万吨，增加到2019年的1708万吨，增长了近20%。粮油产品由传统的依靠批发市场、零售市场等线下交易方式进行销售，转变为“互联网+”等线上交易与线下交易并重的方式。线上销售占比从2017年的12%增长到2019年的17%，成为现代粮油产品交易的重要方式。与此同时，带动了企业整体经营水平和盈利能力的增长，2019年企业粮油销售量增长了80%，企业利润增加了17%。

（二）优质粮食工程打通粮食流通“最先一公里”和“最后一公里”，有效促进了产业升级

各地及相关企业主体把“五优联动”贯穿于优质粮食工程全过程，促进“产购储加销”有效链接，将优质、高效贯穿到粮食产业发展全过程。这充分迸发粮食企业、粮食市场活力，加快优化粮食产业结构、推动粮食产业高质量发展，使农民收益水平有效提升。

1.“优粮优产”规模效应逐步形成

通过政策扶持，科技指导，建设优质粮源基地，引导农户种植优质粮油，保证稳定可靠优质粮源；积极探索“公司+农户”“公司+合作社+农户”“公司+农户+基地”等模式，开展订单农业，促进优质高产，确保优质粮油卖得出、价格高，实现优质粮食种植规模快速增长。如江西奉新县优质稻种植面

① 国家粮食安全政策专家咨询委员会秘书处2020年5月开展的网络调查。

积由2016年的3万多亩,增加到2019年的28万多亩,通过引进优良品种和新型科学种田技术,产品品质得到全面提升,带动农民增收近5000万元;湖北黄梅县自2017年实施优质粮食工程项目以来,优质粮食种植基地增加了39.3万亩,稻谷优质品率从2017年的80%提高到2019年的90%;湖南省常德市鼎城区全区优质粮油种植地由2018年的45.2万亩发展到2019年的73.2万亩,优质品率提高12%以上,亩均节本降耗增效10%以上。

2.“优粮优购”购销机制不断探索

全国多地通过不断增加品牌粮食产量,提升品牌溢价能力,农民收入显著提升。如中粮米业(吉林)有限公司在市场价格的基础上,引导农户种植符合“中国好粮油”系列标准的优质稻谷品种,通过精选优种、定向投入、专项服务、订单收购等方式,引导农民优化种植结构。2018—2019年度,该公司累计收购11.6万吨稻谷,其中优质稻谷收购量9.38万吨,占总收购量的81%。

3.“优粮优储”储粮条件不断升级

仓储规范化管理机制在优质粮食经营企业中得以践行并不断完善。优质企业注重储粮新技术和新设备运用,建设低温成品库,分品种、分等级、分仓库储存粮食,有效提升了优质粮食品质,增强市场“讨价还价”能力。如山东省滨州中裕食品有限公司新增仓容16.6万吨,年中转粮食80万吨,实现不同品种粮食分仓分级储存,为实现不同小麦品种的配比、生产多元化产品提供有力保障。

4.“优粮优加”产品品质适需引领

将“以质取胜”作为核心要义,把“标准引领”作为指导理念,充分融合地域优势、发挥产品所长,升级粮食加工水平和能力。各地积极制定地方粮油集团优质标准,让“标准引领”有章可循。辽宁对省、县级示范企业均进行了加工生产线改造,有效提升了加工的产品品质。

5.“优粮优销”品牌效应初见成效

“荆楚粮油”“黑龙江大米”“齐鲁粮油”“天府菜油”“吉林大米”等地方

粮油品牌逐步深入人民生活，优质粮油市场占有率、覆盖率逐渐提高，广大消费者对粮油产品的绿色优质需求得到更好满足。同时，各地探索区域特色产业发展模式，着力打造区域品牌。江西石城县大力发展油茶产业，截至2019年底，油茶种植面积达15.2万亩，实现产值1.5亿元，带动贫困户1000余户。同时，“互联网+粮食”模式在粮食企业不断普及，粮食业务逐步实现线上、线下融合发展，推广新型零售业态。利用天猫、淘宝、京东等电商平台拓展销售渠道，如山东省平度市着力推动全市优质粮油产品进入京东、天猫等平台，扩大优质粮油产品销售，2019年全市粮油产品线上销售同比增长38%。探索和建设自营网络销售平台，如自营在线商城、小程序、微商城等。

（三）存在的主要问题

优质粮食工程取得了显著成效，但也要看到，优质粮食工程第一期在顶层设计、协调推动上还存在短板，特别是三个子项目存在各自运行的情况，难以真正实现“五优联动”。

1. 粮食产后服务体系可持续运营难度大

粮食产后服务中心建设投资规模较大，小型、中型、大型粮食产后服务中心建成一般分别需要200万元、500万元、1000万元的资金。而粮食产后服务中心的烘干、整理等设施，只在粮食收购旺季才被充分利用，利用周期短，大概4个月，回报率较低，粮食企业、粮食新型经营主体、国有收储企业投资积极性不高。

2. 检测体系管理体制与运作方式有待进一步完善

现有的粮油质检管理体制的质量监控主要是针对国有粮油企业内部的购、销、调、存环节，未完全实现向服务“大粮食”“大产业”“大流通”“大市场”的社会粮食流通质量监管方向转变，无法适应新形势新要求。有些粮油质量监控机构的设置，在工作职能上与农业、食品安全等部门的质检职能有交叉和重叠。专业技术人员还比较缺乏，不同程度存在不会检、检不全、检不准、检得慢等问题。

3. 优质粮食连片规模小，粮食产业核心竞争力有待增强

当前，大规模的集中连片种植存在一定困难，优质粮食种植积极性有待进一步提高。粮食科技创新能力和粮油产品的核心竞争力不强，加之品牌打造上起步较晚，在价格、品质等方面难以与市场上的大品牌相比，优质粮食品牌的市场推广难度大。据调查①，超过90%的企业认为品牌建设对企业的发展和核心竞争力具有决定性的作用，但粮食企业普遍缺乏品牌打造的经验，仅有25%的企业设置了专职品牌管理部门或团队。

二、深入推进优质粮食工程，加快粮食产业高质量发展的总体思路和目标任务

（一）总体思路

在"两个一百年"奋斗目标的历史交汇期，在以国内大循环为主体、国内国际双循环相互促进的新发展格局下，深入推进优质粮食工程，加快粮食产业高质量发展是完善更高质量、更可持续国家粮食安全保障体系的重要抓手和牛鼻子。要以习近平新时代中国特色社会主义思想为指导，认真贯彻落实党中央、国务院决策部署，坚持粮头食尾、农头工尾，以延伸粮食产业链、提升价值链、打造供应链"三链协同"和一二三产业"三产融合"为重点，以产优粮、购优粮、储优粮、加优粮、销优粮"五优联动"为路径，打造优质粮食工程"升级版"，着力推进生产结构升级、收购服务升级、绿色仓储升级、产业装备升级、渠道品牌升级，着力强化规划指导、科技创新、法制保障，不断提高农民种粮和地方政府抓粮的积极性，不断增强粮食产业的核心竞争力和综合实力，加快推进粮食产业高质量发展。

① 国家粮食安全政策专家咨询委员会秘书处2020年5月开展的网络调查。

（二）主要目标

——到2025年，将“优质粮食工程”打造成“绿色工程”和“创新工程”。进一步提升粮食的优质品率，粮食产业发达程度有较大提升，粮食企业竞争力增强，粮食区域平衡、品种结构基本平衡，基本满足人民“吃得好”“吃得营养”“吃得健康”需要，基本满足人民多样化、个性化、小众化粮油食品需求，粮食产业高质量发展的基本框架初步建全。

——到2035年，将“优质粮食工程”打造成“优质工程”和“品牌工程”。粮食优质品率进一步提高，粮食产业发达程度较高，粮食企业竞争力较强，粮食区域动态平衡、品种结构动态平衡，基本实现人民“吃得好”“吃得营养”“吃得健康”需要，基本实现与人民生活更为宽裕、中等收入群体比例明显提高相适应的食品消费需求，与基本实现社会主义现代化同步，基本实现粮食产业现代化。

——到本世纪中叶2050年，将“优质粮食工程”打造成粮食产业的“系统工程”和“全优工程”。粮食产业高度发达，粮食区域动态平衡、品种结构动态平衡，充分满足人民“吃得好”“吃得营养”“吃得健康”需要，充分满足人民多样化、个性化、小众化粮油食品需求，全面提升人民的物质生活水平，粮食产业综合竞争力和国际影响力领先。

（三）主要原则

——以人民为中心，坚持民生导向。深入推进优质粮食工程，加快粮食产业高质量发展，就是要对“国之大者心中有数”，始终把人民需求摆在首要位置。要增加优质粮食产品供给，满足人民对吃得“好不好”“优不优”的美好生活需求。

——以可持续发展为核心，坚持绿色导向。深入推进优质粮食工程，加快粮食产业高质量发展，要不断加快粮食产业绿色发展，要统筹保供给、保收入、保生态，既不能因为保供给、保收入而牺牲生态，也不能因为保生态而让粮食供给、农民收入受影响。

——以科技和人才为引领，坚持创新导向。深入推进优质粮食工程，加快粮食产业高质量发展，要牢牢扭住创新这个关键，深化完善粮食科技体制改革，完善高层次研究人才奖励激励措施，迸发创新活力、激发创新效力，以提高加速度引领粮食产业更好更快发展。

——以粮油产品品质为根本，坚持品牌导向。围绕增品种、提品质、创品牌，树立品牌意识，打造品牌产品，重点培育壮大一批龙头企业，推动粮食产业转型升级、提质增效，实现由增产导向向提质导向协同发展转变，着力构建现代化粮食产业体系。

——以一二三产业融合发展为动力，坚持系统导向。粮食产购储加销接一连二带三，粮食产业发展的动力源泉在于一二三产业深度融合。深入推进优质粮食工程，加快粮食产业高质量发展，要立足资源优势，打造具有特色的全产业链，促进上下游协同联动，一二三产业融合发展，系统整体推进。

（四）重点任务

以“强链、延链、补链”为重点，坚持“三链协同”，统筹推进粮食产购储加销体系建设，稳步提升粮食优质品率，不断提升粮食产业质量效益和竞争力，加快构建高质量的现代粮食产业体系。

1. 延伸粮食产业链

按照粮头食尾、农头工尾的思路，从粮食产购储加销全链条深入推进优质粮食工程，加快粮食产业高质量发展，加快培育和壮大一批具有全球资源配置、自主创新能力，价值创造、可持续发展、优秀社会形象，引领带动作用、对经济社会贡献大的粮食企业。大力发展粮油精深加工转化，开发精深加工产品和绿色优质、营养健康的粮油产品，推动地方特色粮油食品产业化发展，加快推进主食产业化。推动粮食产业集群发展，建设集仓储、加工、物流、贸易、质检等综合性粮食产业园区。

2. 提升粮食价值链

以市场需求为导向,突出“中国好粮油”品牌效应,持续扩大优质粮油影响力。突出粮食企业在科技创新中的主体地位,加强粮机装备等关键环节和重点领域创新,推动“互联网+”等新业态发展,培育粮食产业新增长点。

3. 打造粮食供应链

拓展粮食生产、仓储、加工、物流运输、粮油配送、金融服务等功能,创新完善粮食市场交易体系和现代粮食物流体系,统筹推进粮食“产购储加销”和财政、金融、税收、产业等相关政策措施相互配合,助力优质粮食工程提档升级。

三、深入推进优质粮食工程加快粮食产业高质量发展的实践路径和政策措施

(一)实现五大升级

为深入推进优质粮食工程,加快粮食产业高质量发展,需要推进生产结构升级,实现产优粮;推进收购服务升级,实现购优粮;推进绿色仓储升级,实现储优粮;推进产业装备升级,实现加优粮;推进渠道品牌升级,实现销优粮五大升级。

1. 推进生产结构升级,实现产优粮

在确保粮食生产稳定基础上,适度增加优质粮源。支持推广优质粮油单品种集中连片种植,加大高标准农田、粮食生产功能区建设力度,促进优质粮油规模化种植。大力发展粮食订单,激发生产优质粮油的积极性,引导种植适销对路的优质品种。积极培育“公司+合作社+基地+农户”共同体,建设优质粮源标准化基地,调整优化粮食生产结构。

2. 推进收购服务升级,实现购优粮

积极引导粮食企业和新型粮食经营主体入市,按质论价、按质收购,做

到优粮优购、优粮优收。充分发挥粮食质量安全检验监测机构和产后服务中心作用,加强粮食干燥、清理、检验监测和品质测报,合理化运行流程和服务模式,切实保障优质粮食生产者的合理收益,进一步引导粮食生产者种植优质粮源,满足用粮企业对优质粮源的需求。

3. 推进绿色仓储升级,实现储优粮

改造和提升粮食仓储条件,推广应用绿色、保鲜储藏和转运技术,实行分品种、分仓、分货位储存。加快推进粮情、质量、安全检测和粮仓储运质量管理制度化、规范化、精细化和信息化水平,加快推进粮食储运升级,实现常储常新、增效储存。

4. 推进产业装备升级,实现加优粮

提升粮食仓储、加工、装卸设施设备机械化、自动化水平,推进粮食仓储、转运、加工设备智能改造,深化"智能+""互联网+""区块链+"运用,提高粮油产品加工综合效益。开发具有自主知识产权和核心技术的粮油加工成套装备,促进主食产业化发展,开发精深加工产品,推动资源综合利用,促进节粮减损。

5. 推进渠道品牌升级,实现销优粮

以"中国好粮油"品牌为引领,强化品牌管理,严格遴选和退出机制,维护品牌核心价值,提高市场知名度和公众美誉度。加快推进培育具有地理优势、资源禀赋和区域特色的粮油产品公共品牌,增强品牌意识,努力打造享誉全球的中国粮油品牌。积极发展线上线下粮食交易体系、营销网络,积极发展粮超对接、粮批对接等模式,发挥好零售终端点、军粮供应、应急供应网点的作用,健全粮食市场体系,畅通优质粮食供应链。

(二)强化六项措施

1. 强化政府主导,压实工作责任

将推进优质粮食工程、加快粮食产业高质量发展,作为重要的民生工程和现代化建设重大任务,纳入乡村振兴战略整体规划同步实施,实行中央统筹、省负总责、市县抓推进，部门分工负责、企业具体落实的工作机制，强化政府主导，加强组织领导，做好整体谋划，压实工作责任。制定出台优质粮食工程发展指导意见、资金使用管理办法等制度，以及相关中长期规划，明确指导思想、建设目标、主要任务和保障措施，细化实施目标和项目清单。

2. 强化统筹推进，促进协同发展

深入推进优质粮食工程，加快粮食产业高质量发展是一项系统工程，需要在顶层设计上有一整套完善的保障机制，加快实现粮食安全保障从政策治理到法治治理的根本转变。要围绕延伸粮食产业链、提升价值链、打造供应链，统筹“优质粮食工程”各子项建设，促进粮食“产购储加销”体系建设和一二三产业融合发展，全面实施“五优联动”。

3. 强化区域品牌，发挥集聚效应

要聚焦“保障安全、提升品质、改善营养”，建立健全粮油企业信用监管体系，加强粮油区域品牌建设。立足国情粮情，因地制宜推动企业强弱联合、强强联合，做大做强粮食企业集团，使粮食产业稳步快速发展；建立粮食经营体系，以粮食产业为纽带，建立贯穿粮食产前、产中、产后服务体系，以此为基础，使粮食产业集群迅速发展起来。

4. 强化科技创新，实现创新驱动

要把满足国内需求作为出发点和落脚点，加快构建完整的内需体系，大力推进粮食科技创新和人才支撑体系建设，助力科技人才兴粮。加快推进数字经济、智能制造、营养健康、新材料等在粮食产业的应用，促进工业化和信息化深度融合，开发利用网络化、数字化、智能化等技术，着力在一些关键领域抢占先机，形成更多新的增长点、增长极。实施人才聚集、能力提升等重点工程。加大项目资金和平台建设支持力度，激发优秀人才的创新活力，推动产学研一体化发展。加大技术培训服务，培养一线优秀人才。

5. 强化法制保障，创造良好环境

在加快推动《粮食安全保障法》立法进程中，把粮食安全责任制、粮食支持保护制度、粮食产业经营主体准入与门槛、粮食生产污染防治、国家粮食质量监管、市场主体粮食质量管理、消费者粮食营养提升、问题粮食处置问题、粮食质量法律责任等尽快以法律形式确定下来。

6. 强化监督落实，确保落地见效

把“优质粮食工程”作为推进粮食供给侧结构性改革、推进粮食产业高质量发展的重要内容和具体举措，纳入粮食安全责任制加以考核。加大对政策执行监督力度，加大对重点地区、重点单位和关键环节的精准监督。对项目审批手续、项目建设质量等进行全面检查，加大对项目的第三方绩效评估力度，确保项目落地见效。

（执笔人：颜波、陈玉中、赵广美、王世海、亢霞、袁舟航、郝晓燕、曾伟、张慧杰、鞠志远、李慧强、王娟、贾小玲）

第八章　产业融合与粮食产业高质量发展[①]

深入推进粮食产业融合发展，大力发展粮食产业经济是兴粮之策、惠民之举、富民之道，对构建更高层次、更高质量、更有效率和更可持续的粮食安全保障体系具有重要意义。当前，我国粮食产业融合发展已取得明显成效，但仍存在一些制约粮食产业供给侧改革和高质量发展的问题。促进产业融合，实现高质量发展，应当成为“十四五”期间我国粮食产业发展的核心主题。

一、粮食产业融合发展的现实需求与实践意义

（一）粮食产业融合发展是乡村振兴的迫切需要

乡村兴则国家兴，乡村衰则国家衰。党的十九大正式提出了乡村振兴战略，明确了“产业兴旺、生态宜居、乡风文明、治理有效、生活富裕”总要求。乡村振兴战略的提出，是党对农业农村发展战略的系统总结和新时期的升华[②]，体现了以习近平同志为核心的党中央对“三农”工作的高度重视和对新时代国情特征的准确把握。乡村振兴战略不仅体现了不同历史阶段

① 本文完成时间为2019年8月，形成书稿时作了必要的修改。

② 王亚华、苏毅清：《乡村振兴——中国农村发展新战略》，《中央社会主义学院学报》2017年第6期。

党对“三农”问题核心内容变迁规律，而且展现了党根据国情变化及时调整、不断赋予了农业农村发展现代化新内涵的敏锐意识和治理能力。这一重大战略的提出对指导新时代农业农村改革与发展意义重大，标志着中国农业农村改革发展即将迈入新时代。

实现乡村振兴战略就必须加快推进粮食产业融合发展①。一方面，促进粮食产业融合是实现乡村产业振兴的有机构成②。乡村实现振兴之所以将产业兴旺摆在二十字方针的前面，是因为产业兴旺是实现农业、农村、农民现代化的关键所在和必备前提。粮食产业是与乡村联系最密切的产业之一，大力推动粮食产业发展、进一步深化粮食产业融合有助于带动上下游和相关行业的繁荣发展，对乡村产业兴旺的实现大有裨益。另一方面，推动粮食产业融合发展能够优化利益分配机制，带动农民增收，助力实现“生活富裕”。以往的实践经验显示，如果把粮食产业各部分分割开来，没有建立良性衔接机制，没有让各个环节的经营主体形成利益共同体，往往会导致整个产业脱节发展的局面。只有通过粮食产业融合发展，推动粮食生产、加工、流通、消费各环节紧密合作，在粮食产业链上合理配置生产要素，形成各类生产要素充分流动、不同环节协调联动、各类主体实现利益共享、交易成本有效降低的良好局面，以此来提高产业链运行效率和效益，同时带动上游农民增收，推动种粮农民“生活富裕”。并且，推动粮食产业融合发展的过程中，要将着力点放在探索多类型的产业融合方式，培育多元化的农村产业融合主体，创新产业链和农户利益联结模式等方面。

（二）粮食产业融合发展是粮食安全的重要保障

“食为政首”，粮食既是人民群众所需最基本的生活资料，也是关系

---

① 蒋莹:《乡村振兴:激发内生动力》,《中国发展观察》2021 年第 7 期。

② 孙木光:《以农业供给侧结构性改革推进农业高质量发展》,《黑龙江粮食》2021 年第 3 期。

国家安全和经济社会稳定的战略性物资。我国是世界第一人口大国，也是世界粮食生产和粮食消费第一大国，确保国家粮食安全的重要性不言而喻。正如习近平总书记多次强调的那样，要牢牢绷紧粮食安全这根弦，无论何时中国人都要牢牢端稳自己的饭碗，中国碗要盛中国粮。当前，加快推动粮食产业融合发展，一个重要的目标就是更有效地保障国家粮食安全。

1. 有利于提高粮食产量和质量

现阶段，我国粮食产业生产主体的整体格局是“散、小、弱”，食品安全事件也时有发生，无法适应粮食产业高质量发展新局面，以及人民群众对粮食和食物产品更高质量的美好需求。促进粮食产业各环节融合互动不仅可以顺应市场需求，通过生产、加工、流通等消费前端的协调联动，实现粮食产业的“接二连三”和全产业融合，提升全产业链的增值空间，依靠提升产品附加值改善生产和流通阶段主体经营效益①。只有充分实现粮食产业融合的互动，才能让大、中、小农业产业化组织和各类农业种植主体充分参与分工协助，通过分工经济、规模经济和纵向一体化谋取行业发展的升级和各类主体的互利共赢。并且，深度的产业融合互动有助于建立从田间到餐桌的全程可追溯质量监控体系，这对改善粮食及食品质量安全十分有益。

2. 有利于增加农民种粮收益和调动种粮积极性

粮食产业根植于粮田，涉及“产购储加销”各环节，多层次、多类型主体受益，包容性、普惠性强。推进产业融合发展，使粮食生产经营活动与产品加工、包装、运输、保管、销售等环节的联系更加紧密，通过优化利益联结机制，让相关的二三产业增值收益更多地留在农村和惠及农民，通过拓展农民就业、增收渠道来调动其种粮积极性。

3. 有利于贯彻新发展理念和促进可持续发展

目前，粮食生产的资源和环境双重约束愈发趋紧，需要付出巨大的

① 胡红杰：《河南省粮食产业高质量发展的推进路径研究》，《市场论坛》2021 年第 3 期。

物质投入和资源环境代价，呈现出高投入、高成本、高污染与低效率、低效益的现象，粮食产业发展模式迫切需要由粗放型向集约型转变，由主要依靠资源投入转向主要依靠技术、管理、人才投入，要大力发展资源节约型、环境友好型农业。产业融合发展为粮食产业可持续发展提供了重要思路和实践基础。推进粮食产业融合发展和高质量发展，必然要求粮食产业更多依靠技术进步和科技创新来实现增产提效，减少对自然环境的承载力要求和负面环境效应，也有利于推动绿色农业、循环农业和生态农业模式的加快形成，加快推进“藏粮于地、藏粮于技”，更好地推动粮食产业可持续发展和保障粮食安全。此外，作为“碳排放”主要来源之一和“碳吸收”重要载体的粮食产业，若能贯彻新发展理念和实现高质量，也能够为我国 2030 年实现“碳达峰”、2060 年实现“碳中和”作出粮食产业的积极贡献。

（三）产业融合发展是加快粮食产业高质量发展的必然要求

《粮食行业“十三五”发展规划纲要》提出要努力形成与全面建成小康社会相协调，与粮食生产大国、消费大国战略地位相适宜的中国特色现代粮食行业发展新格局。2017 年 8 月，为推进粮食产业领域的供给侧改革，国务院办公厅专门印发《关于加快推进农业供给侧结构性改革大力发展粮食产业经济的意见》①，对发展和壮大粮食产业经济作出了战略部署和明确要求。毫无疑问，加快推动产业融合发展、实现粮食产业高质量发展，在战略层面已成为构建适应我国国情与粮情、打造高端高质高效的现代粮食产业体系不可或缺的关键环节②，同时也是推动我国由粮食生产大国向粮食产业强国迈进的必要手段和实现路径。

---

① 参考来源于《国务院办公厅关于加快推进农业供给侧结构性改革大力发展粮食产业经济的意见》，http://www.gov.cn/zhengce/content/2017-09/08/content_5223640.htm。

② 李可：《阔步走在粮食产业强国的大道上——全国加快推进粮食产业经济发展第二次现场经验交流会综述》，《中国粮食经济》2018 年第 9 期。

1. 有利于促进粮食产业提质增效

目前，粮食消费需求已发生重大结构性变化，从温饱导向型向健康、安全、营养型转变。健康、安全、营养的粮食需要产购储加销各环节的协同联动才能实现，通过产购储加销一体化的融合，引导优质粮食品种种植，生产出优质的、适应市场需求的高质量粮食和食物产品，有效发挥粮食产业保供应、稳市场、促发展的重要载体作用①，同时提高粮食产业的整体效益。

2. 有利于实现粮食产业转型升级

产业融合有助于粮食产业发展动能的升级和转换，从当前要素投入和政策支持为主向创新驱动主导转变。要实现粮食产业高质量发展，必须有效激发各类主体的主观能动性和技术创新活力和新产品研发能力，大力推进新业态、新模式的形成。发展路径方面，主张发挥粮食加工的引擎和中介作用，实现产业内部的协同联动和融合发展。鉴于粮食产业价值链较低，要加快从规模扩张为主的传统思路向注重质量效益的新方向转变②，尤其是增加适应市场需求的绿色优质粮食产品供给③，摆脱低端、低质、低效，加快推动粮食产业迈向中高端水平。

3. 有利于构建粮食产业发展新格局

主要体现在粮食产业与相关产业在横向扩展和纵向深化这两个方面。一方面，随着高新技术向粮食产业领域的渗透，必将推动粮食产业与生物技术产业、信息产业的融合发展，形成以现代生物技术和信息技术为支撑的现代粮食产业技术体系，成为推动粮食产业高质量发展的重要力量。另一方面，随着粮食产业与工业、服务业融合发展，传统三大产业界限日趋模糊。工业技术、生产方式和经营管理模式应用到粮食领域，出现了突破自然条件

---

① 颜波、胡文国、周竹君、曾伟、姜明伦：《粮食产业经济发展战略研究（二）》，《中国粮食经济》2017 年第 12 期。

② 张士杰、顾靖宇：《粮食产业价值链提升与绿色储粮》，《粮食科技与经济》2021 年第 1 期。

③ 丁声俊：《“两个大局”下保障我国粮食安全的大方略（一）》，《粮食问题研究》2021 年第 4 期。

约束的全天候、在工厂车间生产的工厂化粮食生产；实现自然资源、生产经营活动与旅游服务、经营管理模式相结合，形成了旅游休闲或体验式的新业态。这种融合发展是产业跨界融合、要素跨界流动、资源集约配置和内涵渗透，即产业之间由外部链接关系转为相互渗透、交叉和重组的结果，有利于形成产业之间网络化、集群化、信息化和服务产业化、产业绿色化，有利于构建"你中有我、我中有你"的粮食产业融合发展新格局。

在"十四五"规划和2035年远景目标纲要中，明确将粮食综合生产能力保持在1.3万亿斤以上列入经济社会发展主要目标之一，并列为约束性目标，提出"以粮食生产功能区和重要农产品生产保护区为重点，建设国家粮食安全产业带"。在这样的背景下，促进粮食产业融合发展，推动粮食产业高质量发展，对于持续保障国家粮食安全具有更加重大现实意义和更为深远战略意义。

二、粮食产业融合发展存在的问题与原因分析

（一）粮食产业融合发展存在的问题

我国粮食产业融合发展存在的主要问题表现在三个方面：粮食产业内各环节的融合发展问题，即粮食产业领域的一二三产业发展有机连接不紧密问题；粮食产业和其他关联产业联动发展融合度不高问题；引领粮食产业融合发展的龙头企业不多问题。

1. 粮食产业链条偏短、连接不紧密，附加值较低

粮食产业是大农业领域的最为重要的领域之一，是基础性的产业。与农业领域的其他产业发展相类似，粮食产业也存在种植与收购、储备与流通、贸易与消费等环节衔接不紧密，产前、产中和产后脱节发展现象①，导致

① 郭林涛：《新时代构建粮食安全风险防御长效机制研究》，《河南社会科学》2021年第7期。

供应端和需求端结构性矛盾较为突出，集中表现为粮食产业内的产业链条延伸短、连接不紧密，附加值较低，相关产业主体盈利能力不强。一些传统的粮食经营主体只涉及粮食全产业链环节的一部分业务，缺乏向上游产业链条延伸，对粮食种植业发展进行布局；也缺少向下游链条延展，涉及与粮食产业密切相关的服务业等领域。产业链条短带来最直接的问题是，粮食产业的价值链没有"吃干榨净"，经济效益无法充分挖掘出来，没有实现粮食产业的"接一连二进三"，种植业及其细分产业、加工业及其细分产业，服务业及其细分产业之间的发展程度和连接程度较低。导致产业内的经营主体同质化竞争激烈，经营规模普遍不大、上下游带动辐射能力相对不足，盈利能力较弱，市场竞争力不强。

2. 产业融合领域较窄，范围经济尚不明显

产业融合既包括产业内产业链的纵向延伸，同时还应包括横向层面产业之间的融合。即可以通过引入新要素、新技术、新业态、新模式来实现粮食产业和其他产业的跨界融合，实现资本、技术等资源的跨界共享共赢和集约化配置，使得粮食产业产前、产中和产后等业务板块有机整合在一起，促成交叉产业形态、打造范围经济和形成产业聚集效应。目前，我国粮食产业在横向融合方面仍然有很大的提升空间。粮食产业内部不同部门、不同业务板块、不同经营主体之间的横向联动和深度融合进程较为滞后，新技术、新要素的引入不够充分，新模式和新业态的发展不够突出。粮食产业融合还停留在"六次产业"的传统思路中，有待突破和更新。

3. 引领粮食产业融合发展的龙头企业不多

实现粮食产业融合发展是一项系统性工程，需要一定的经济实力、科研创新能力和经营规模支撑。在推进粮食产业融合发展进程中，可以优先选择实力较强、具有较好产业发展基础的龙头型粮食企业作为重点扶持对象，鼓励和支持龙头型企业发挥引领带动作用，探索不同形式的产业融合发展模式和路径。选择龙头企业作为推动粮食产业融合的优先选择，首先是因为可行性较大，成本较低；其次就经济效益来说，能够相对容易获取规模经

济和范围经济，进而更为显著地带动产业转型升级。从国际大粮商的发展和培育经验看，那些能够良好贯彻全产业链发展、实现纵向融合，同时能够较好地打破产业间界限，实现要素在更广范围配置，消化吸收新技术，实现新业态发展和新模式经营的，通常是实力雄厚、规模较大的龙头企业。但是目前，国内这种融合示范性强和引领型的龙头化企业仍不多见，需要大力支持国有大型粮食企业和较大规模的民营企业加快发展转型，在产业融合中发挥更好的示范、引领作用和提升国际竞争力①。

（二）粮食产业融合发展问题带来的主要影响

党的十八大以来，大力发展粮食产业经济，推进粮食产业供给侧结构性改革和粮食产业的深度融合，成为农业领域与粮食产业面临的重大现实与理论问题。当前粮食产业纵向融合发展不紧密、横向融合发展程度不高带来的主要影响有以下几个方面：

1. 影响粮食产业提质增效和转型升级

粮食产业具有特殊性，肩负着保障国家粮食安全的重要责任。在市场化需求为导向的现实社会中，粮食产业只有首先生存下来，才能够负担得起这个重大责任。这就要求粮食产业不断适应新的挑战，加快实现提质增效和转型升级，获得应有的经济效益和社会效益。目前而言，粮食产业的盘子虽然不小，但其整体盈利能力并不强，纯利润率远远低于工业和服务业的获利水平，属于微利行业。大力推进粮食产业融合发展，包括推进产业上下游纵向一体化和一二三全产业链融合②，以及横向层面粮食产业和其他相关产业的融合，推动粮食产业经营发展的规模经济和范围经济的形成，才有助于粮食企业实现提质增效和转型升级，增强市场竞争力。

---

① 颜波、胡文国、周竹君、曾伟、姜明伦：《粮食产业经济发展战略研究（二）》，《中国粮食经济》2017 年第 12 期。

② 赵予新：《产粮大省粮食产业链优化研究》，《农业经济》2014 年第 1 期。

2. 影响培育实力强大的粮食经营主体

我国粮食产业一个十分突出的问题在于中小微企业数量众多、且同质化严重，而具有一定实力和行业引领性的龙头企业、大型企业数量偏少。一是大多数中小微企业低层次、同质化竞争激烈，为了微薄的利润互相压价现象突出，陷入低水平发展陷阱，不利于企业和行业向好发展。二是大多数中小微企业的整体经济实力不强，没有动机和意愿进行创新。由于体量小，经济实力不强，大多数中小微企业实际上采取模仿路径而不是自主创新路径，缺乏核心竞争力，难以形成比较优势。三是粮食产业难以形成与国外同行相匹配的竞争实力，在市场竞争中处于不利地位。随着经济开放程度越来越高，外资企业陆续进入我国粮食市场，美国 ADM、美国邦吉、美国嘉吉和法国路易达孚等跨国粮商都在我国进行相应布局。这些跨国企业规模巨大，经济实力很强，品牌竞争力强，中小微企业在与其竞争时，没有任何优势。要提升我国粮食产业整体竞争力，必然要求粮食产业的一二三产业融合发展，拓展企业的经营范围，延伸企业的产业链条，提升价值链，形成更大规模的经济效益。在实现规模扩大和经济效益提升之后，企业才会有意愿、有能力去进行创新性投入，走产学研一体化道路，进而改善产品品质，优化要素配置，提升市场竞争力，培育一批有实力进入国际市场，能够与跨国粮商同台竞技，拥有充分话语权、关键时候能够维护我国粮食产业安全的大粮商。

3. 影响粮农收入的持续稳定增长

对我国这样一个人口大国而言，粮食安全是时刻需要铭记的战略性命题，是时刻不能放松的关乎国计民生的重大问题。习近平总书记强调指出，“中国碗要盛中国粮”。保障我国粮食安全离不开粮食产业的持续稳定发展，离不开亿万种粮农民对粮食供给的持续保障。粮食产业是一个有机衔接的链条，只有粮食产业实现了产业融合发展，有效提升了价值链，改善了不同环节的利益联结与分配机制，处于粮食产业上游的种粮农民才能更多地分享到产业发展壮大的好处。当前，粮食产业处于脱节发展状态，一二三产业的衔接融合度不高，粮食产业链条中种粮农民处于弱势地位，难以享受产业发展壮大带来的好处，单纯依靠种植粮食来获取经营性收入是难以调动农民种粮积极性的。同时，也会导致加工环节引领作用和流通环节导向作用难以充分发挥，优质优价机制不能有效体现，农民很难依靠优质优价来获得更高收益，这显然不利于激励农民种植符合市场需求的优质粮食品种。

4. 影响粮食产业供给侧结构性改革深入推进

近年来，我国粮食的生产、库存和国际贸易陷入了“三高并存”的局面，同时在供需层面，现有的粮食产业提供的产品和城乡居民的需求也面临着供需结构性不匹配问题。因此，要深化粮食收储体制和价格形成机制改革，深入推进优质粮食工程，加快推动粮食产业供给侧结构性改革。深刻分析上述问题原因，其本质在于融合程度问题，既包括粮食产业链条的衔接不足，粮食行业内部资源配置的脱节；也包括供给端和需求端的脱节，供应方无法准确和快速地把握市场动态，及时满足城乡居民日益改善的消费需求。推动粮食产业供给侧结构性改革已经成为整个粮食产业急需解决的重大命题，而实现粮食产业的深度融合发展是撬动这一问题的重要杠杆。通过融合发展，才能够更好地形成合力，解决粮食产业发展不平衡、不充分的问题，满足城乡居民对美好生活的新需求和新期待。

（三）粮食产业融合发展存在问题的原因分析

我国粮食产业大而不强，纵向融合不紧密、横向融合度不高，有着深刻的历史与现实原因。

1. 产业融合的发展思路滞后

传统发展思路认为，粮食产业高度融合主要是粮食领域的产业链延伸，是一、二、三产业中各个环节的有机融合，从而提升价值链。然而，产业融合的含义并不局限于此。新形势下产业融合不仅包括产业链前延后伸，还包括产业领域内各产业组织的联合协调，让这些企业在研发、生产、仓储、物流、加工等环节实现功能相衔接，实现产业集聚发展。同时，产业融合还包括引入新业态、新技术和新管理模式来实现要素的跨界配置，将更多的社会资源吸纳进粮食产业，使产业功能更加丰富，从而更大程度实现经济价值和社会价值。

2. 利益联结机制松散薄弱

粮食产业融合发展的前提是产业主体能够相向而行，相互协作构建起“利益共享、风险共担、共同发展”的紧密利益联结机制。粮食一二三产业融合发展不紧密，一个显而易见的事实是，粮食产业领域内不同主体的利益联结机制相对薄弱。从产业环节看，粮食生产、储存、加工、贸易、消费等领域存在脱节现象，各环节不能够有机衔接，导致传导机制不畅，粮食产业整体效益不高，吸纳社会资源能力不强。从产业主体看，从事粮食生产的农户和新型经营主体、从事粮食收储、物流和加工的企业，以及关联产业的相关主体，利益需求存在差异，利益获得存在不均衡现象。不仅是产业链条上下游存在利益分配不合理，而且在同一环节的不同主体也存在利益分配不合理的现象，导致难以相互弥补短板、充分发挥各自优势和形成合力，不利于提升产业整体竞争力。

3. 政策环境促进产业深度融合不够

经济发展离不开市场这只无形之手，也离不开政府这只有形之手。有效实现粮食产业的升级转型和提质增效，促成粮食产业融合发展新局面，既要发挥好市场在资源配置中的决定性作用，也要发挥好政府的服务、监督和导向作用。特别是对粮食产业这种公益性、外溢性很强，对国家安全和经济社会稳定有着特殊意义的战略性行业，更不应该让政府在产业发展中缺位。政府需要把握好有形之手的尺度和范围，将主要精力放在服务粮食产业主体、完善粮食产业融合发展的政策措施等方面。只有外在环境得到有效改善，企业才能够更方便、更快捷、成本更低地去推动实现。目前我国粮食产业发展的政策环境还需要进一步完善，着重解决好缺位和越位两大问题。缺位方面，政府和行业的公共服务能力偏弱。产业融合并不是单一主体能够实现的，而是需要一个相对成熟的产业环境。虽然国家层面、省市层面已经出台了较多的指导文件。但在现实中,政策落实“最后一公里”问题比较突出,企业发展仍然面临诸多掣肘,在土地、资金、财税、人才等方面难以获得足够的支持和优惠,导致企业在推进产业融合发展中普遍面临“人从哪里来,地从哪里来,钱从哪里来”三重难题。越位方面,粮食收储体制和价格形成机制需要进一步完善。要进一步理顺粮食主产区利益补偿机制、种粮农民积极性保护机制,促进粮食收储体制、粮价形成机制的完善,防止发生顾此失彼现象。正常情况下要让市场机制发挥决定性作用,形成粮食产业升级转型、融合发展的内生动力。

三、推进粮食产业融合发展的战略选择

要树立“大粮食”“大产业”“大流通”“大市场”的新发展理念①,并基于以下三种战略加强横纵协同合作,共同推进我国粮食产业融合发展。

(一)基于纵向一体化的全产业链战略

1. 纵向一体化的内涵与优势

纵向一体化(Vertical Integration)是指企业在现有业务基础上,沿产业链上游或下游扩展现有经营业务的发展战略,最终形成供产、产销或产供销一体化,包括前向一体化和后向一体化两方面。前向一体化战略是企业自行对其产品做进一步深加工,或者资源进行综合利用,或建立自己的销售网络来销售本企业产品或服务,而后向一体化则是指企业自己供应生产现有产品或服务所需要的全部或部分原材料或半成品。从纵向一体化来看全产业链战略,其主要特征是整个产业链上的产品、服务和信息等均由一个企业全程控制,实现产供销一体化整合。

---

① 李可:《阔步走在粮食产业强国的大道上——全国加快推进粮食产业经济发展第二次现场经验交流会综述》,《中国粮食经济》2018 年第 9 期。

对于粮食产业,"全产业链"模式是指包括"种子—种植—收购—仓储—加工—运输配送—产品销售"所有环节在内的纵向一体化经营模式。上游环节,从原粮的选种、选地到种植,宏观把控产品结构;加工环节,全程控制粮食产品品质;下游环节,通过技术研发和创新,向消费者提供更多健康、营养的粮食产品。企业以消费者需求为导向,通过对原粮获取、加工以及成品粮的消费等关键环节的有效管控,实现"从种子到餐桌"的全产业链贯通。

粮食企业基于纵向一体化发展全产业链模式的优势在于:首先,有助于降低企业交易成本,获得更好的经济效益。由于信息不对称、契约的不完备性、道德风险等客观因素的存在,较高的交易费用是企业生产经营过程中不得不面对的问题①。如"公司+农户"模式中出现的订单履约率不高,农产品质量安全和供需缺乏稳定性等问题,导致产业链不稳定和低效率。而实现纵向一体化和全产业链经营后,企业组织代替了市场组织,市场交易转变为企业内部协作,外部性问题通过内部化得到一定程度的缓解。此时,加强企业管理和企业内部不同部门的协调问题取得了外部交易的不确定性,有助于产业链的衔接、融合,降低了交易成本。此外,企业规模的扩大也有助于获取范围经济和规模经济,提升了企业利润。

其次,增强市场竞争力,提升企业话语权。产业链纵向整合有利于企业获得更新、更广泛的资源和能力,使企业规模和实力不断壮大,从而应对市场竞争者的诸多挑战。典型的案例有美国 ADM、美国邦吉、美国嘉吉和法国路易达孚等国际粮商均实行全产业链运作,布局了良种选育和粮食种植、粮食加工、物流和贸易等环节,而国内粮食企业的实力偏弱,全产业链运作滞后,很难与这些国际大粮商抗衡。中国需迫切培育自有的具有引领性的龙头企业,加快形成全产业链运作模式来引领国内粮食产业高质量发展,提

① 王佳莉:《中粮集团"全产业链"战略研究》,北京交通大学出版社 2011 年版;李喜贵:《国际粮商发展经验对培育我国大粮商的启示》,《中国经贸导刊(中)》2021 年第 4 期。

升国际市场竞争力。

最后,追求或控制粮食产品质量安全。多年来,国内粮食“产购储加销”各环节处于分离割裂状态,导致国内粮油产品质量整体不高,产业发展方式较为粗放等问题。随着我国社会主要矛盾的转变和城乡居民生活水平的提高,对粮食产品的质量要求也越来越高,对包括粮食作物生长的水土环境、施用的化肥农药以及残留量等方面都有更高的要求。

当前我国粮食供求矛盾已经发生根本性变化,从供给层面的数量不足转变为供需不匹配的结构性矛盾,保障粮食安全不再仅仅局限于总量规模,而是转变为质量数量并重。因此要加快发展适应消费升级需要和具有区域特色的优质绿色粮食产业链①。当前,国内粮食生产面临着颇为严峻的资源与环境约束,超过世界平均水平数倍的化肥、农药投入带来的农业面源污染,城市化发展和工业发展带来的生活污染、工业污染,均对粮食品质极为不利,引发了消费者对粮食消费营养和安全的忧虑。要从根本上解决粮食产品质量安全问题,提振粮食产品品质和消费者信心,必须遵循自然生态规律②,加快推进农业面源污染和各类工业污染防治,通过高标准农田建设和基本粮田建设,让粮食产业链与食物链、生物链三链合一、良性互动③。从现有粮食生产现状看,经营主体“小弱散”,没有形成可靠的、可持续的合作机制来链接上下游主体,导致上述目标的实现困难重重。只有大力推进全产业链的运行组织模式,从源头进行把控,严格把控生产、收购、储备、加工和销售等环节,通过“五优联动”才可能做到粮食产品和食品的高质量,打造可追溯的粮食产业体系,形成安全、营养、健康的粮食产品供应全过程④。

---

① 刘青青:《从产品到全产业链——从农业生产“三品一标”看绿色农业发展》,《农产品市场》2021年第7期。

② 许益亮、靳明、李明焱:《农产品全产业链运行模式研究——以浙江寿仙谷为例》,《财经论丛》2013年第1期。

③ 柏瑞芬:《高标准农田建设促进粮食产业升级及农村经济发展》,《农业开发与装备》2021年第3期。

④ 杨璐嘉:《湖南粮食生产经营方式转变的路径与机制研究》,湖南农业大学出版社2015年版。

2. 纵向一体化战略实现路径

当粮食生产、收储、加工、运输、销售等环节分散时，粮食收储企业或购销企业向农民收购粮食，再卖给下游粮食加工企业。从某种意义上讲，我国粮食产业仍然偏重收购、收储环节，相对忽视加工、运输和销售环节，具备全产业控制能力的粮食企业鲜见①。相比国际跨国粮商所展现的影响力，我国的粮食产业和企业发展仍然任重而道远②。因此，粮食企业必须调整发展战略，以粮食加工为中心环节，发挥龙头企业引领带动作用，增强上游和下游环节衔接的紧密程度，整合资源，实行研发、生产、仓储、运输、销售全产业链控制与经营，促进一二三产业融合发展。

第一，前向整合，稳定与控制粮源。一方面，要加快推动粮食企业将目光上移，通过加强与家庭农场、合作社等较大规模主体的对接和合作③，通过良种供应、入股合作、订单收购、代储加工等方式，打造稳定粮源来源和加工原料基地。粮食企业可通过与乡镇签订订单生产合同及有偿流转农户土地，建设绿色优质的原粮生产基地。从培育或选择优良品种入手，进行科学种植，从田间施肥、农药施用到田间管理，实行规模化、标准化生产。采用前向一体化战略连接生产源头，不仅能够保证粮源供给的稳定性，还能有效解决原粮质量监控和流程管理标准化的问题。另一方面，要重视生产原材料供应，包括农资供应和技术培训、种养指导、市场信息等农业服务，有效降低生产成本。

第二，后向整合，促进产业链增值。粮食企业的后向整合既包括向精深加工环节的延伸，同时还要发展经济效益较高的仓储和贸易业务。粮食精深加工是实施粮食资源高效利用、发展循环经济的重要着力点。作为世界

---

① 王雪、陈翔海：《发达国家粮食加工产业发展状况与经验启示》，《现代商贸工业》2021年第9期。

② 肖怡文：《跨国粮商对我国粮食产业的控制战略及我国的应对措施》，《长春大学学报》2016年第5期。

③ 杨帅：《发挥农民合作社积极作用，深入推进粮食供给侧结构性改革》，《粮食问题研究》2021年第2期。

第一大粮食生产国，我国拥有丰富的粮食精深加工资源，稻米、小麦、玉米等主要粮食产品的副产品（比如米糠、碎米、麦麸、小麦胚芽、玉米胚芽、玉米芯）应加以充分开发和利用①，形成高附加值、高技术粮食深加工产品，延长产业链条。此外，从国际粮商的发展经验来看，建立完善的运输网络，开展全球贸易是扩大业务范围、增强盈利能力的关键点。因此，后向整合还需掌控物流体系和终端销售从而增强市场竞争力。

第三，加强技术创新，贯彻全产业链。与跨国粮商相比，我国粮食企业与产业创新意识薄弱，技术创新能力较低，国际竞争力弱。为改变上述情形，需要鼓励和扶持各类经营主体尤其是龙头企业加大科研投入，将先进技术控制力贯彻到全产业链。对标国际先进，粮食产业需要加快形成以市场为导向、竞争力为优先的技术合作机制，将地理信息系统（GIS）、水肥实时监测、粮食物联网等高新技术应用于粮食产业，实现整个产业链布局技术迭代升级②；研发有市场需求的高质量粮油产品，鼓励企业、高校、科研机构之间的产学研合作，引领粮食产业技术良性发展。政府则需要为技术合作保驾护航，做好引领、扶持的同时，加快建立健全符合新时期需要的知识产权保护机制，减少和消除负外部性。

（二）基于横向一体化的产业集团战略

1. 横向一体化的战略内涵与优势

横向一体化（Horizontal Integration）战略亦称水平一体化战略，其实质是资本在同一产业和部门内的集合，目的是扩大生产规模、降低成本、巩固企业的市场地位、提高企业竞争优势、增强企业实力和经营效率。从外部性视角来看，横向一体化有利于行业重新洗牌，对推动行业内部头部企业的形

① 张卫：《粮食行业“十三五”规划纲要出台　提出七大目标十大任务》，《中国食品》2016 年第 22 期。

② 肖怡文：《跨国粮商对我国粮食产业的控制战略及我国的应对措施》，《长春大学学报》2016 年第 5 期。

成和提升行业集中度十分有利。

根据产业生命周期理论，产业的成熟阶段具有行业集中度高、规模经济、寡头垄断等特点。粮食产业市场虽然有其特殊性①，但也具备上述共性特征。这意味着粮食企业为了求生存、谋发展，就必须不断提升自己的竞争力和控制力，企业间的并购、重组和联合会不断发生，直到在寡头垄断阶段形成新的均衡。除了上述措施，两个或以上企业基于信任和共同利益组成水平战略联盟也是常见的策略。

粮食企业基于横向一体化发展产业集团的优势主要有三点：

首先，有助于形成规模经济、范围经济，降低生产成本和交易成本。通过实施横向一体化战略，不同企业间借助市场组织的交易转变为企业内部不同部门的协调，外部性得到极大缓解，交易成本得到有效降低；而且企业间相同资源的集聚、整合有助于规模经济和范围经济的形成，通过外溢性降低成员生产成本，惠及实力较弱的中小型企业②。同时，通过销售更多的相同或相类似的产品实现地域扩张，通过对不同的产品共享相同的资源发挥协同效应，包括管理协同效应、营销协同效应、生产协同效应和技术协同效应。

其次，有利于整合资源优势，实现优势互补。通过横向一体化战略，一方面，具有技术、管理、品牌等优势的一方能够和目标企业合作③，借助目标企业的行业势力、营销渠道等优势，优势互补，双方通过共同推进目标企业发展壮大实现互利共赢。另一方面，不同企业间通过信息、技术、资源等要素共享④，借助知识的外溢性，能够加快联盟内部企业的技术迭代和研发进程。

最后，扩张生产能力，增强竞争优势。横向一体化战略以相对低的门槛、更加便捷的方式扩大了企业产能，在较短时间内谋取成本曲线效应，同

① 裴晗：《跨国粮商对我国粮食产业的控制战略及应对措施》，浙江工商大学，2013 年。

② 吴娉娉：《跨国公司横向一体化战略及对我国的启示》，《大众科技》2007 年第 6 期。

③ 刘文超：《着力提升粮食产品区域品牌竞争力》，《吉林日报》2021 年 4 月 19 日。

④ 韦丽红：《论横向一体化的动因、条件及实施路径》，《大众科技》2011 年第 12 期。

时降低了企业进入特定细分行业的壁垒和风险，实现了借壳生蛋。而且横向一体化战略也有助于联盟内不同企业优势互补，通过吸收、学习合作方技术创新、管理创新的优势，为我所用和增强市场竞争能力，长期来说有利于提升企业的核心竞争能力。

2. 横向一体化战略实现路径

初级加工产能过剩，产业规模化、集约化水平偏低，对产业发展的引领作用不强，是我国粮食产业突出的短板。通过横向一体化战略进行粮食企业的横向并购、多元化经营以及水平战略联盟来发挥粮食加工业的引擎作用，推进粮食加工业结构调整，加快淘汰高耗能、低水平、粗放式的落后产能，打造一批具有影响力的粮食加工产业基地和园区。

第一，横向兼并重组，打造优势粮食产业集团。

结合全国优势农产品区域布局，充分利用现有资源和区位优势，鼓励一部分有实力的龙头型企业通过横向并购、重组、联合、控股等方式，加快成长为辐射带动能力强、增长前景好的粮食集团，加快淘汰高能耗、技术落伍、竞争力弱的落后产能，尤其是下决心处置行业内的“僵尸企业”，减少粮食产业“小散弱”的竞争格局，提升行业市场集中度和整体竞争力。鼓励和支持产业龙头企业独立或合作参与创建粮油加工园区，延伸产业链条，向专业化、规模化、集约化方向发展，打造一批科技含量高、综合利用全、带动能力强的国家级现代粮油加工基地和集粮食收购、储藏、运输、加工、销售、配送等为一体的现代粮食产业集群，发挥纵向全产业链与横向一体化经营相结合的协同优势。

第二，结成水平战略联盟，实现优势互补。水平战略联盟有三个显著的特点，其一是内容更加丰富，联盟内部企业之间合作多样化，可在资金、技术、市场、人才等多方面进行联合；其二是组织机构统一化，存在一个统一的领导机构来协调、指导联盟成员的行为；其三是资金来往密切，并有契约保障成员利益。水平战略联盟内部成员之间的关系是双向的，他们既在协议领域内紧密合作，又在其他领域以独立主体的地位开展市场竞争。在国际粮食市场上,美国 ADM、美国邦吉、美国嘉吉和法国路易达孚等跨国粮商根据自身优势进行了差异化布局,在产业链的几大环节中,美国 ADM 公司擅长仓储运输,邦吉在原材料生产方面拥有产业优势,嘉吉公司的金融服务能力较强,而路易达孚则重点布局农产品期货买卖。通过差异化的发展路径,国际跨国粮商形成了优势互补,结成了联盟合作,共同主宰了国际粮食市场。我国粮食企业应当明晰自身发展优势,一方面加强核心能力的开发和培育,另一方面可以通过战略联盟方式与外界谋求非核心业务的合作,以外部优势弥补自身不足,做到充分利用外部资源,降低成本。

(三)基于国内外一体化的跨国粮商战略

跨国粮食集团已经成为影响国际粮食市场不可忽视的力量。从保障国家粮食安全,提升粮食产业链供应链的韧性和稳定性来看,我国有必要加快培育、发展具有国际竞争力的大粮商。

1. 国内外一体化战略内涵及动因

国内外一体化的跨国粮商战略是在全球化背景下,以打造全球化、全产业链、产业高端、资本运作的现代农业产业集团,整合国内外资源,提升生产能力、供应能力和资源配置能力为目标,将纵向一体化的全产业链模式与横向一体化的产业集团模式紧密结合,发挥产业链网络的协同作用,支持优势企业强强联合、兼并重组,构建具备市场竞争力且能够进行粮食跨国生产、仓储、物流、加工和贸易经营一体化的国际大粮商,进而实现粮食生产流通要素资源高效配置。

粮食产业国际化使得我国粮食产业安全面临严峻挑战。相对国内粮食企业,跨国粮商的优势明显,资金实力雄厚、技术领先优势显著、跨国管理和经营经验丰富①,在粮源、物流和信息等方面具备较强优势,对我国粮食产

① 朱勤、勤裴晗、高铁生:《经济全球化视野下跨国粮商对我国粮食安全的影响》,《经济研究参考》2015 年第 56 期。

业的渗透覆盖了种源、种植、加工、仓储、销售等各个环节。我国虽是世界上最大的粮食生产国和消费国，但是粮食产业集中度偏低，国内粮食企业规模相对较小，缺乏真正具有国际竞争力的大粮商。因此，应当鼓励和支持国内粮食企业通过兼并重组和强强联合进行资源整合，打造具有世界竞争力的龙头企业，提升国家粮食安全保障能力。

2. 国内外一体化战略实现路径

从我国粮食企业国内外一体化发展历程来看，主要存在对外投资起步晚、规模小，以及投资主要集中在粮食生产环节，作为调配资源的物流系统不够发达等问题，同时我国粮食企业海外投资面临着一系列的市场风险、政策风险、文化风险等。因此，在鼓励粮食企业"走出去"，积极培育国内外一体化的跨国粮商时，制定行之有效的发展战略是关键。

第一，实施纵向一体化战略，建立"产购储运加销"一体化的粮食供应链。破解粮食"产购储运加销"各环节脱节问题，还必须突破传统发展思维与路径，转变发展方式，鼓励粮食企业向上游延伸，通过自建粮食基地，或者与农业经营领域的较大规模主体开展产销对接和协作，通过构建利益共享机制，实现粮源稳定供给和鼓励优质绿色粮油种植①，带动第一产业发展，促进种粮农民增收；鼓励粮食企业向下游发展，优化粮食物流营销和服务网络，着力打造高效协同、安全可控的粮食供应链。

第二，实施横向一体化战略，推动粮食产业聚集发展，打造范围经济。除了产业链的纵向融合发展，粮食产业的融合发展还包括不同企业之间的横向融合发展。立足区域和资源优势，鼓励企业向粮食主产区、关键粮食物流节点和粮食产业园区集中，促进粮食全产业链要素资源（包括生产、仓储、物流、加工、销售等）高效整合，推动粮食产业集聚发展②，实现粮食产业

---

① 引自《国务院办公厅关于加快推进农业供给侧结构性改革大力发展粮食产业经济的意见》。

② 高维龙：《产业集聚驱动粮食高质量发展机制》，《华南农业大学学报》（社会科学版）2021 年第 2 期。

高质量发展。此外,还应积极发展粮食产业新业态,利用好“互联网+”大力发展粮食电子商务,重视互联网时代买卖双方互动,及时了解市场需求,降低交易成本,拓展交易边界,促进线上线下融合。还可以深度开发粮食产业的文化、休闲功能,鼓励粮食产业观光、体验式消费等新业态的发展①,不断拓展粮食产业边界和提升产业整体效益。

第三,整合全球农业资源,构建粮食贸易网络。借鉴美国ADM、美国邦吉、美国嘉吉和法国路易达孚等跨国粮商的成功经验,通过横向联合、兼并,以及纵向全产业链完善等方式重组国内粮食产业资源,加快培育有国际竞争力的跨国粮商。在打造大粮商的过程中,需重视在全球范围内进行优势资源的配置,贯彻国内国外双循环发展思路,建立粮食生产和深加工基地,以及全球销售渠道,将国内需求与国际粮源及全球粮食贸易网络相结合,实现国内物流、加工、分销网络与全球供应链有机对接,建立战略资产网络,布局全球粮食产业价值链关键环节。

四、推进粮食产业融合发展的政策建议

为推动粮食产业融合发展迈上新台阶,更好地推动我国粮食产业高质量发展,要坚定市场化改革方向,加快构建和完善推动粮食产业融合的政策支持体系。

(一)坚定粮食产业市场化改革方向

破解粮食“产购储运加销”各环节脱节、一二三产业融合程度不高问题,必须坚定市场化改革方向,以市场需求为导向,激发各类产业主体积极性和创新能力。针对粮食产业的发展短板和弱项,政府这只有形之手不能缺位,

① 参考《国务院办公厅关于加快推进农业供给侧结构性改革大力发展粮食产业经济的意见》。

要做好顶层设计和提前布局，通过产业政策制定、规划引导、过程监管等①，推动粮食产业深度融合和健康有序发展。

（二）加强粮食产业融合财政支持力度

通过担保、贴息、以奖代补等方式，发挥财政资金的杠杆作用，促进金融和社会资本更多地投向粮食产业融合方面的项目。用好用足政府债券，新增地方政府专项债券，额度分配时加大对粮食产业融合重大项目的支持力度，优先配置地方政府专项债用于粮食“产购储运加销”一体化供应链建设，推动粮食产业链、供应链和价值链协同发展。加大对粮食产业科研投入力度，促进产学研深度合作、协同创新，突破粮食育种、精深加工、仓储物流、机械设备等方面的关键技术难题，提升粮食产业技术水平。

（三）提高粮食产业融合税收优惠力度

降低并固定企业所得税收入计算比例，目前农业保险业务企业所得税按照90%计入收入总额，建议进一步有效降低计入收入总额的比例，并将其固定下来，改善市场主体的预期。对承担赔偿责任的大灾风险准备金不征收所得税，用免税政策鼓励保险公司积累大灾风险准备金。同时，规定不得随意转移大灾准备金用途，或转入利润、资本公积金等权益类科目，对于转移用途的资金部分应当征收所得税，从而鼓励保险企业积极建立和积累大灾准备金，使其与承担大灾风险损失的赔付责任相匹配，增强农业保险的可持续发展能力。

（四）加大粮食产业融合金融保险支持力度

适当扩充政策性银行资金来源，引导政策性银行业务范围从粮食收储

① 参考来源于《国务院办公厅关于加快推进农业供给侧结构性改革大力发展粮食产业经济的意见》，http://www.gov.cn/zhengce/content/2017-09/08/content_5223640.htm。

向粮食全产业链拓展,对政策性银行的粮食信贷投放制定考核目标,加大政策性银行资金对粮食产业发展的投放力度,促进粮食产业融合发展。采取贷款贴息等方式引导商业银行加大对粮食产业融合的支持力度,建立专门团队从事粮食金融服务,优化业务流程,完善内部考核办法。根据粮食产业在国民经济中的重要地位,适当降低粮食企业的上市门槛,上市指标给予适当倾斜。加快建立健全海外粮食投资保险体系,有效化解在境外开展粮食产业投资的企业所面临的各种风险。

(执笔人:曹宝明、钱龙、刘婷)

第九章 “一带一路”粮食合作与粮食产业高质量发展①

改革开放以来,我国粮食生产取得了举世瞩目的巨大成就,但随着人口的持续增长、工业化和城镇化的深入推进和人民生活水平的不断提高,粮食需求呈刚性增长,加上我国耕地淡水资源约束,以及科技创新、设施装备条件等因素制约,粮食增产难度加大,粮食进口不断增加。“一带一路”沿线多为农业国家,资源丰富,互补性强,合作空间广阔,推进与共建“一带一路”沿线国家的粮食合作,构建我国安全、稳定、多元的境外粮源供应网络,对保障国家粮食安全和推动粮食产业高质量发展具有重要战略意义。

一、与共建“一带一路”国家粮食合作的现状

我国粮食对外合作初期以贸易和援助为主,随着国力增强、企业壮大、需求增长,企业对外粮食投资逐渐增加,2012 年我国正式确立农业“走出去”战略后,特别是“一带一路”共建深入推进,粮食企业走出去步伐加快,走出去企业数量及投资规模持续上升,投资范围和领域逐步拓展,形成和积累了相对成熟的模式和经验,但多数走出去粮食企业仍存在实力不强、整体水平不高等问题。

① 本文完成时间为 2019 年 3 月,形成书稿时作了必要的修改。

(一)现状与成效

1. 对外贸易量持续增长,进口规模屡创新高

加入 WTO 以来,我国粮食进口呈快速增长态势,进口量从 2001 年的 1950 万吨增长至 2020 年的 14262 万吨,年均增长率达 11%。特别是 2003 年以来我国粮食进口量持续高于出口量,净进口量不断增加。2020 年我国粮食进口量和出口量分别为 14262 万吨和 354 万吨,净进口量高达 13908 万吨;其中,大豆进口 10033 万吨,同比增长 13. 3%;玉米进口 1130 万吨,同比增长 135. 7%;小麦进口 838 万吨,同比增长 140. 2%;大麦进口 808 万吨,同比增长 36. 3%;高粱进口 481 万吨,同比增长 478. 6%;稻谷及大米进口 294 万吨,同比增长 15. 6%①。

2. 对外投资发展势头良好,规模快速扩大②

农业走出去战略实施以来,对外粮食产业投资迅速发展,投资企业数量及规模不断增加,投资领域覆盖产前、产中和产后各个环节,经营形式有独资、合资、合作等多种类型,探索了一些模式,积累了宝贵经验。目前,在境外设立了 800 多家涉农企业,投资存量超过 1000 亿元。其中从事粮食相关业务的企业 200 多家,投资流量超过 60 亿元,分布于六大洲的 100 多个国家和地区,雇佣外方劳动力超过 10 万人,为东道国增加就业、发展经济、改善民生作出了积极贡献③。

3. 对外援助不断深化,营造了良好合作环境

1996 年以来,我国在联合国粮农组织“粮食安全特别计划”框架下,组织实施了 20 多个南南合作项目,援建了 20 多个农业技术示范中心,向非洲、亚洲、南太平洋、加勒比海等地区的近 30 个国家和地区派遣 1000 多名粮农技术专家和技术员,约占联合国粮农组织南南合作项目派出总人数的

---

① 数据来源于海关总署。

② 数据来源于农业农村部企业对外农业投资信息采集系统。

③ 数据来源于农业农村部企业对外农业投资信息采集系统。

60%。我国始终将支持非洲农业发展和粮食安全作为对非援助的优先重点领域,帮助50多个非洲国家实施500多个农业援助项目。应有关国家政府紧急粮食援助需求,近年来中国政府向有关国家提供价值40多亿元的多双边紧急粮食援助①。

4. 对外合作多双边机制逐步建立,创造了有利合作条件

目前,我国与60多个国家和国际组织签署了120多份粮食和农业多双边合作协议、60多份进出口粮食检疫议定书,与140多个国家和地区建立了农业科技交流和经济合作关系,与70多个国家和地区成立了农业合作联合委员会或双边农业合作工作组,形成了中日韩—东盟(10+3)农业合作、上海合作组织农业合作、"一带一路"倡议下农业合作、南南农业合作等长效机制。构建了双边农业合作交流平台,成功举办了中非、中阿、中国—东盟、中俄、中波等农业合作论坛。我国已同东盟、巴基斯坦、新西兰、韩国、澳大利亚等国及港澳台等20多个国家和地区签署了自由贸易协定②。

(二)粮食企业"走出去"的经验与启示

随着经济全球化的不断发展,粮食企业在全球范围内的经贸日益频繁,它们采取不同的全球化策略,在满足市场收益的同时,有效利用海外重点国家资源优势,强化互惠互利合作,实现对全球粮食资源优化配置。无论是跨国粮商还是国内粮企,在对外投资中都积累了许多宝贵经验,这对加强"一带一路"粮食合作具有重要借鉴价值。

1. 国内企业

根据对中粮集团、黑龙江农垦集团和江苏牧羊集团三个典型涉粮企业走出去基本情况的剖析,近十年为我国粮食企业海外拓展期。从对外投资目的地来看,农业开发集中在耕地资源较为丰富的国家和地区,前三位热点

① 数据来源于农业农村部企业对外农业投资信息采集系统。

② 数据来源于农业农村部企业对外农业投资信息采集系统。

地区依次是亚洲、欧洲、北美。同时,考虑投资目标国的土地成本、农业基础设施、土地和投资政策、政局稳定情况、与中国的政治关系等因素。如俄罗斯、巴西、哈萨克斯坦和赞比亚等国由于耕地资源丰富和土地成本低而受到走出去企业的青睐。巴西、阿根廷等南美国家依靠完备的农业基础设施、完善的农业服务体系等投资环境吸引走出去企业的投资。对于那些土地资源丰富但投资、土地政策限制较多及政局不稳定的国家,走出去企业一般不会选择。

表 9-1 国内典型涉粮企业“走出去”基本情况

企业	中粮集团	黑龙江农垦集团	江苏牧羊集团
成立时间	1949 年	1978 年	1967 年
海外拓展初期	1988—2008 年	2002—2012 年	1997—2002 年
海外拓展期	2008 年至今	2012 年至今	2002 年至今
主要拓展国家	美国、日本、欧洲、澳大利亚、阿根廷、乌克兰、罗马尼亚、乌拉圭、巴拉圭、俄罗斯	日本、韩国、俄罗斯、巴西、荷兰、美国、加拿大、吉尔吉斯斯坦、哈萨克斯坦	马来西亚、美国、丹麦、德国、埃及、印度尼西亚、菲律宾、泰国、赞比亚
主要投资领域	稻谷、小麦、玉米、油脂油料、糖、棉花、生物能源	水稻、玉米、畜产品、渔业	饲料机械与工程、粮食机械与工程、食品机械与工程、仓储工程等
投资环节	种植、采购、仓储、物流、贸易	种植、加工、物流、贸易	机械设备
投资方式	独资、并购	独资、合资合作	独资、合资合作
总投资规模	40 个国家和地区	23 个国家,33 个注册公司	在 120 多个国家建成超过 6600 个工程
种植规模	—	国内农作物种植 286 万公顷;境外租赁 310 万亩、种植 143 万亩	—
经营效益	主营业务收入达 4709 亿元人民币	主营业务收入达 1197.3 亿元人民币	—
未来投资重心	“一带一路”国家和地区	以俄罗斯为中心,开发东南亚、非洲、澳洲三大片区	“一带一路”国家和地区

注:数据来源于课题组 2018 年的实地调研。

2. 国际企业

根据对国外四个典型涉粮企业走出去基本情况分析，可以看到，我国粮食企业走出去的做法与国际大粮商有较大的差异，这也是将国内外分开进行对比研究的重要原因。其差异主要体现在走出去的时间、投资的领域、投资的方式等方面。

从对外拓展的时间上看，跨国粮商都比国内企业走出去得早，20 世纪中叶就已活跃在世界市场。从投资区域来看，日本的企业主要投资目的国为美国和巴西，嘉吉集团和丰益国际集团投资区域较为分散，既包括美国、欧洲等成熟市场，也有东南亚、中亚等高速发展市场，也包括非洲等欠发达地区。

表 9-2　国际典型涉粮企业“走出去”基本情况

企业	嘉吉集团	益海/丰益国际集团	日本三井物产	日本丸红
成立时间	1865 年	1991 年	1876 年	1858 年
海外拓展初期	1947—1988 年	—	1948 年	1951 年
海外拓展期	1988 年至今	—	—	—
主要拓展国家	阿根廷、秘鲁、荷兰、法国、乌克兰、俄罗斯、印度尼西亚、马来西亚、中国	越南、泰国、马来西亚、印度尼西亚、印度、巴基斯坦、沙特、肯尼亚、赞比亚、荷兰、德国、乌克兰、俄罗斯、澳大利亚、美国、中国	美国、巴西、新加坡、泰国、澳大利亚、荷兰、智利、菲律宾、英国、加拿大、墨西哥、印度、中国	美国(1951)、巴西(1975)、中国大陆(1979)、中国台湾(1990)、新加坡(2010)
主要投资领域	谷物、玉米、种子、饲料、豆粕、油籽、面粉、禽类、肉类、咖啡、鸡蛋、棉花	油籽压榨、小包装油、食糖、面粉、稻米、化肥、豆粕、棕榈油	棉花、水稻、大豆、玉米	小麦、大豆、玉米、菜籽、豆粕、菜粕、面粉、糖、油脂、禽类
投资环节	仓储、初(深)加工、销售、物流、贸易	仓储、加工、销售、物流、贸易	种植、加工、销售、物流、贸易	储备、加工、销售
投资方式	独资、合资、收购	—	独资、合资、收购	独资、入股、并购

续表

企业	嘉吉集团	益海/丰益国际集团	日本三井物产	日本丸红
总投资规模	70 个国家,15500 名员工	50 多个国家,850 家生产企业,92000 名员工	65 个国家,469 家下属企业,42316 名员工	66 个国家及地区,438 家企业,39952 名员工
经营效益	主营业务收入 1204 亿美元	主营业务收入 438 亿美元	主营业务收入 3964 亿美元	主营业务收入 608 亿美元
在中国投资时间	1972 年	20 世纪 80 年代	1995 年	1972 年
在中国投资领域	小麦、棉花、谷物、油籽、糖、肉类、果汁	食用油精炼、灌装油、水稻、面粉、豆粕	谷物、油料、饲料原料、乳制品、砂糖、水产品、肉制品、加工油脂	谷物、饲料、养鸡、仓储、运输配送、加工销售
在中国投资规模	50 多家工厂(大豆压榨 4 家,30 多家饲料厂、1 家肉食加工厂)	60 多家工厂,130 多家生产型实体企业	50 多家公司,覆盖 14 个城市	73 家企业,覆盖 15 个城市,交易额约 153 亿美元
在中国投资环节	贸易、加工	加工、贸易	加工、销售	加工、销售

注:数据来源于本文执笔人根据网上资料和实地调研整理。

从主要投资领域来看,四个国际粮商经营品种丰富,涵盖了农业相关产品的方方面面,尤其对有高附加值的热带经济作物的生产和加工方面投入更多资金。从投资方式来看,四个国际粮商主要以合资和并购来扩大市场,通过成功的并购能够使企业快速成长,整合产业链,降低上游的原料成本,开拓下游的销售市场,提高整个企业的销售利润。从投资环节来看,四个国际大粮商以粮食仓储、加工、物流和贸易环节为主,很少涉及粮食种植环节。

通过对国内外跨国经营粮商国际化发展的综合研究,得出以下几点经验与启示:

一是完善支持政策体系,加强公共服务。借鉴各国走出去粮企国际化经验,建立推动粮食企业走出去的政策支持体系,提供财税、信贷、保险、补贴等政策支持,并提供各种公共服务,降低粮食企业走出去成本,支撑提高粮食企业竞争力。

二是发挥自身优势，找准投资合作方向。借助“一带一路”共建农业合作，充分发挥我国粮企技术、资本等相对优势，将粮食生产和加工等技术与资本结合，推动仓储设施建设、绿色储粮、智能粮库、粮食质量检测等技术装备走出去。同时引进国外粮食现代物流技术、粮油精深加工技术、粮食物流信息化技术等，将粮食生产或加工最适宜的配套技术引入投资目的国。

三是注重国际合作，积累经验谋求发展。针对现阶段我国粮食企业规模小、产业链条短、国际经验不足等问题，适当鼓励粮食企业加强与国际大粮商就物流、研发、投资等领域的交流合作，探索联合对外投资新模式，积累国际化经验，为我国粮食企业走出去奠定基础。

四是利用地缘优势，循序渐进扩展市场。充分利用我国与中亚、东南亚等国家接壤优势，将我国粮食企业生产、加工、物流、仓储等产业链条积极与对方连通，探索打造全产业链发展模式。

五是注重科技研发，确保质量稳扎稳打。保证产品质量是粮食企业立足国内外市场的根本，要鼓励企业加强对粮食产前、产中、产后等各个环节的科研投入，稳步提升粮食企业的核心竞争力。

六是熟悉当地社会，利益共享共同发展。粮食企业走出去要充分调研目标国市场，对其政治、经济、社会、文化等做详细了解，明确市场等各类风险，并采取培训、雇佣当地员工等手段融入当地，体现社会责任，推动利益共享共同发展，提升企业发展的可持续性。

七是强化风险管理，平抑波动稳定发展。国际大粮商均建立了严密的风险管理体系，并不断创新和开发风险管理工具和风险解决方案，实现各类风险的多层次把控。而我国粮食企业市场风险意识相对较差，应借助“一带一路”共建，提升风险意识，加强风险管理，有效应对外部各种可能的冲击。

（三）存在困难与问题

目前走出去的粮食企业存在“散、小、弱”以及跟风投资、过度竞争、人才与技术约束等一系列问题,海外盈利性差,可持续发展能力不强,宏观层面还缺乏规划引导与支持保障措施。

1. 粮食走出去宏观设计有待完善

2014年,原农业部牵头农业对外合作部际联席会议机制以来,制定了共同推进“一带一路”建设农业合作的愿景与行动、农业对外合作的“十三五”规划和支持意见等制度政策,取得重要阶段性成果。但专门针对粮食产业走出去空间、市场、产业布局的战略规划尚未形成,部门间政策衔接不充分,未能形成稳定完整、相互支撑的政策体系,走出去粮食企业反映的融资难、融资贵、产品回运难、税收和保险等问题一直存在,无法有针对性地引导粮食企业抱团出海、突破关键环节、构建有机的产业链条。

2. 粮食进口渠道高度集中

从进口来源看,大豆和玉米进口主要集中在美洲地区和黑海地区。99%的进口大豆来自巴西、美国、阿根廷、加拿大、乌拉圭5国,其中94%集中在巴西、美国、阿根廷3个国家。90%以上进口玉米来自美国和乌克兰,2020年从美国进口玉米434万吨,占38%;从乌克兰进口630万吨,占56%;从俄罗斯进口13.7万吨,占1.2%。① 全国80%的进口谷物来源地集中在澳大利亚、美国、乌克兰、加拿大和越南等少数国家。从进口运输通道看,物流方式高度集中于海运,进口口岸高度集中于东南沿海地区,进口贸易主体高度集中于几家大型跨国企业。

3. 投资层次偏低、风险高

我国粮食企业走出去大部分通过买地、租地开展粮食生产,处于粮食产业链低端环节,产业附加值较小、集约化程度和国际竞争力偏低。据《中国企业海外可持续发展报告2017》统计②,中国海外经营企业中从事农林牧

① 数据来源于海关总署。

② 《中国企业海外可持续发展报告2017:助力“一带一路”地区实现2030年可持续发展议程》,中国商务部国际贸易经济合作研究院、中国国务院国有资产监督管理委员会研究中心、联合国开发计划署驻华代表处。

渔业的只有约47%的企业盈利。多数粮食企业在走出去时缺少可行性研究，没有科学深入地进行投资评估。如某企业在非洲某国实施的农业投资项目，由于前期谋划不到位，对项目风险评估不足，盲目扩大项目规模，导致投资最终失败。部分企业盲目跟风，存在哄抬地价、扰乱市场秩序等恶性竞争现象。另外，大部分粮食企业走出去没有对产品目标市场作出可行性分析，局限于将产品回运国内，企业对于东道国市场以及中国以外的其他市场的挖掘远远不够。

4. 走出去粮食企业融资能力弱

由于境外粮食投资项目投资大、周期长、风险高、收益慢等特性，加上走出去粮食企业规模普遍偏小，且大部分走出去企业资产在境外，国内贷款受银行抵押担保条件的各种限制，金融机构不能提供“外保内贷”等金融服务，我国商业银行出于风险的考虑对内保外贷、外保外贷的农业涉外项目审核又十分严格，从商业银行获得贷款难度较大。国家政策性银行参与农业项目投资，又普遍存在门槛高、回收期短，以及投资回报率要求高等问题，资金短缺和融资难成为扩大投资规模的最大障碍，也是导致部分企业投资失败的直接原因。

5. 本土化经营和社会履责不够

粮食企业走出去投资的项目往往与环境、生物多样性等紧密相关，履行企业社会责任至关重要。调研发现，当前粮食企业在投资开发过程中对增加当地居民就业机会和改善民众生活重视程度不够。同时，不少走出去粮食企业“水土不服”的现象不容忽视，在东道国开展投资合作，没有扎根当地，在企业用工、采购等方面本地化水平不高，投资经营中出现经营理念、文化习俗、债务处理、人员融合、企业文化等多方面的差异，直接影响企业投资成效。

6. 复合型国际人才匮乏

复合型国际人才匮乏是制约粮食企业走出去的瓶颈，突出表现为粮食企业自身缺乏通晓外语、熟悉国际经贸知识和专业技术知识，以及了解投资国文化、法律的国际化复合型人才，导致跨国经营管理水平不高。粮食产业投资多集中于资源丰富的发展中国家，其生产经营和生活环境较差，对高端人才的吸引力较弱，同时东道国人才供给不足，通过雇用当地员工提高管理能力和技术水平的空间不大。推动粮食企业走出去的相关管理部门行政队伍跟不上走出去的发展需求，服务能力不足。

二、与共建“一带一路”国家加强粮食合作的可行性分析

改革开放40多年来，我国粮食产业取得举世瞩目的成就，粮食产业发展的经验、模式、方案深受广大发展中国家和国际社会肯定，尤其随着共建“一带一路”的深入推进，多双边农业合作机制不断扩展，粮食合作领域不断延伸，粮食合作已成为共建“一带一路”打造利益共同体和命运共同体的最佳结合点之一。

（一）国内有需求、有基础、有优势

1. 粮食产业合作有需求

近年来，我国粮食生产稳步发展，粮食供给总量充足，谷物自给率超过95%，口粮自给率超过100%。但是结构性矛盾比较突出，小麦、稻谷产大于需与玉米、大豆产不足需并存，普通品种过剩与优质粮食不足并存。通过粮食进口来弥补供需缺口、调剂品种余缺，国际粮食市场已成为国内粮食市场供给的重要来源和补充。在确保“谷物基本自给、口粮绝对安全”的条件下，有必要统筹利用两个市场、两种资源，加快推动粮食企业走出去，加强与共建“一带一路”国家粮食产业合作，建立安全、稳定、多元的境外粮源供应网络，提升国家粮食安全保障能力。

2. 粮食产业合作有基础①

目前,我国农业对外合作多双边机制逐步建立,通过与一些国家和地区建立农业科技交流和经济合作关系,援建农业技术示范中心,设置农技试验推广站,举办农业专业技术与管理人才培训班等方式,指导当地农民开展粮食生产,积极提高东道国粮食综合生产能力、促进当地农民就业,改善农民收入水平,为粮食企业在东南亚、中亚、南亚、非洲等"一带一路"沿线国家开展粮食产业投资、贸易、技术、援助合作营造了良好的合作环境,奠定了坚实的合作基础。

3. 粮食产能合作有优势

我国作为世界第二大经济体、第二大对外投资国,农业已经成为我国对外开放格局的优势资源,具备走出去的能力和条件。在技术方面,我国农业科技进步贡献率超过60%,粮食育种、栽培、中低产田治理、病虫害防治、化肥生产和农机制造等领域具有较强优势,特别是水稻、玉米、农产品加工领域优势明显,国内主要农作物耕、种、收综合机械化水平超过70%,粮食机械行业在智能制造、云图像采集分析等技术领域也达到世界领先水平,为我国粮食机械产业走出去奠定了坚实基础。加工能力方面,国内粮食作物产能合作空间富余。经验和模式方面,我国一批粮食企业通过兼并重组、收购、合资、合作等方式,在境外建立粮食产业园区、技术示范基地、仓储物流中心,开展订单农业合作,初步形成了行之有效的合作模式。

(二)境外有意愿、有潜力、有条件

亚洲、非洲、南美及中东欧等区域资源丰富,开发潜力大,希望外资投向当地农业,带动就业、增加出口,合作意愿强烈。

1. 东南亚

东南亚国家与我国毗邻,区位优势明显,且自然条件优越,印度尼西亚、

① 本部分数据主要来源于农业农村部对外合作经济中心有关总结报告。

泰国、缅甸、越南、菲律宾、柬埔寨等国耕地资源丰富,可开发的潜在耕地面积均在200万公顷以上,农业发展潜力巨大,是世界粮食主产区。东南亚地区是全球最重要的水稻产地和出口国家,稻谷产量占全球总量近30%,大米出口贸易占全球出口的50%以上①。其中,泰国、缅甸、越南是世界著名的三大谷仓。由于受资金、技术、人才、基础设施等因素制约,粮食加工设备老旧,大部分国家农业资源开发利用不足,且在水稻、玉米等新品种研发与培育方面,双方合作潜力和空间大。

2. 中亚、西亚

中亚五国与我国西北部地区毗邻,土地资源丰富,人均耕地面积约为我国人均耕地面积的6倍,且尚未开垦的农业用地面积较大。哈萨克斯坦潜在耕地面积664万公顷、塔吉克斯坦103万公顷②,哈萨克斯坦是世界粮仓。中亚五国除哈萨克斯坦外,其余4国都是粮食净进口国,粮食生产基础设施和仓储物流运输体系均较落后,生产方式粗放,抗灾能力弱,粮食单产和机械化水平都较低,2020年哈萨克斯坦小麦平均单产仅为1.18吨/公顷,对粮食生产技术和设备需求旺盛,未来发展粮食生产潜力巨大。西亚大部分地区降水稀少,气候干旱,水资源匮乏,而以色列灌溉农业技术较为发达,土地资源利用率和农业现代化水平较高,我国与西亚地区具有较大的农业合作互补性。中亚、西亚对小麦、玉米等粮食新品种的研发能力弱,而我国新品种有推广需求,这是双方合作的重点领域。

3. 中东欧地区及独联体

中东欧地区和独联体国家农业资源条件相对优越,中东欧16国可耕种面积4000多万公顷,其中,俄罗斯、乌克兰潜在耕地资源丰富,分别为7661万公顷和1346万公顷,小麦、大豆和玉米具有良好的生产和出口基础。罗马尼亚、保加利亚、匈牙利等国家潜在耕地资源也相对较多,均超过250万

① 宋洪远、唐冲、陈伟忠等:《“一带一路”上的农业新机会》,《农经》2017年第6期。

② 数据来源于GAEZ数据库。

公顷①。中东欧地区和独联体国家拥有相对完备的农业基础设施和劳动力资源，与我国开展农业合作的基础较好，互补性强，合作潜力大。该地区优质粮食种质资源丰富，通过鉴定引进可以有效提高双方粮食科研能力，培育更多适应性新品种。

4. 非洲

非洲幅员辽阔，气候条件多样，农业资源丰富，约七成耕地没有得到有效开发利用，如莫桑比克、坦桑尼亚、尼日利亚、埃塞俄比亚、肯尼亚等国家潜在耕地面积都在1000万公顷以上②，具有大规模开发潜力，但非洲国家农田水利基础设施极度缺乏，生产组织水平落后，单产水平较世界平均水平仍有较大差距，大多数非洲国家粮食以玉米、木薯、高粱和小米等为主，粮食基本都不能自给，是世界上主要粮食进口地区。在非洲开展粮食产业走出去，所面临风险相对较大，但机遇也很大，其在水稻、玉米、小杂粮等作物新品种培育与推广领域有需求，有助于我国完善种质资源引进、评估和创新。

5. 南美洲

南美洲土地资源丰富，可耕地面积4.68亿公顷，占国土面积26.5%。巴西、阿根廷是世界上主要的粮食生产国和出口国，巴西农业资源得天独厚，可耕地仅开垦不到10%，潜在耕地面积达1.72亿公顷，目前耕地面积还在不断扩大，粮食出口主要集中在大豆。阿根廷拥有“世界粮仓”的美誉，潜在耕地面积达0.57亿公顷，农业生产水平较高，是小麦、玉米、大豆的世界主要出口来源国，但存在仓储设施严重不足的问题。另外，委内瑞拉、巴拉圭、乌拉圭等国家潜在耕地资源也相对丰富，均在1000万公顷以上③。

6. 南亚

南亚地区处于热带季风气候带，水资源充足，耕地资源丰富，境内有恒河平原、印度河平原、德干高原，适合发展粮食作物，粮食作物以稻谷、小麦、

① 数据来源于GAEZ数据库。
② 数据来源于GAEZ数据库。
③ 数据来源于GAEZ数据库。

粗粮为主。南亚地区国家多为农业国,农业人口比重普遍较高。2017 年印度农业人口达到 8.7 亿,占总人口的 65%;巴基斯坦和孟加拉国农业人口均超过 1 亿,占总人口的比重分别为 59%和 64%。南亚地区 94%左右的适宜耕地已开发,面临农业基础设施缺乏、农产品加工程度不高、仓储能力不足、农业生产资源紧缺、投资环境不稳定等因素制约,未来在种业、小型农机装备、农资产能等领域具有一定合作潜力。

三、与共建"一带一路"国家加强粮食合作的基本思路与政策建议

(一)基本思路

以推动共建丝绸之路经济带和 21 世纪海上丝绸之路的愿景与行动为指引,坚持共商共建共享原则,鼓励推动国际粮食领域投资合作,加快推进我国农业高水平对外开放,主动统筹国内国际粮食市场和粮食资源,不断学习世界先进管理经验和实用技术,充分利用不同国家和地区的比较优势,在平等合作中实现共同利益,在相互尊重中实现长远发展,在积极参与全球粮食安全治理中,推动加快构建持续、稳定、可靠的国际粮食供给保障渠道,促进各国更好地融入全球粮食供应链、产业链、价值链,更好保障国家粮食安全和维护世界粮食安全。

(二)重点选择

统筹考虑"一带一路"沿线国家粮食资源条件、供求格局和政策环境等因素,立足我国粮食供给与国际产能合作需求,结合目标国粮食发展重点和鼓励发展方向,分区域、国别、产业、产品和环节,优化粮食走出去投资合作布局,构建重点突出、层次清晰、特色鲜明的粮食走出去新格局。

1. 重点区域

在东南亚地区,重点加强水稻产购储运加销全产业链投资合作,借助我

国在生产、仓储、物流、加工领域的优势，推进水稻产业的规模化和品牌化。

在中亚和西亚地区，重点开展小麦、玉米种植加工一体化合作，利用我国在东道国资金、技术等方面的互补优势，开展粮食种植技术、加工、农机、仓储物流体系建设和粮食产后减损合作。

在南亚地区，重点开展三大粮食作物品种繁育，深化优质高产示范合作。

在中东欧及独联体地区，重点开展大豆、小麦、玉米种植加工一体化合作，建立综合性粮食生产基地，推进一批进出口粮食物流节点建设，推动粮食跨国物流合作。

在非洲地区，充分发挥我国农业方面的比较优势，提高当地粮食单产水平和种植规模，积极开展多双边农业技术合作，充分利用援建的农业技术示范中心、南南合作项目等，开展粮食种植技术、加工、农机装备等方面合作，提升非洲国家粮食综合生产能力和自给水平。

在南美洲地区，以加工、仓储物流体系投资合作为重点，布局大豆、玉米综合产能配置体系。

2. 重点环节

一是抓科技：大力培育推广超级稻、矮败小麦、杂交玉米等优良品种，积极推广科学施肥、节水灌溉、绿色防控等实用技术，创新推广粮食储藏保鲜保质、虫霉防治、绿色加工、高效物流、“智慧粮食”、减损降耗关键技术。比如在良种培育方面，与世界先进水平相比，我国在稻谷、小麦等品种上有优势，可以依托共建“一带一路”国家农业科研院所、农业联合实验室、试验示范基地和科技示范园区等载体，积极开展水稻和小麦等优质品种的繁育和技术合作，研制适合当地种植条件和消费习惯的品种，加大优良品种研发推广力度。在大豆、玉米等品种上我们还有距离，可以创新体制机制，进一步拓宽资源引进渠道，加大优质种质资源引进力度，补齐粮种短板弱项。

二是抓粮源：有序开放我国粮食消费市场，引导有潜力、有条件的国家和地区扩大粮食种植面积，增加全球粮食供给。在东南亚、中亚、中东欧、南美洲等潜在耕地资源丰富国家和地区,引导国内粮食企业走出去开展本地化经营,通过建立农业产业园区和合资建设大豆、稻谷、小麦、玉米生产加工基地,促进当地粮食产业发展。依托农业对外合作、经贸合作等各类示范区,建设粮食产后服务中心,帮助当地农民解决粮食产后烘干、整理、储存、加工、销售等问题,推进境外农业投资与粮食加工、储运、贸易等产业链环节合作,推动当地粮食全产业链发展,提高当地粮食附加值,增加农民收入。

三是抓物流:引导企业在共建"一带一路"国家重要通道和关键节点,加强粮食进出口岸、接卸码头、仓储设施和物流枢纽基础设施建设,形成若干海上支点港口、综合物流集散中心,实现境外规模化粮食生产加工基地与配套港口、仓储、物流有机整合,并发挥中欧、中亚国际班列在粮食运输中的积极作用,提高全球粮食物流运输水平。

四是抓链条:创新国际粮食全产业链合作方式,要打破粮食贸易只是单纯买卖关系的思想教条和行动桎梏,支持鼓励我国走出去粮食企业向国外农场主提供贷款、生产资料、农业社会化服务等形式,与国外农业经营主体建立紧密利益链接,稳定进口国粮源渠道,增加生产国农民种粮收益。鼓励有实力的粮食企业通过合资经营、股权置换、融资租赁、并购重组等方式,开展粮食生产、仓储、运输、物流和加工等相关国际合作,增强抵抗市场风险的能力。

(三)政策建议

1. 加强宏观设计,构建内外协同的走出去新格局

一是深化细化粮食产业走出去规划指导。充分发挥农业对外合作部际联席会议机制作用,加强与共建"一带一路"国家有关部门和行业交流合作,细化粮食产业走出去空间布局、产业布局和市场布局。二是统筹农业援外与粮食走出去战略协同对接机制。结合我国粮食企业走出去在"一带一路"重点区域、重点国家、重点产业布局,将援外的农业技术示范中心、港口码头和水利配套基础设施项目和资金与粮食产业对外投资项目统筹谋划、

协同推进，为海外粮食基地及其他农业投资合作项目提供配套支持，为我国粮食企业走出去创造硬件条件和营造良好投资环境。

2. 聚集重点难点问题，加大粮食走出去政策创设

一是开展贷款贴息政策创设，解决“融资贵”难题。借鉴发达国家支持农业走出去普遍做法，整合现有支持农业走出去财政渠道，对走出去企业在共建“一带一路”沿线国家开展粮油产品研发、加工、仓储和物流等产业链投资建设，在贷款贴息、贷款年限等方面给予支持。二是探索建立粮食企业走出去担保基金，解决“融资难”问题。充分发挥中国进出口银行、国家开发银行、中投公司等金融机构作用，探索多方合作的金融服务模式，指导由实力雄厚的粮食走出去大型企业集团牵头，企业、政府、金融机构共同参与，成立粮食企业走出去担保基金，撬动银行贷款，缓解走出去企业融资难问题。

3. 创新风险性服务，提高粮食企业风险防范能力

一是创新保险险种和服务。充分发挥中国出口信用保险公司等政策性保险公司作用，同时调动商业性保险公司积极性，设立专门针对农业对外投资财产、自然灾害等险种。发挥地方各级政府的积极作用，探索建立新型保险模式，尝试建立政策性担保公司（如广东建立的“政银保”机制，充分发挥政府、银行和保险的作用），进一步降低粮食企业的贷款风险，建立风险补偿机制。二是积极开展企业风险服务，提高企业等相关投资主体风险防范能力。为国有企业和民营企业开展不同类型的风险培训活动，提高企业开展境外粮食投资的风险意识，鼓励企业做好风险应急预案。为企业开展风险预警服务，重点建设农业对外合作风险评估系统、企业信用评价管理平台等粮食走出去企业急需的服务平台，为企业提供有针对性的投资风险服务。

4. 培育走出去主体，提升跨国粮食企业竞争力

一是培育跨国大粮商。支持跨地区、跨所有制不同类型企业通过合资、合作、参股、收购等方式开展合作，培育发展大型跨国粮商。二是构建涉农企业国际战略联盟，优化粮食企业走出去产业链布局。扶持大型粮食企业

在“一带一路”沿线重点区域、重点国别和关键环节的布局,鼓励和引导粮食生产企业、农资供应企业、农业技术服务企业、粮食仓储物流企业、粮食贸易企业、粮食加工企业等通过契约、协议等形式结成风险共担的走出去联合体或战略联盟,抱团出海开展粮食产业种子研发、生产、加工、物流、仓储、码头等全产业链投资合作,增强规模优势,提升对外投资层次,优化投资结构,提高投资效益,培育知名品牌。三是搭建多双边粮食合作园区,提升粮食企业国际竞争力。利用政府间高层互访和现有多双边农业合作机制,加强政府间磋商,积极推动签署或修订投资保护、避免双重征税和农产品检验检疫等政府间协定,积极支持企业建立境外粮食产业园区,将境外现有粮食产业合作园区纳入多双边合作框架,为园区建设提供稳定的政治保障和基础设施、税收优惠等支持。

5. 多措并举,提升粮食企业走出去能力和层次

一是确立“抓两头、放中间、强服务”走出去定位。借鉴国际跨国粮商产业链合作经验,我国粮食企业走出去采取农产品订单采购、进出口贸易和合资合作等方式,前端抓种子繁育和推广、后端抓加工和仓储物流等产业链投资建设,强化提升育种、种植技术、标准对接、生产技术装备、粮食加工和购销及储运、港口码头等方面服务能力,规避买地、租地和大规模土地开发生产粮食带来的自然风险和市场、政策风险。二是强化海外投资项目尽职调查和预测评估。实施科学的调查、评估与决策是企业海外投资的重要前提。粮食企业走出去事前可联合第三方对投资项目涉及的农业资源、自然环境、政策法律、物流渠道、目标市场、产业前景等开展科学深入的调查、风险评估、可行性论证,避免盲目制定项目计划,并对项目实施过程监控和制定风险分担转移预案,完善投资和管理风险防控机制。三是实施本地化经营策略,积极履行社会责任。粮食企业境外投资开发合作,应当根据不同国家和地区的政治、社会及农业产业状况,实施联合经营、订单生产等多样化合作方式和参股、收购、兼并等间接投资方式,利用好当地的政策、资金、管理人才,致力于嵌入本地化经营。同时,要充分考虑目标国和地区政府、国

民的利益，通过提供技术与资金、雇佣当地民众就业等多种措施，保持良好的合作关系，并注重改善目标国和地区粮食供给经济、社会和生态环境，履行好在当地的社会责任，实现互利共赢。

6. 聚焦智力支撑，加强粮食走出去人才队伍建设

一是建立专家咨询与交流平台和智库机构。依托相关科研院所建立“一带一路”粮食合作研究中心，聚集高校、智库等科研力量，汇集一批粮食走出去研究的智库队伍，并构建粮食企业走出去的专家咨询与交流平台，建立粮食走出去企业的咨询智库或相关服务机构，为粮食企业走出去提供全方位服务。二是加强粮食走出去人才队伍建设。通过订单培训、培育等方式与高校、专业机构开展合作，开展针对粮食企业各层次员工培训，鼓励企业参加农业农村部等部门举办的高校人才招聘活动，建立长效的人才聘用机制，培养一批优秀的粮食走出去人才。加强企业跨国经营管理人才培养，提高境外项目管理人员和劳务人员的整体素质，做好粮食走出去的人才培训和储备，为粮食走出去提供人才支撑。

7. 加强引导和监管，完善粮食走出去公共服务体系

一是加快培育行业协会，发挥中介服务组织自律协调作用。组建我国粮食对外投资行业协会，发挥其在维护利益、协调关系、信息咨询、市场开拓、法律服务等方面的作用，切实保护走出去主体的合法权益，引导企业按照国际规则和标准办事，为海外中资企业创造规范有序的制度环境，并协助政府有关部门建立恶性竞争企业黑名单制度，督促企业履行社会责任。二是建立境外农业投资企业信息共享平台。整合有关部门走出去信息平台资源，为粮食企业走出去提供海外目标国耕地资源、农业政策、市场有关价格走势、项目信息、投资环境等方面信息服务，并建立粮食走出去风险预警体系，建立跨部门会商机制，定期发布国别风险提示，提升企业应对风险能力。

（执笔人：颜波、姜明伦、韩亚恒、张学彪、刘志颐、柏娜、武拉平、贾合义）

第十章　推动粮食产业高质量发展的政策体系[①]

改革开放以来，我国不断加大对粮食生产、储备、流通能力建设等方面支持，加强政策协调与配合，粮食产量不断迈上新台阶，宏观调控机制不断健全，市场体系逐步完善，产业经济加快发展，仓储物流体系更加完善，储备数量充足，为保障国家粮食安全夯实了产业基础。随着城乡居民消费结构不断转型升级，我国粮食产业发展的不平衡不充分性和资源环境约束性问题日益突出，依靠资源要素投入的传统发展方式难以为继，亟须进行制度变革、动力变革、质量变革、结构变革。其中，制度变革特别是创新和完善粮食产业政策体系是粮食产业高质量发展的重要支撑。

一、粮食产业政策体系及其演进

粮食产业政策是指政府为保障国家粮食安全、促进粮食产业发展而制定的一系列政策、措施的总称。粮食产业政策，主要包括粮食生产政策和粮食流通政策。其中，粮食生产政策，主要包括粮食补贴、产粮大县奖励、农业保险、土地和税费等方面的政策；粮食流通政策，主要包括粮食收购价格、储备、加工、质量监督与检疫和市场建设等方面的政策。粮食生产与流通政策之间，以及同一政策内部各环节、各要素之间相互联系、相互作用，构成了粮

① 本文完成时间为2019年10月，形成书稿时作了必要的修改。

食产业政策体系。

（一）粮食产业政策体系的历史演进

改革开放以来，围绕粮食生产、流通各环节，我国粮食产业政策体系的演变大致分为四个时期。

1. 购销“双轨制”时期（1979—1997 年）

1979 年我国农村实行家庭联产承包责任制，农民种植粮食的积极性大幅提高，粮食产量迅猛增长。国家统计局数据显示，1984 年我国粮食产量由 1979 年的 33212 万吨提高到 40731 万吨，增长 34%。随着国家收购的粮食增多，财政负担不断加重，1985 年取消粮食统购，实施合同定购、市场收购并存的购销“双轨制”，“三挂钩”的粮食生产性补贴政策开始实施。为解决农民卖粮难问题，1990 年建立了国家专项粮食储备制度，收购农民余粮，并对粮食购销企业的经营费用和购销差价进行补贴。

1993 年粮食供给出现紧缺、粮食价格迅速上扬，为促进粮食生产稳定增长，维护粮食市场稳定，1994 年国家实行“两条线”运行机制，要求粮食政策性和经营性业务分开；恢复粮食定购、控制粮食流通，确保国家掌握必要的粮源；并建立粮食风险基金制度。1995 年起实行“米袋子”省长负责制，要求各省负责本地区粮食供求总量平衡。1996 年粮食产量超过 5 亿吨，部分地区出现“卖粮难”等问题。在这种情况下，1997 年国家启动了按保护价敞开收购农民余粮。

2. 购销市场化改革时期（1998—2003 年）

1998 年我国粮食产量达到 5.1 亿吨，粮食供求关系从长期短缺向总量大体平衡且丰年有余转变。为保护农民种粮积极性，国家尝试调整农业生产结构，加强粮食仓储能力建设，敞开收购农民余粮。1998 年国家利用粮食供求相对宽松的有利时机，实施“四分开、一完善”粮食流通体制改革方案，即实行政企分开、中央和地方责任分开、储备经营分开、新老财务账目分开，完善粮食价格机制。

为缓解国家财政压力，2000 年将南方早籼稻、红小麦和北方春小麦退出保护价收购范围，实行购销市场化。2001 年按照“放开销区、保护产区、省长负责、加强调控”的思路，加快推进粮食购销市场化改革，进一步放开销区粮食收购。2002 年安徽、吉林两省选择了三个县进行粮食补贴方式改革试点，调整粮食补贴政策，减少对流通环节的补贴，增加对生产环节的直接补贴。

3. 农业支持政策完善和流通全面市场化改革时期（2004—2011 年）

从 1999 年开始，粮食总产量连续 5 年滑坡，从 1998 年的 51230 万吨减至 2003 年的 4370 万吨。为提高粮食产量，2004 年在全国范围内推行粮食生产直接补贴和良种推广补贴政策，在粮食主产区实行稻谷最低收购价政策，2005 年印发《中央财政对产粮大县奖励办法》，对产粮大县进行奖励。

2006 年全面取消农业税，启动小麦最低收购价政策，实施农资综合补贴，之后还新增了农机具购置补贴、农业保险费补贴等政策。2008 年和 2009 年，分别印发《国家粮食安全中长期规划纲要（2008—2020）》和《全国新增 1000 亿斤粮食生产能力规划（2009—2020）》，强化粮食生产投入，夯实国家粮食安全保障基础。为解决部分农产品销售问题，增加农民收入，2008 年开始国家适时出台了玉米、大豆、油菜籽临时收储政策，支持企业积极参与收储，有效地促进了农产品生产和市场稳定。

4. 促进粮食产业高质量发展时期（2012 年至今）

2004 年我国全面放开粮食购销市场以来，各地区按照党中央、国务院的决策部署，积极履行粮食生产、流通和储备责任，粮食安全形势整体较好。但是粮食产业发展也出现了资源环境约束趋紧、国内外价格倒挂、供给结构性矛盾突出、优质粮食供应不足等问题。为促进转变粮食生产方式，2013 年财政部从农资综合补贴中安排 6 亿资金进行“种粮大户补贴”试点。为支持耕地地力保护和粮食适度规模经营，2015 年选择部分省开展试点，将农作物良种补贴、种粮农民直接补贴和农资综合补贴合并为农业支持保护补贴。

为改革完善重要农产品价格形成机制与收储制度，推动实现优粮优价、优粮优销，按照市场定价、价补分离的原则，2014年取消大豆、棉花收储制度，启动东北和内蒙古大豆、新疆棉花目标价格补贴试点；2015年取消油菜籽临时收储制度；2016年取消玉米临时收储制度，实施“市场定价、价补分离”“市场化收购+生产者补贴”新机制，推进玉米收购价格完全市场化。为推进粮食供给侧结构性改革，加快发展粮食产业经济，2017年启动实施优质粮食工程，以粮食产后服务体系建设、粮食质量安全检验监测体系建设、“中国好粮油”行动计划为抓手，在产后减损促增收、源头把控保安全、品质引领好粮油方面取得了显著成效，树立起从增产向提质转变的鲜明导向。2018年以来，中央一号文件提出加大强农惠农支持力度，建立投入稳定增长机制，改革完善农业支持保护政策，扩大“绿箱”政策范围和规模。

（二）历史演变的主要特征及分析

改革开放以来，我国始终高度重视粮食工作，按照保障粮食安全、促进粮食生产、搞活粮食流通的总体思路，立足国情粮情，建立起与我国经济社会发展阶段相适应的粮食产业政策体系。从历史演变看，我国粮食产业政策呈以下特征。

1. 具有典型的选择性产业政策特点

选择性产业政策是指政府对微观经济运行进行广泛干预，处于主导性地位。改革开放以来，粮食生产政策在家庭联产承包责任制的基础上，不断扩大财政投入范围和规模，推动粮食产量持续增长。从1998年开始，国家还将政府投入的边界从生产领域扩展到流通领域，特别是2004年以来财政支持粮食流通环节的力度迅速提高，推动粮食产业政策整体进入新一轮的快速发展时期。运用财政投入来调控粮食产业发展已成为政策的总基调，在市场化改革进程中政府在粮食产业发展中始终处于主导地位。

2. 粮食产业政策演变具有渐进性

从统购统销到合同订购，再到粮食市场体系的建立，每项政策的变革，都是根据经济社会的发展变化，对原政策的部分修正。从统购统销的计划流通政策到半计划半市场的双轨制流通政策，再到政府宏观调控下的全面市场化流通政策，政策的每一次改革都是在前一次政策的基础上实现的。并且新制定的粮食产业政策的执行范围也是在局部试点的基础上才向全国推广。比如，2002 年我国开始在吉林东丰县和安徽省天长、来安县率先试行粮食直接补贴政策，2003 年将粮食直接补贴政策执行范围进一步扩大到 16 个省份，随后开始在全国范围内更大规模实施。

3. 粮食产业政策演变具有有序开放性

从粮食产业政策的演变看，虽然政府一直处于主导地位，但市场化改革作为一种内在动力，深刻影响着我国粮食产业政策的变迁。从统购制度、“合同定购”、“四个分开，一个完善”政策，以及粮食市场体系建设，特别是 2012 年以来，逐步取消油菜籽、棉花、大豆和玉米临时收储政策，按照“市场定价、价补分离”原则，实施棉花目标价格补贴政策、玉米和大豆生产者补贴政策，调整完善稻谷和小麦最低收购价政策，增强政策弹性，都说明了这一点。与此同时，对粮食产业功能的认识也在逐渐深化，除食物供给功能外，粮食生产还具有生态保障功能；粮食产业发展除了一维的链式发展外，还可以进行多维的功能拓展，如向健康、文化、旅游等产业拓展。

二、创新粮食产业政策的必要性及需要处理好的几个重要关系

（一）创新粮食产业政策的必要性

1. 粮食产业政策亟须加快由增产导向向提质增量并重转变

过去，我国粮食产业政策主要着眼于解决吃饱饭问题，政策制定以增产为导向，主要关注粮食供给总量，对粮食质量重视不够，导致粮食品种结构性矛盾突出，供过于求与供不应求并存，小麦和稻谷供大于求，玉米和大豆

供给存在缺口,优质的、品牌的、绿色的粮食供给不足。随着城乡居民生活水平提高,消费结构转型升级,粮食消费正由“吃得饱”向“吃得好”“吃得营养健康”加快转变,粮食产业政策特别是生产支持政策亟须由增产导向加快向提质增量并重转变,聚焦支持提升粮食供给保障能力和粮食产业品种培优、品质提升、品牌打造,满足人民群众日益增长的美好生活需要。

2. 粮食产业政策亟须加快由重生产向产购储运加销协同联动转变

从粮食全产业链各环节看,粮食产业支持政策主要集中在粮食生产环节,对粮食收购、储存、运输、加工和销售的支持力度偏弱,各个环节内部的支持重点也不够突出,与新时代农业供给侧结构性改革和粮食产业高质量发展的需求不相适应。生产环节对促进适度规模经营、增加绿色优质粮食品种种植等方面的支持力度有待加强;收购环节对粮食市场化收购资金保障机制建设和粮食企业经营发展的支持政策偏弱;储存环节对完善仓储设施功能、提高智能化管理水平、推广应用绿色保粮新技术等方面投入有待进一步提高;运输环节对粮食物流重要通道建设有待加强;加工和销售环节缺乏直接有力的支持政策,粮食加工的引擎作用和销售的引导作用发挥不够充分,粮食产销衔接和应急保供体系不完善,粮食品牌和市场体系建设相对滞后。

3. 粮食产业政策亟须加快由国内外分轨向内外对接转变

当前,我国已进入全面开放、制度型开放、自主开放为主要特征的高水平开放新阶段。推进全面开放,特别是制度型开放,需要主动对标国际规则,完善我国经贸规则体系。我国农业特别是粮食,目前实行的规则、管理、标准等还没有完全与国际接轨,随着入世过渡期结束,建立起符合国际规则与遵守国际承诺的国内粮食支持保护政策的压力愈发突出。2008 年全球粮食危机后,为确保国家粮食安全,我国粮食价格支持水平大幅提升,由于我国“黄箱”措施仅限于 8.5% 微量允许,支持空间有限,2016 年美国向 WTO 提起我国对小麦、稻谷、玉米的市场价格支持超过 8.5%微量允许上限的诉讼。2019 年 WTO 认定我国 2012—2015 年对小麦、籼稻和粳稻的补贴超标，要求我国遵守加入 WTO 时的承诺。因此，我国粮食产业政策亟须由国内外分轨向内外对接转变，改革完善农业和粮食价格、收储、投资、信贷、保险等政策，建立起与 WTO 规则、我国高水平开放型经济新体制相一致的粮食产业政策体系。

（二）创新粮食产业政策需要处理好的几个重要关系

1. 数量与质量的关系

当前，我国粮食供求紧平衡的格局尚未改变，结构性矛盾与总量不足并存。保障粮食安全始终是头等大事，“吃得饱”是“吃得好”的前提，在推动粮食产业高质量发展的过程中，必须粮食数量质量并重，防止粮食产量大幅下降。粮食产量大落容易，恢复困难。1998 年至 2003 年我国粮食产量连续 5 年下滑，由 51230 万吨下降至 43070 万吨。在一系列强农惠农政策支持下，粮食产量从 2004 年有所回升，直到 2008 年才超过 1998 年水平，历时 10 年。我国是人口大国，农业资源有限，如果盲目追求高品质粮食生产，而忽视产量的稳定，一旦发生严重自然灾害或公共突发事件，粮食产需出现较大缺口，就会引发粮食价格急剧上涨，不仅“吃得好”难以实现，“吃得饱”也保障不了。

2. 生产与流通的关系

随着粮食市场化改革的不断深化，流通对生产的激励反馈作用愈加突出。粮食结构调整的方向准不准、节奏快不快，与有没有完善的粮食流通机制密切相关。价格信号是不是灵敏，经营主体是不是充满活力，产业链条是不是完整，粮食流通是不是顺畅，都会对生产环节产生直接影响。推动粮食产业高质量发展，涉及生产、收购、储存、物流、加工、销售等多个环节。需要用全面系统的思维处理好生产与流通的关系，针对粮食产业发展不平衡不充分不协调等问题，创新完善粮食“产购储运加销”体系，增强各环节协同联动和粮食数量质量的整体保障能力。

3.政府与市场的关系

粮食作为关系国计民生的特殊商品,仍然具备商品的基本属性。粮食产业政策的制定要遵循市场规律,坚持市场化改革方向,厘清政府和市场的边界,充分发挥市场配置粮食资源的决定性作用和更好发挥政府作用,实现“有形之手”与“无形之手”的有机结合。其中,市场作用主要是解决供给侧结构性矛盾和调动农民及各类市场主体的积极性。以市场需求为导向,调整完善粮食生产结构和产品结构,向优质特色产品调,向产购储运加销全产业链调,拓展粮食多功能和增值增效空间,激发各类市场主体活力;而政府作用则主要是解决长期生产能力提升和粮食产业高质量发展体制机制不完善、扶持政策弱等问题。要健全完善粮食收储制度和价格形成机制,健全种粮农民利益保护和主产区利益补偿机制,创新完善财税金融和土地支持政策,加快构建与粮食产业高质量发展相适应的粮食产业政策体系。

三、推动粮食产业高质量发展的政策体系思路

(一)粮食产业高质量发展政策体系的构建思路

围绕贯彻实施国家粮食安全战略和乡村振兴战略,以推动粮食产业高质量发展为主线,坚持市场化改革方向,充分发挥粮食流通对生产的激励反馈作用,加强粮食“产购储运加销”一体化供应链建设,强化粮食产业链各环节协同联动,推进品种培优、品质提升、品牌打造和标准化生产,把“优”字贯穿到“产购储运加销”各环节,延伸粮食产业链、提升价值链、打造供应链,加快推进粮食产业由增产导向转向提质增量并重,推动粮食产业转型升级、提质增效。

（二）推动我国粮食产业高质量发展的政策体系

1. 健全完善财政投入保障机制

（1）加大财税扶持。扎实开展新增耕地指标和城乡建设用地增减挂钩节余指标跨省域调剂使用，调剂收益向粮食产业倾斜。支持鼓励各地通过担保、贴息、奖补等方式，充分发挥涉粮财政资金的杠杆作用，引导金融和社会资本支持粮食产业高质量发展。深入实施优质粮食工程，加大财政支持力度，做实粮食绿色仓储、品种品质品牌、质量追溯、机械装备“六大提升行动”，打造优质粮食工程升级版，加快构建现代化粮食产业体系，推动粮食产业高质量发展。落实粮油加工企业税收扶持政策，进一步降低免征增值税、营业税的标准，落实企业用电用水优惠政策。

（2）优化财政支持结构。按照调整改进“黄箱”政策，逐步扩大“绿箱”和“蓝箱”支持政策实施规模和范围的思路，建立起符合 WTO 规则的粮食支持政策体系。改进用好特定农产品“黄箱”政策，改革完善稻谷、小麦最低收购价政策，确保市场支持力度不超过 8.5%微量允许上限。选择早籼稻进行试点，实施与当期一定政策性收储量相挂钩的生产者补贴制度，逐步实现“市场定价、价补分离”。用足非特定产品“黄箱”政策，加大农机具购置补贴力度，适时增加农业社会化服务作业补贴，加大涉粮项目贷款利息补贴与补助奖励的支持力度。探索扩大与稳产相挂钩的“蓝箱”政策使用范围，健全完善玉米、大豆生产者补贴政策，加强品种间补贴统筹；根据玉米供需形势适时在黄淮海玉米主产区启动玉米生产者补贴政策。加大“绿箱”措施的支持力度，调整优化支持结构，重点加强对土地整治、农业科研和推广、高标准农田建设、农田水利建设、新型职业农民和经营主体培育、农业收入保险等支持力度。

（3）突出各环节财政支持重点。生产环节，深入贯彻落实“藏粮于地、藏粮于技”战略，继续支持高标准农田建设，大力发展现代种业；促进适度规模经营和种植结构调整，保障粮食产能和绿色优质粮油供给。收购环节，增强小麦、稻谷最低收购价政策弹性和灵活性；通过粮食收购贷款信用保证基金、贷款贴息、费用补助等方式，支持多元主体开展市场化收购，搞活粮食流通。储存环节，改造提升现有粮食仓储设施的功效性能，推广低温保粮等先进技术装备，开展粮食智能化管理提升行动，提高科学储粮水平。加工环节，要重点支持企业开展技改、新产品研发、品牌建设，实施粮机装备提升行动；销售环节要重点支持粮食交易平台、应急供应网络建设，加强粮食批发市场和销售渠道终端建设。

2. 强化金融信贷服务

(1)优化金融供给结构。以产业化龙头企业、优质粮油产品加工等为重点，允许农业发展银行等政策性银行发放固定资产贷款；通过贷款贴息等方式，引导商业银行增加信贷供给。支持粮食企业通过上市、发行债券等筹集资金。建立健全粮食收购贷款信用保证基金融资担保机制。培育具有国际影响力的粮食期货交易中心，增强现货市场与期货市场的联动性，提高期货市场服务粮食宏观调控和实体经济的能力，帮助种粮农民和粮食企业规避经营风险。

(2)创新金融产品和服务。根据粮食产业环节设计不同的金融产品。生产环节，农户和粮食生产企业主要以小额流动资金为主，金融机构可采取贷款卡方式进行授信，涉及大型农机具等生产设备购买时可采取融资租赁方式；收购环节，粮食流通企业主要以流通资金贷款为主，季节性强，可用存货或仓单作为抵押品进行融资；仓储环节，资金需求量大且建设周期长，以中长期贷款为主；加工环节，粮食加工企业轻资产、重存货，可利用厂房设备做抵押或采取担保方式进行增信，也可采取供应链金融方式向金融机构申请授信，生产经营所需的设备等可采取融资租赁方式进行融资；销售环节，粮食销售可采取存货或仓单质押、订单质押、应收账款质押或保理等方式融资。

(3)完善风险担保机制。加强粮食主管部门、金融机构与农担联盟合作力度，将农担体系服务范围从粮食种植进一步向粮食收储、加工、贸易领域延伸；探索设立粮食产业担保基金，由政府单独出资或联合粮食企业、金融机构共同出资，为粮食企业融资提供增信；扩大抵押物来源，深入推进农村承包土地经营权和农民住房财产权抵押贷款，为粮食生产者获取信贷资金提供合格抵押品；加快建立全国统一的、具有较高流动性的土地经营权流转和交易平台，解决抵押物流转变现的问题。

3. 增强农业保险涉粮服务力度

（1）提高保障水平。继续推动农业保险“扩面、提标、增品”，完善保费补贴机制和再保险体系，逐步推开三大粮食作物完全成本和收入保险试点及“保险+期货”试点，尽快实现物化成本全覆盖，逐步将地租和劳动力等成本纳入中央财政保费补贴的农业保险产品的保障范围，并建立保障水平动态调整机制，满足广大农户和农业生产经营组织不断增长的风险保障需求。加强针对新型农业经营主体的农业保险产品创新，开发专属性产品，满足新型农业经营主体的异质性需求，适应其高投入、高成本的要求。产量保险、价格保险、收入保险的改革试点可以主要面向新型农业经营主体。

（2）优化财政补贴政策。实施差异化的保费补贴政策，中央财政的补贴比例要与地方财政的支持能力结合起来，应适当提高财政拮据地区的补贴比例，降低富裕地区补贴比例。建立中央财政对农业保险经营机构经营管理费用补贴制度，对不同险种实行差异化补贴。借鉴美国等发达国家的做法，建立中央财政对农业再保险的补贴机制，对农业保险新产品与计划研发费用，以及农户与农业保险员工的保险意识教育和培训提供相应的支持。

4. 建立健全支撑粮食产业发展的服务体系

（1）健全完善粮食市场监测预警和信息发布体系。目前，各粮食贸易大国均高度重视粮食市场监测问题，特别是美国农业部已经建立了一整套完备的农产品市场监测和信息发布体系，在全球具有广泛影响。我国作为一个粮食生产大国、消费大国和贸易大国，也应努力健全完善自己的粮食监测预警和信息发布体系。政府应当加强顶层设计和规划，整合各有关部门现有市场分析力量，建立粮食市场信息会商机制，进一步完善粮食市场监测预警指标体系,形成涵盖粮食生产、流通、消费各环节,包括信息收集、汇总、整理、加工、分析和发布有效运行的工作机制,定期发布相关信息,引导粮食生产、流通和消费协调发展,确保国家粮食安全。

(2)充分发挥行业协会的重要作用。国外粮食出口协会、谷物等行业协会积极服务于农民、合作社和私营企业,对内积极提供信息和咨询,协调政府与企业、合作社和农民的关系。对外主动宣传本国粮食,游说相关机构争取有利政策,在本国粮食产业发展中发挥了重要作用。目前,我国各级粮食行业协会基本沿袭了行政管理模式,多数停留在政策传达、信息发布、工作总结等层面上,尚未充分发挥助力企业发展、研究市场运行、创新技术研发等作用,与市场有脱节,与创新有差距。借鉴国外粮食行业协会成功模式,创新运作理念,以行业客户需求为导向,以市场化措施、利益化链条,组织协调不同类别会员单位,提供创新研发服务平台,充分发挥合力优势和众筹优势,协助推进我国粮食产业更好发展。

5. 构建粮食产业高质量发展评价和考核体系

(1)科学构建评价指标体系。研究制定粮食产业高质量发展的监测评价办法,统筹发展和安全、效率和公平、前瞻性和可操作性,围绕评价数据真实可靠、科学合理,明确评价指标范围,将粮食的数量安全和质量安全、产业效益、科技创新、国际竞争力、绿色发展等作为重要评价内容,合理设置指标权重,准确评价粮食产业质量发展水平。

(2)强化指标数据采集和评价。按照粮食产业高质量发展指标体系,制定国家统一的监测方案和监测规范,建设监测网络,以省级人民政府为主体,组织涉粮相关部门开展评价指标数据的采集、整理、核实,进行本区域粮食产业高质量发展水平自评价。

(3)完善粮食产业质量考评制度。探索建立粮食产业高质量发展考核评价制度,将粮食产业高质量发展指标纳入粮食安全省长责任制,纳入各级粮食行政管理机构和决策机构的考核评价体系。按照属地管理责任及主体责任,建立责任约谈机制。

6. 建立健全相关法律法规的制度保障

(1)完善与粮食金融相关的法律法规。立法加强对涉农金融服务的监管,明确农业金融组织的法律地位和职能目标,严格控制涉农金融机构贷款流向,杜绝出现农业资金非农化现象。同时,通过立法对农村信用社及地区性农业金融机构的行为进行约束,明确其服务对象、经营范围和边界,适当限制其“非农化”倾向。尽快制定和完善农业保险法,通过立法保障农业保险对粮食产业的资金支持和保费补贴,规范农业保险经营行为和差异化保费补贴标准,以利于粮食产业的投资主体形成稳定预期。

(2)健全完善粮食安全保障法律法规。在市场经济条件下,需要通过法律来规范粮食政策和管理制度。国外与粮食相关的法律不但具有系统性,而且操作性较强,并严格坚持粮食安全依法治理。要加快出台《粮食安全保障法》,依法加强对粮食生产、收购、储存、运输、加工、贸易、消费等环节管理,从立法层面解决粮食安全领域深层次的体制机制问题,保障粮食产业发展的基本要素投入和科技创新投入。深入宣传贯彻新修订的《粮食流通管理条例》,创新粮食执法监管方式和手段,实施信息化监管和信用监管,为粮食产业高质量发展营造良好的法治环境。

(执笔人:颜波、祁华清、曾伟、陈会玲)

第十一章　关于实施“藏粮于地、藏粮于技”战略的研究[①]

2020年我国粮食生产实现了“十七连丰”，粮食产量连续第六年超过1.3万亿斤，口粮自给率超过100%。在世界各国的国民经济发展过程中，农业比较优势下降是一个普遍趋势。对于我国这样的农业资源相对稀缺的国家，农业比较优势下降态势更为明显。我国农村普遍出现粮油生产副业化和农业劳动力老龄化的倾向，违规占用耕地也一直未能得到有效遏制。从中长期看，我国粮食供求呈紧平衡态势。在这种形势下，深入落实“藏粮于地、藏粮于技”战略，必须坚持以供给侧结构性改革为主线，加快由增产导向向增产与提质并重转变，筑牢国家粮食安全基础。

一、粮食安全面临的突出问题

（一）耕地、水资源数量和质量双降，粮食生产保障能力提升难度增大

2021年第三次全国国土调查结果公布，全国现有耕地19.18亿亩，10年间减少了1.13亿亩。非粮化、非农化以及地减人增矛盾不容小觑。数量

① 本文完成时间为2020年1月，形成书稿时作了必要的修改。

减少的同时耕地总体质量下降，已成为提高粮食生产能力的主要障碍。一是耕地质量总体偏低，优等地一直在顶格生产，劣等地短期内很难改善。二是建设用地和农业用地之间竞争激烈，耕地占补质量失衡，现有耕地质量下降，黑土层变薄、耕作层变浅、土壤板结、酸化、有机质下降等问题突出。三是水资源面临人均占有少、时空分布不均，13 个粮食主产省区占全国 66% 耕地，拥有不足 40%的水资源，其中在黄淮海流域的人均水资源量仅为全国平均水平的 21%。东北 4 省区 80%的耕地无灌溉条件，海河流域形成大面积地下水漏斗区①。四是农业内源性污染严重，化肥利用率、农膜回收率、畜禽粪污有效处理率低，秸秆焚烧现象严重。以化肥利用率为例，我国粮食作物单位施肥量为 250kg/t，是欧美国家的 2 倍左右，依靠物质投入增产的发展方式难以为继。

（二）气候变化改变了农作物生产种植区域和增大了病虫害活跃范围，粮食稳定生产难度增大

气候变暖可以为部分地区的农业生产创造更适宜的温度条件。比如，我国东北地区近几十年来的大幅升温使得低温冷害情况减少，种植水稻的面积不断扩大，东北地区对全国的稻谷贡献率明显提升，而传统的两广地区则明显下降。

自 1978 年以来，我国南方地区的粮食产量占全国的比例呈下降态势，华北、东北占全国的比例呈明显提升态势。2008 年北方地区粮食播种面积和产量首次超过南方，成为粮食主产区和核心区。2004—2020 年，粮食产量增长了 2 亿吨，增量占比较大的基本在北方粮食主产区，黑龙江、河南、内蒙古、山东、吉林、安徽 6 省增产合计占比达 68. 81%。其中，黑龙江累计增产最多，达 4540 万吨，占增产总量的 22. 7%②。

---

① 陈印军等：《藏粮于地战略与路径选择》，《中国农业资源与区划》2016 年第 12 期。

② 数据来源于国家统计局。

全球气候变暖会使一些病害虫更易越冬、加剧病虫害流行和杂草蔓延、缩短作物生育期、增加作物需水量和施肥量等,造成农作物减产①。同时,气候变化引起的极端天气事件(厄尔尼诺、干旱、洪涝、雷暴、冰雹、风暴、高温天气和沙尘暴等)出现的频率与强度增加,旱涝灾害已成为水稻、小麦和玉米单产提高的主要限制因素。

(三)育种科技自主创新能力不强,增加优质粮食供给面临“卡脖子”瓶颈

2013 年 12 月,习近平总书记在中央农村工作会议上指出,要下决心把民族种业搞上去,抓紧培育具有自主知识产权的优良品种,从源头上保障国家粮食安全②。良种在促进粮食增产方面具有十分关键的作用。据测算,品种的改良能够使粮食单产提高 40%。随着人们对优质粮油需求的增长,粮食作物品种急需升级换代。稳产高产优质的品种不仅是保障粮食安全的源头,也是增加优质粮食供给的关键。种源研制、育种创新等公益性、基础性、前沿性的科学研究存在短板,制约着粮食作物升级换代的需求满足。

(四)补贴政策协调性不够,亟待配合加强

高标准农田建设原则上要求向主要粮食作物倾斜,但在实施过程中难以细化,难以保证高标准农田里种的都是粮食,而且高标准农田建成后随着周边城镇发展,有的 1—2 年后就成了非农业用地。耕地地力保护补贴政策的目标初衷是引导农民提升耕地的地力,但该项补贴资金在发放过程中并没有和地力保护提升的要求相挂钩,实则为普惠制收入性质的补贴。同时,分品种施策主要考虑了不同品种供应保障的战略重要性,但差异化政策会

---

① 莫轩:《全球变暖,农作物减产,虫害却来“火上浇油”?》,2018 年 9 月 17 日,见 https://www.guokr.com/article/445597/。

② 《必须把民族种业搞上去》,求是网,2021 年 7 月 14 日,见 http://www.qstheory.cn/wp/2021-07/14/c_1127655714.htm。

对不同品种间生产要素的市场化配置内生动力考虑不足。如在东北地区同时实行稻谷最低收购价、玉米和大豆生产者补贴政策，虽然政策制定考虑到三种作物的比较效益，但是很难精确精准，影响补贴政策效果，也使农民面临“不知地里到底种啥好”的困境。

二、“两藏”战略分析

（一）“藏粮于地”关键在“地”，核心在“藏”

“藏粮于地”关键在“地”。耕地是粮食生产的命根子，是粮食生产的主要载体。国土资源部门数据显示，88%的人类食物和其他生活必需品是由耕地提供的。首先要保证耕地的面积与数量，再谈如何利用耕地，提高粮食产量。

“藏粮于地”的核心在“藏”。在保证耕地数量的前提下通过多种途径提高耕地的质量。根据粮食供需情况，实行轮作休耕制度，通过增加或减少耕地面积维持粮食供求的大体平衡。休耕制度下粮食生产能力还在，通过休耕还能提高地力，间接提高了粮食生产能力。在聚焦主要品种和优势产区的基础上科学划定并扶持发展重要农产品保护区、粮食生产功能区，严格管理基本农田，确保基本农田量质不降。

（二）“藏粮于技”关键是技，核心在种

耕地有限，技术进步无限。粮食增产技术的不断创新是保障耕地情况稳定下，满足城乡居民粮食增长需要的基础。

种子是“藏粮于技”的核心。国外对育种技术的研发非常关注，通过选育推广抗逆性好，节水节肥节药，品质佳，适宜机械化的绿色新品种，加快品种更新换代。从育种科技进展来看，美国基因编辑作物的商业化进程推进非常快，针对小麦分别于2016年和2018年推出了抗白粉和营养改良技术；

玉米则主打品种，先后推出了低植酸、高油酸等品种。我国与美国在育种方面还有很大差距。

此外，近几年农业用水量有所下降，但 2017 年有点反弹。大力发展节水技术是“藏粮于技”的另一个重要突破口，应鼓励发展多种形式的节水技术。

绿色低碳是“藏粮于技”的重点，通过绿色低碳技术的广泛应用，提高耕地质量和资源综合利用率，减少化肥等资源的投入及其对农业环境的影响，提高粮食综合生产能力。

三、深入实施“两藏”战略的政策建议

（一）用地养地结合，夯实粮食安全产能基础

落实好耕地利用总体规划，从严管控建设占用耕地，从严落实占补平衡制度，落实耕地保有量、永久基本农田建设用地总体规划等约束性指标等。

1. 健全土地用途管制制度

全面落实最严格的耕地保护制度，全面确保永久基本农田量质不降，进一步完善耕地占补平衡制度，防范耕地非农化非粮化，不借土地流转之名，搞非农建设。

2. 强化耕地用途监测与质量监控体系建设

搭建耕地用途监测监管平台和耕地质量、土壤墒情和肥料效果等监测网络，及时跟踪掌握耕地用途和质量动态。

3. 加强规划引导

坚持建管护结合，确保“建成一片、管好一片、用好一片”，切实发挥高标准农田在保障国家粮食综合生产能力上的作用。

4. 稳步推进种植结构调整和休耕轮作制度

在土壤面源污染、重金属、农膜残留污染严重地区，如长江中游有关土

壤污染严重的省份，可以利用南方水稻库存多的机会，加快调整种植结构。在粮食供求形势相对较好且生态环境脆弱地区，适度开展粮食作物轮作，并给予轮作休耕精准补贴。将粮食产能与其他农产品生产有机结合起来，对已经污染的土地进行休耕和修复处理，对节能、环保、绿色、安全等环境友好型农业进行褒奖。加快提升玉米大豆间作机械化水平，积极推广玉米大豆间作模式，促进用地养地结合，提高土地产出率。

（二）优品种提品质，增强优质粮食供给动力源泉

目前，我国粮食单产水平与发达国家相比仍有一定差距，提升空间较大。要把粮食优质高产作为重要导向，全方位多层次推进粮食生产科技创新和成果转化、推广、落地。

1. 加大品种研发投入

加强财政扶持力度，鼓励、支持、引导社会多元资本多渠道综合高效运用，满足研发资金需求，特别是在加强粮食品种资源的研发和利用方面。同时强化转基因技术、基因编辑作物等先进育种技术的研发和储备，大力培育和推广优质高产的粮食新品种，努力提高科技对粮食生产的贡献率。

2. 推行优质粮食品种的集中连片种植

在高标准农田、粮食生产功能区，选用丰产稳产优质抗病广适良种，通过适度规模经营推行单品种的集中连片种植，整村、整乡甚至整县发展符合粮食产业高质量发展的优质专用粮食品种，提高粮食供给优质品率。

3. 加强优质绿色增产增效技术的示范和推广

改变过去大水大肥大药来换取高产的方式，推进化肥、农药使用减量增效和农机农艺结合，促进节水技术、栽培技术、物化技术和机械化技术融为一体，强化技术集成、示范和推广。优化提升良种良法等农艺作业管理水平，通过耕作制度调整、品种培育、科学施肥、养分资源管理、合理灌溉、灾害检测防治、粮食储存管理等技术手段，提高优质粮食供给生产能力。

(三)聚焦“五优联动”,加快优质粮食产购储加销一体化发展

1.针对我国粮食收获季节易发多发的灾害类型,积极开发灵活高效低成本的粮食烘干、清理分级技术及装备,最大限度减少粮食产后损失。实施农户科学储粮专项,按照需求指导配备小规模农户储粮装具,推广规模化农户科学储粮装具。持续发挥粮食产后服务中心功能,推广可持续发展运营模式。

2.加强绿色储粮、生态储粮技术研发推广,推进粮库智能化、管理数字化、调控信息化、交易网络化、环境友好化,实现减损保质增效目标。

3.强化粮油产品健康化导向,积极开发推广适度加工技术,减少营养损失,改善风味口感;加强粮油特别是杂粮的营养健康特性研究,加强细分人群合理膳食结构研究,建立粮油产品营养健康评价体系,指导粮油产品设计开发、产品宣传和科学消费。

4.加强粮食物流技术体系研究,推进优化物流设施布局,发展多式联运,推进物流园区建设,打通重要节点,加快提升粮食智能物流网络、高效运输、多元运输、智能装备技术水平,为加快完善现代粮食物流体系提供有力技术支撑。

5.开展业务流程优化设计研究,建立数据采集整理分析技术体系,加强信息化技术的应用研发,积极推进“互联网+粮食”,加快提升粮食流通管理现代化水平,推动粮食产业高质量发展。

6.充分调动科研人员积极性,加强人才培养和技能培训,加快粮食增长方式从主要依靠物质投入向依靠科技进步、提高劳动者素质转变。

(四)强协调提效益,增强优质粮食供给动力机制

1. 多种途径稳定并提高种粮收益,调动粮食生产积极性

探索实施定向精准补贴制度,保障和调动新型经营主体的生产积极性,提高补贴效率;通过保险、灾害补偿、市场风险补偿等,建立保护种粮农民收

入的稳定机制。加强对种粮大户等新型经营主体的技术指导和服务，提高种植效率。

2. 加强各项政策间的协调性，构建政策联动机制

强化顶层推动和评估，组建权威的、专家型的“两藏”战略综合协调中心，由常设机构和相关领域的专家、学者和一线从业人员参加，协调相关部门的政策，建立直接对国务院负责的第三方监测预警系统，对耕地、水资源及科技状况的数量、质量、投入产出等实施监测和预测，对粮食及食品安全形势进行评估和预警，对其他农作物种植结构调整提出意见和建议，对农产品与畜产品、以农产品为原料的工业品发展提出政策建议和产业政策建议；向国家提出涉及水土资源要素和科技水平的投入方向和调整建议，增强确保粮食等重要农产品重大决策的时效性、准确性和权威性，避免逆向操作，避免部门间推诿扯皮和政令不一。

（执笔人：颜波、陈玉中、亢霞、袁舟航、郝晓燕）

第十二章　关于小麦“最低收购价、限量收购”政策实施情况的研究[①]

随着粮食收储市场化改革深入推进，市场化收购已成趋势。2020 年小麦开始实施“最低收购价、限量收购”政策，限量为 3700 万吨，对我国粮食生产、购销、加工业发展，以及农民收入都产生了较大影响。基于对河北、江苏、山东、河南、湖北、安徽等小麦主产省的书面、电话和实地调研，了解小麦“最低收购价、限量收购”政策执行情况，分析存在的主要问题，提出推进小麦收储制度改革的政策措施建议，对稳定粮食价格、保障农民收入具有重要意义。

一、推进小麦“最低收购价、限量收购”政策实施措施及取得的成效

（一）各地提前做好小麦收购准备工作

2020 年是小麦实施“最低收购价、限量收购”收储政策的第一年。为有效实施小麦限量收购政策，避免出现农民卖粮难等问题，有关各地粮食行政管理部门、政策性粮食收储企业坚持“底线思维”，预先分析研判政策实施

① 本文完成时间为 2020 年 11 月，形成书稿时作了必要的修改。

可能出现的问题和面临的困难，积极作为，超前谋划，制定了收购工作方案和应对预案。河北省和河南省出台了《小麦最低收购价收购工作方案》。江苏省制定了《应急收购工作指导意见》，建立信息报告、收购保障、现场管控等制度；出台了《江苏省粮食流通条例》，为收购工作提供了法制保障。安徽省建立《政策性粮食购销工作联席会议制度》，印发了《进一步加强国家政策性粮食收储和销售出库监管工作的通知》和《国家政策性粮食县级联合监管指导意见（试行）》，切实做好小麦最低收购价购销管理工作。

（二）适时启动和中止小麦最低收购价收购

根据国家发展和改革委员会、国家粮食和物资储备局等五部门《关于完善小麦最低收购价有关政策的通知》要求，自小麦挥镰收割开始，有关各地粮食部门不断监测小麦市场价格，研判变化趋势，在市场价格低于最低收购价格时，及时启动政策性收购。湖北、安徽、江苏、河南等小麦生产大省分别于2020年6月9日、6月10日、6月12日和7月17日启动了政策性收购，使小麦市场价格逐步回归1.12元/斤。当小麦市场价格高于最低收购价时及时停止收购，如湖北省启动最低收购价收购后，小麦市场价格不断上涨，达到1.15元/斤，及时暂停政策性收购；安徽省启动最低收购价后，小麦市场价格由1.04元—1.08元/斤上涨至1.12元—1.16元/斤。小麦政策性收购有收有放，及时准确，起到了保护农民收益的作用。

（三）引导粮食企业入市开展小麦市场化收购

以小麦实施限量收购政策为契机，坚持收储市场化改革方向，各地粮食管理部门不断创造条件，推动粮食企业入市收购小麦。据河北省反映，该省在全省建立了总规模不低于1亿元的粮食收购贷款信用保证基金，银行放贷规模可达6.1亿元；腾仓并库20亿斤，帮助企业破解市场化收购资金和仓储不足等难题。江苏省鼓励各类企业与家庭农场、农民合作社等新型合作主体建立稳固购销关系,完善粮食收购共同担保基金,基金规模达9.3亿元,可保障130多亿粮食收购贷款,确保小麦收购工作平稳顺畅。安徽省积极搭建银企对接平台,创新推动“政银担”合作模式,用好市场化收购信用保证基金政策,加大信贷支持力度,支持58家粮食加工和贸易企业办理贷款4.12亿元用于小麦收购。湖北省粮食部门实地调研小麦收储企业运行情况,及时了解企业经营困难和问题,健全完善收购贷款信用保证基金组建模式和运行机制,推动各项惠企政策真正落地落实,引导促进企业收储小麦。

(四)创新小麦收购方式

各地粮食部门积极探索改革完善小麦收购方式。江苏省研发推广“满意苏粮”农户售粮手机APP,实现了订单种植、卖粮预约和供需对接等目的,目前该APP已覆盖全省2.9万户种粮大户,运用效果较好。安徽省推广“智慧皖粮”售粮排队预警监测系统,避免农民集中售粮排长队,确保收购数量真实。河南省积极探索预约收购、错峰收购等方式,实现小麦收购的计划性和有序性。中储粮公司利用“一卡通”系统,确保政策性收储统一开票、统一结算、直付售粮者本人。

小麦“最低收购价、限量收购”收储政策的实施,保障了农民种植收益,促进了增产增收和粮食产业高质量发展,为推进小麦收购市场化改革创造了条件。据安徽省反映,该省2020年市场化收购422万吨小麦,占收购总量的65%,较2019年提升23%。据河南省反映,该省2020年小麦购销两旺,小麦价格一路上扬,市场收购均价达到1.15元/斤,市场化收购量达到199.2亿斤,比上年同期增加30.5亿斤。据江苏省反映,该省2020年优质品种小麦累计收购87.16亿斤,占入库总量的38.7%。

二、小麦“最低收购价、限量收购”政策实施存在的主要问题

（一）市场预期不稳影响调控效果

2020 年受新冠肺炎疫情、自然灾害、收购政策调整等因素影响，各小麦主产省政策性收购小麦量普遍下降。安徽省在收购前根据夏粮产购预测情况及往年托市收购情况，预计小麦托市收购量 540 万吨，但实际仅收购了 207.7 万吨小麦，小麦最低收购价收购量较 2019 年大幅减少。截至 2020 年 9 月 5 日，河南省最低收购价收购小麦 4.86 亿斤，比上年同期减少 164.02 亿斤。

（二）收购库点布局及权责有待优化

全国小麦最低价收购点数量偏少，布局有待优化，影响农民小麦售卖。从定点责任看，在收购预案中明确中储粮为托市政策执行主体。但据某省反映，执行主体确定的收购定点不足，地方发改（粮食）部门为满足农民售粮需要，不得不单方定点。比如，该省某地级市小麦托市库点 37 个，而当地发改（粮食）部门单方定点就达 26 个。地方发改（粮食）部门对这 26 个库点粮食的监管、验收、库存管理、销售出库及出现的风险等负全部责任，与托市政策执行主体责任相悖。

（三）小麦市场化收购资金保障不足

小麦最低收购价限量收购的一个重要目的是推进小麦收储市场化改革，扩大市场化收购，缓解政策性托市收储和财政补贴的压力。在多元主体入市过程中，“有钱收粮”是关键，但市场化收购资金难以保障。银行为防范信贷风险，对粮食企业的贷款条件提出了较高要求，粮食行业盈利能力有

限，对资金吸引力不足，小麦收购融资难、融资贵的问题比较突出。湖北等地反映粮食金融产品不多，针对性不强，融资渠道有限，难以满足小麦收购资金需求。

（四）县级粮食行政管理部门职能普遍弱化

调研显示，在本轮机构改革中，粮食主产省大多区县没有保留独立的粮食管理行政机构编制，职能普遍弱化。如安徽、河南等地的区县普遍是挂靠在县发展改革委，人员编制 2—3 人，或以原县粮食局为基础成立县粮食和物资收储中心，为科级事业单位，没有行政执法权。随着粮食收储市场化改革，粮食收储和市场调控管理责任将下沉，县级粮食行政机构与其承担的粮食安全责任不匹配，影响国家粮食政策贯彻实施。

三、完善小麦“最低收购价、限量收购”政策和推进小麦收储制度改革的建议

（一）合理确定收购限量，完善价格形成机制，稳定市场预期

1. 根据总量平衡确定全国限量

全国小麦政策性收购限量规模由中央政府根据总量平衡需要和库存量确定，可以设定某一固定年份为基期或连续多年份平均收购量为基数，每年根据上年的市场情况和库存规模适度扩大或缩小收购量，逐年调整，形成合理的小麦收购限量规模。中央根据各省小麦的生产消费，以及常年政策性收购情况，向小麦主产省下达合理的政策性收购限量。设定的限量规模可作为中央对地方小麦政策性收购支持的依据。

2. 各地根据具体情况合理确定收储规模

小麦各主产区结合国家对本省的小麦政策性收购限额，以及本省现有库存规模、以往的购销规模、当地小麦供需等情况制定本省小麦的限量收购

规模区间。区间下阈值是当地居民小麦年消费量的25%(保障三个月消费量),充分保证小麦市场宏观调控的需要;上阈值是在一定程度上解决当地农民小麦卖粮难的收储量。该区间的小麦收购量,既保障了当地居民小麦基本消费的需要;又解决了当地农民小麦销售难的问题,保障了农民小麦种植收益。

3. 根据小麦生产成本合理确定最低收购价水平,逐步推向“价补分离”,探索订单收购

小麦最低收购价格水平以小麦种植成本为基础,结合小麦供需情况、库存量,以及政府掌控政策性小麦的需要,合理地制定小麦最低收购价水平。逐步推行“市场定价、价补分离”,建立粮食价格的市场形成机制,充分发挥市场在稳定粮食生产、保障种粮收益、促进粮食流通等方面的决定性作用。借鉴江苏“满意苏粮”APP、安徽“惠三农”APP的创意,各省级政府按照中央核定支持的小麦限量收储规模以订单形式组织收购。地方粮食收储管理部门年初在专业网络平台上发出一定规模的小麦收购订单,订单收购总量依据各个地方小麦限量收购规模确定,单个订单规模根据当地小麦种植规模实际情况和推动小麦规模化种植需要来确定。新型小麦生产经营主体在平台上申请订单,并按照订单要求安排当年小麦生产,小麦收获后销售给指定范围的小麦收储点,完成订单小麦生产销售任务,并获得小麦种植相关补贴。中储粮、地方政府粮食储备企业从平台上获取收购订单,完成小麦收储任务。在未实行“价补分离”时,小麦订单价格为最低收购价水平,实行“价补分离”后,小麦订单收购价格实行随行就市,小麦生产补贴与订单收购量直接挂钩。

(二)落实粮食安全责任制,加大地方党委政府在政策性粮食收购中的责任

1. 地方政府主导小麦政策性收储工作

为夯实粮食安全责任制,使地方各级党委政府拥有保障粮食安全的重

要抓手,根据中央核定的小麦政策性收购限量年度计划规模,给予地方政府一定的转移支付,委托省级政府承担对政策性库存的支出责任,将收储权力调至各省级政府。各省根据实际需要增加收购库点,合理布局收购库点。

2. 加强县级粮食行政管理部门力量

根据保障国家粮食安全的需要,强化县级粮食行政管理部门力量,定职能定编制,充实人员,筑牢县级粮食管理运行安全机制。加强县级粮食行政管理部门对政策性小麦订单收购的监管,落实相关政策,组织粮食新型生产主体申报小麦订单,核实订单粮食生产条件,按照订单要求落实小麦生产,帮助粮食新型生产主体销售小麦,帮助粮食新型生产主体申报小麦生产补贴。

(三)积极引导多元市场主体入市收购

1. 鼓励引导多元市场主体入市收购小麦

鼓励国有粮食企业加强与新型小麦生产经营主体、加工企业的联合经营,增强小麦购销能力。通过税费减免、经营条件支持等多种措施鼓励小麦购销商、小麦加工企业、饲料生产企业等多元主体入市收购小麦。通过减免小麦运输过路费和补贴运输费用等方式,促进主产区小麦外调外销,搞活小麦市场流通,防止出现市场无人收粮的问题。通过税费减免、财政补贴、免费技术支持等措施,促进粮食产后服务中心的发展,鼓励产后服务中心为种粮人、粮食购销和加工企业提供全方位、多元化优质服务。

2. 充分发挥各类粮食交易平台的作用

发展"互联网+粮食",积极发展粮食电子交易平台,鼓励交易平台创新交易方式和提供粮食交易、物流、信息、金融等综合服务,拓宽农民粮食销售渠道。

3. 完善粮食市场化收购资金保障

发挥政策性银行作为小麦收购资金主渠道的作用。引导政策性银行围绕普惠金融、"三农"、乡村振兴等设立专门的业务或管理部门,建立专门团队从事粮食收购金融业务,加强金融产品创新,为小麦市场化收购提供资金支持。积极利用社会资金支持小麦市场化收购。在国家层面出台粮食收购共同担保基金的筹集和管理办法，规范共同担保基金的使用。适当增加粮食收购贷款信用保证基金规模，扩大信用保证基金适用范围，规范信用保证基金的贷款流程。推动保障基金和担保基金制度长远持续发展。引导地方政府建立市场化收购贷款业务的风险补偿机制，有条件的地方可由政府直属的投融资公司对小麦市场性收购贷款提供全额保证担保。

（执笔人：陈玉中、胡文国、王娟、贾小玲、李慧强）

第十三章　关于粮食产村融合发展模式的研究[①]

为贯彻实施国家乡村振兴战略、粮食安全战略，我们赴吉林省吉林市、湖北省荆州市、贵州省黔西南州、四川省自贡市、德阳市、绵阳市、成都市等地，开展了关于“粮食产村融合发展模式”的专题调研，采用座谈讨论和实地调查等方式，广泛听取地方粮食部门、乡村管理部门、粮食企业、合作社、农户等的意见建议，研究总结了几个粮食产村融合发展模式。

一、“村企合一”发展模式

吉林市东福集团是一家集科技研发、水稻种植、农机服务、稻米加工、仓储销售、杂粮生产、土特产加工、玉米烘干、畜禽养殖、生物肥研制、秸秆燃料加工于一体的农业产业化国家重点龙头企业。2010年，东福集团将粮食产业发展与吉林市孤店子镇大荒地村的乡村建设发展融为一体，创建了“村企合一、村企共建”的产村融合发展模式。

1. 村企合作，实现“村企共建”经营

2010年3月，大荒地村与东福集团实行村企合作方式，企业董事长任村党委书记，协调企业发展和村建设，实现村企发展的统一协调、统一调度。

2. 土地集中流转，实现规模化经营

在保证农民自愿和土地经营权不变的前提下，将全村780公顷土地全

① 本报告完成时间为2018年12月，形成书稿时作了必要的修改。

部进行流转。村委会成立水稻种植公司,对流转后的土地进行统一管理,包括工厂化管理、机械化耕种、集约化经营。同时,村种植公司与东福米业公司签订水稻生产订单,既保证了种植公司产品销售,又解决了企业原粮来源问题。

3. 推行粮食全产业链发展

东福集团与吉林市农业科研院等科研院所创新实践"6+6"生产经营模式,抓住"种子选育、测土施肥、生物防治、农机作业、精深加工、品牌销售"6个关键环节,凝聚"土地流转、社会服务、基础建设、溯源管理、农村电商、金融服务"6个支撑要素。并率先建立了国家质监总局物品编码中心推广的GS1质量追溯体系,实现全过程绿色可控生产、全产业链发展。

4. 村民变员工,实现"就地就业"

参加土地流转的农民可自愿加入东福集团就业,集团高薪聘用"种田能手"。对于未加入东福集团就业的农民,公司支持他们围绕东福集团相关业务需求自主创业。

5. 企业大力支持乡村建设,实现"农民上楼"居住

村党委委托东福集团建设农民新居,已建设农民新居30栋住宅楼,9.6万平方米,容纳908户村民入住,实现农民集中居住。同时配套建设老年公寓住宅、社区医疗中心、文化休闲中心、自来水厂、污水处理设施、集中供热等设施。

6. 地方政府主管部门积极推动,大力支持村企融合发展

吉林市农业和粮食部门通过政策引导、资金扶持、典型带动、服务对接等措施,大力培育新型农业经营主体,促进土地集中流转。推进全市稻米产业向种植规模化、生产标准化、品牌高端化、营销市场化的方向发展。创建"1+4+N"品牌营销模式,在一张"中国粳稻贡米之乡·吉林市"的白金名片大旗下,"大荒地"作为中国驰名商标,与"万昌""舒兰"等成为吉林市重要的品牌代表。

二、“产村(镇)融合”发展模式

(一)福娃集团—新沟镇“产镇融合”发展

福娃集团有限公司成立于1993年6月,位于湖北省荆州市新沟镇。在20多年的发展过程中,福娃集团与新沟镇逐渐形成“产促镇,镇推产”的融合发展模式。

1. 依托当地丰富粮源建设原料生产基地

福娃集团通过订单合同、土地流转等方式在监利县全境23个乡镇以及周边潜江、仙桃、洪湖等地区建设了120万亩原料生产基地。同时,福娃集团成立福昌农资公司,为基地农户统一提供优质、放心、低价的农资。

2. 优价推进土地流转

福娃集团在监利县新沟镇、周老嘴镇等地以780元/亩的高价格进行土地流转,集中土地自建稻田综合种养示范基地3万亩,同时还采取“反租倒包”、加盟及合作社自建基地等方式发展“稻田综合种养”。

3. 利用金融支农政策发展农合经济组织

福娃集团牵头组建福娃三丰专业合作联社,在监利县完成了新沟、朱河、汪桥等28个育秧工厂分社的建设工作,并选择三丰农机、嘉润农机等10家分社直接入股840万元,采取入股不分股,各分社自主经营的发展模式。公司借助金融部门支持“三农”发展的政策,为“福天下”和“三丰”农机分别担保贷款2000万元和210万元,助力合作社做大做强。

4. 推动生态农业发展

高举“生态牌”,福娃集团与华中农大、中科院水生所、湖北省农科院、武汉市水生蔬菜研究所建立了产学研一体化战略合作关系,并得到湖北省水产技术推广总站挂牌支持,抓好水源地及单个养殖田块的水质监测,推广现代种养技术。建设“生态、优质、特色、高效”的小龙虾、泥鳅、藕带及其他名贵水产品种养殖基地,大力发展生态养殖业提高经济效益。

5. 建立“福娃打工社”

各村组建“福娃打工社”,组织农民到福娃基地做农业工人。各“福娃打工社”的农民接受福娃集团的免费培训后上岗就业。

6. 大力实施品牌拓展

注册“福娃龙庆湖”商标,专营小龙虾活体销售,并注资成立了“福娃龙庆湖”生态农业公司和龙庆湖小龙虾交易中心,年经营小龙虾 10 万吨,约占全国总产量的六分之一。

(二)荣县粮食“产村融合”发展

荣县是全国产粮大县,是四川省首批唯一国家农业可持续发展试验示范区,承担着农村综合改革实验区、增加农民财产性收入改革试点县、农村产权抵押融资试点县等全省十余项农村改革试点工作。该县在发展过程中,国有粮食收储企业、荣县阳光农业发展有限公司、自贡市雄丰粮油有限公司、四川大农和农业开发有限公司等民营企业与合作社、种粮农户精诚合作,逐渐走入粮食产村融合发展之路。

1. 发展订单农业

依托粮食龙头企业、农业合作社签订种植订单合同,以高于市场价 10%—20%标准收购粮食,并将加工销售环节利润及时返利给农户。

2. 创新入股方式

探索项目资金量化入股、土地入股等方式吸引社会资本注资。将财政生产性项目资金资产收益扶贫试点项目资金折股量化给农户,组建合作社入股农业龙头企业,由农业合作社与龙头企业根据拟发展项目确定的投资规模,合股组建产业发展新公司,按各方出资比例确定公司股份,并采取“保底收益+按股分红”的方式。全县目前已将 2675 万元项目资金量化给 8 个专合社 5534 名社员,撬动近 3 亿元社会资金投入到农业生产。另外,还采用“公司+农户+种养殖专业大户”的模式,以现金出资、土地折资入股,市场化运行，盈利按股分红，亏损按股共担。

3. 打造特色农产品基地

强力推进“中稻+再生稻”粮食产业基地建设，采用“稻菜轮作”“畜—沼—菜”“稻—鱼/虾—稻”等种养循环模式提高土地利用率。荣县再生稻核心示范区亩产381.37公斤。

4. 推动企业开展“六农对接”

农科对接，四川大农和农业开发有限公司与浙江大学合作研发萌动糙米新工艺，以规模化、标准化优质原料基地种植符合生产胚芽米的优质原料开发萌动糙米。农网对接，开发“大农和云”“大农汇”，拓展“农村社员电商+城市社群电商”路径。农校对接，通过食堂托管、食材供应、建立科普基地等形式完成从农田到餐桌的种植标准化、配餐营养化、用餐清洁化、服务精准化全过程的校园食品安全工程。农餐对接，利用大农和农业公司优质稻订单基地，建设稻虾（澳洲小龙虾）共存模式，建设四川省内规模最大的集“种、繁、推”于一体的澳洲龙虾稻虾养殖基地，已建成基地2000亩。农超对接，公司与荣县惠友、摩尔百货、自贡俊霖商贸合作，进入商超、副食店100多家。农旅对接，公司在旭阳镇望江村、长山镇五通村澳洲龙虾基地建成农业观光、采摘、垂钓、农耕体验于一体的活动中心、虾类展览科普中心，引进了草莓、蓝莓、姑娘香、向日葵、费约果等水果和观赏、常青植物，打造婚纱摄影基地、农产品体验中心，形成农旅精品线。

5. 银政企协同

培育“新型粮农”。一方面，政府加大资金投入。2017年投入“三农”发展资金29.4亿元，并出台最高奖励100万元激励新型农业经营主体办法，采取“以奖代补、先建后补”方式，扶持培育各类农业经营主体。另一方面，加大金融扶持，创新农村产权抵押融资方式，制定生物资产预期收益和农业生产设施预估价值“两本目录”；建立助保贷、信用保证贷款和扶贫贷款风险补偿基金；推行高粱、土豆等区域性特色农业保险试点。

三、"特色小镇+特色产业"融合发展模式

贵州泛亚实业集团成立于2013年,位于贵州省黔西南州兴仁县。集团主营以薏仁米为核心的大健康产业和生态旅游业。

1. 政企合作共筑特色小镇

泛亚实业集团与兴仁县人民政府签订了兴仁县生态经济区综合开发战略协议,建设136平方公里的"中国薏仁生态经济区"。2018年初已完成投资13.5亿元,辐射人口16万人,带动就业人数3000余人。

2. 实行"公司+专业合作社+农户+基地"的产业化经营

公司为基地农户免费提供种子、肥料、技术指导等生产所需物资与技术,并以保护价与合作社签订薏仁米种植收购协议,合作社再与农户签订种植收购协议,提高农户种植积极性。同时还采取规范化、区域化、换种法、建立数据库等方式进行田间实验和管理,实现基地机械化耕种。建设集薏仁米仓储物流、产品展销、加工研发等功能于一体的国际薏仁米交易中心,为黔西南薏仁米产业对外扩张、推动产业链纵深发展提供平台。

3. 构建薏仁米种植、加工、销售、服务各环节的利益联结机制

公司按高于政府规定的最低保护价收购薏仁米,与公司、合作社签订过种植收购合同的农户以每公斤高于市场1元的价格进行收购,其中价差的0.5元归合作社,0.5元归农户。

4. 抓好电商销售

泛亚集团积极应用"互联网+"平台,组建电商机构,引进电商专业人才,开展薏仁米精深加工产品的网上销售,同时丰富其他地方农特产品系列,实行线上和线下销售相结合。公司现已在"阿里巴巴""京东"等平台上建立了网上销售渠道。

5. 地方政府不断强化推进薏仁米特色产业发展

兴仁县政府成立了专门的薏仁米产业发展办公室,把薏仁米当作第一

产业加以重点发展，先后出台了《关于进一步加快薏仁米产业发展的意见》《关于成立创建国家级出口薏仁米质量安全示范区领导小组的通知》等一系列文件。加大资金扶持力度，县财政每年预算资金1000万元以上用于薏仁米生产企业贷款贴息和奖补。2013年以来，全县金融机构共投入信贷资金10亿元以上支持薏仁米产业发展。不断加大对产品研发的支持，目前申报产品发明专利15项，包装外观设计专利8项，产品发明专利10项。

四、粮食“产业园区”融合发展模式

四川政府搭台建立了各类涉粮农业功能区，其中包括物流产业园、加工产业园、休闲观光体验园等，并依托园区发展精品粮油等主导产业，同时与生态观光休闲旅游有机融合，实现“城、产”融合发展。

1. 仓储物流加工园区

成都青白江现代粮食物流加工产业园区内有成都红旗油脂有限公司、益海嘉里（成都）粮食工业有限公司、九三集团成都粮油食品有限公司等9家企业。2017年，现代粮食物流加工产业园区年产值合计21亿元。其中，以成都粮食集团为代表的龙头企业打造了覆盖粮食储备、物流、贸易、销售等粮食多环节产业，带动粮食物流上下游产业发展，增强了行业影响力和区域带动力。该园区在提高物流效率、树立品牌形象等方面整合了资源，促进了资源凝聚，为园区企业发展提供了机会。

2. 全产业链产业园区

中粮成都产业园是落实中粮集团“全产业链”战略下的样板产业园项目，是西南地区最大的农产品加工基地和仓储物流基地，为全川粮食调控提供有力保障，也是“北粮南运”的西部主通道基地。成都“花中花”、“双胞胎”饲料、大北农牧科技等一大批粮油企业落户的新津县还建设了天府农博园，形成以都市休闲农业为主导、农产品精深加工为特色的产业结构，积极培育高科技农业、会展农业、总部农业等新业态，打牢了产村融合的农企对接产业基础。

3. 农旅结合园区

绵阳市安州区规划了以油菜种植、加工、观光为主的农业主题公园，筹划了以科普教育展示、休闲观光农事体验为特色的“世界食用植物油种植加工体验式博物园”。以农旅结合为特色的产业园区打造了多元经济的共生空间，吸引各方社会资本和资源融入产业发展，带动了区域农民增收致富。

五、几点思考

（一）粮食产村融合有助于贯彻实施乡村振兴战略、健康中国战略、粮食安全战略

粮食产村融合发展，能有效调动社会力量和工商资本，促进城乡资源要素良性互动，激发乡村的资源优势和发展潜力，培育乡村发展新动能，补齐城乡发展差距短板，推动乡村振兴战略的贯彻实施。通过创新粮食产业发展方式，提升粮食产业发展质量和经济效益，实现农业农村经济多元化发展，保障农民获得合理收益，调动农民种粮和地方抓粮的积极性，促进农业增效、农民增收，推动粮食产业经济可持续发展，保障国家粮食安全。在推动粮食产村融合发展中，东福发展优质稻，福娃开展稻虾种养殖，荣县开展稻虾、稻蛙、稻鱼以及有机粮食产品，促进健康中国建设。

（二）建立粮食产村融合发展示范点发挥示范作用并加强推广

目前来看，一些地区已根据粮食行业发展特征，结合村情镇情，推动土地流转，发挥地缘优势，发展订单粮食、发展优势产品、构建互联网平台等，形成了合适有效的发展模式，如上述的四种典型模式，其他地区可以借鉴。但也要认识到，目前有关粮食的产村融合发展规模不大，数量不多。需要在

全国范围内选择几个具有代表性的地点建立示范点，国家和地方政府从政策、资金、技术等方面加大扶持力度，促进其快速发展。充分发挥示范点的示范引领作用，加强推广，在全国更多地方建立符合当地粮情、地情和特色产业的粮食产村融合发展区。

（三）粮食产村融合发展有待进一步研究

结合目前粮食产村融合“以产带村，以村促产”发展经验来看，虽然取得了带动区域优质粮食发展、大幅提升农民收入、推进城镇发展等成效，但也依然存在着一些问题，如，在粮食产村融合发展过程中，对粮食安全重视不够、乡村粮食产业发展不“兴旺”、利益联结机制不“紧密”、融合动力不足、服务配套滞后等一系列问题，需要后续进一步加强研究与完善。

（执笔人：颜波、陈玉中、胡文国、王娟、周竹君、贾小玲）

第十四章　关于我国生物燃料乙醇发展情况及方向的研究①

当前，国家粮食安全形势总体向好，粮食等重要农产品供给安全，但玉米价格呈现上涨态势，以粮食为原料生产燃料乙醇发展将使粮食产需缺口进一步扩大。在国内资源紧平衡状态下，发展粮食为原料的燃料乙醇已不可持续，亟待在合理利用现有产能的基础上，加快推动非粮燃料乙醇发展。

一、生物燃料乙醇发展的情况与存在问题

受20世纪70年代中期石油危机影响，世界各国加大了石油替代能源的开发，生物燃料乙醇工业得到快速发展。当前，全球最大的生物燃料乙醇生产和消费国仍然是美国，其2020年产量占全球总产量的53%，主要原料是玉米，年玉米使用量占其国内玉米总产量的30%以上。世界上第二大生物燃料乙醇生产和消费国，也是最早实现全覆盖车用乙醇汽油的国家是巴西，其燃料乙醇替代了国内约一半以上的汽油，2020年产量占全球总产量的30%，主要原料是甘蔗。我国是世界第三大生物燃料乙醇生产和消费国，2020年生产约236万吨，占全球总产量的3%②。

---

① 本文完成时间为2020年11月，形成书稿时作了必要的修改。

② RFA, *Annual World Fuel Ethanol Production*, https://ethanolrf a.org/statistics/annual-ethanol-production/.

（一）成效显著

在国内粮食生产结构性过剩、缺乏有效转化手段、农民增产不增收、陈粮问题突出等形势下，2000 年我国启动了生物燃料乙醇生产和车用乙醇汽油推广使用试点工作，经过 20 年的发展，我国生物燃料乙醇产业在促进陈粮库存最大值利用、促进能源供给多元、改善环境等方面，发挥了重要的调节器作用。同时，生物燃料乙醇产业的发展，增加了国内 DDGS 供应，改善了饲料来源结构，创造了就业，对促进国民经济发展发挥了积极作用。

1. 生物燃料乙醇是粮食生产的推进器和安全的调节阀

截至 2019 年底，以定点生产企业范围的统计口径计算，我国累计生产和消费燃料乙醇 2700 多万吨，消耗玉米、小麦、水稻、木薯等 9000 多万吨（折标粮），其中消耗人畜不能食用的超期超标粮食 3500 多万吨，有效减少了粮食浪费。通过建立粮食原料生产规模弹性调控机制，促进了国内粮食生产和消费的良性循环，进一步增强了国家对粮食市场的调控能力，提升了粮食质量安全水平。

2. 生物燃料乙醇进一步优化了能源结构

随着我国经济快速发展，原油供给安全压力增加，原油供需矛盾日益突出。根据国家统计局数据，我国原油对外依存度已从 2010 年的 53. 8%提高到 2019 年的 70. 8%。目前，国内加工 1 吨原油可产 0. 239 吨汽油和 0. 328 吨柴油，使用 1 吨生物燃料乙醇相当于少使用近 4. 2 吨原油中的汽油。以此计算，燃料乙醇作为传统石化能源的替代品之一，累计生产和使用生物燃料乙醇 2700 多万吨，相当于减少进口原油 1 亿吨，优化了能源供给结构，降低了石油对外依存度。

3. 生物燃料乙醇使用有力地促进了环境保护

燃料乙醇作为一种清洁能源，是目前唯一可以大规模替代汽油等燃料的一种可再生液体燃料。与纯汽油相比，燃料乙醇的使用不仅可减少温室气体排放，而且还能够减少汽车尾气中颗粒物、一氧化碳、碳氢化合物等有害物的排放，对治理大气污染发挥了积极作用。美国农业部能源首席经济学家办公室2018年8月8日发布报告①称，美国玉米乙醇全生命周期的温室气体排放比等热值汽油减少39%，而使用天然气为动力的燃料乙醇工厂的燃料乙醇温室气体排放比等热值汽油减少43%。

（二）主要问题

从全球范围看，受新冠肺炎疫情影响，全球粮食物流供应体系受阻，而且全球粮食生产体系分布不均衡，导致全球粮食价格结构性上涨。国内粮食供求总体平衡，受国际市场传导影响，部分品种价格出现结构性上涨。从战略看，受国内水土资源制约，当前生物燃料乙醇产量中87%的原料来源是玉米，以粮食为原料的燃料乙醇发展难以为继。

1. 玉米燃料乙醇发展已无经济合理性

按产区玉米价格每斤1.12元计算，生产玉米燃料乙醇价格达到每吨7300元，相当于国际油价每桶70美元，已高出国际油价水平。单纯从经济效应上看，发展玉米燃料乙醇已无合理性。

2. 粮食原料生物燃料乙醇发展已无资源可行性

玉米收储制度改革以来，不断巩固结构调整成果，防止非优势区玉米面积大幅反弹，玉米供给总量稳步增加。2020年我国玉米总产量较2017年增加160万吨②，远低于燃料乙醇玉米的年消耗量。随着居民消费结构转型升级，国内肉、蛋、奶消费迅速增加，对饲料粮特别是玉米的需求刚性增长，缺口逐步扩大。我国生物燃料乙醇发展长期遵循的“不与人争粮、不与饲争粮”的首要前提受到刚性制约。为此，以粮食为原料的生物燃料乙醇发展已无可行性。

---

① Lewandrowski J., Rosenfeld J., Pape D., et al., *The greenhouse gas benefits of corn ethanol-assessing recent evidence*, *Biofuels*, 2019, pp.1-15.

② 数据来源于国家统计局。

3. 燃料乙醇汽油推广受阻

社会各界对生物燃料乙醇认识不够充分，一些地方甚至限制生物燃料乙醇应用，导致生物质能发展受到制约。例如，湖北省自2006年1月1日起在9个地市封闭使用乙醇汽油，2014—2017年仅有武汉、孝感、随州3市使用乙醇汽油。广西、内蒙古、山东等省(自治区)情况更是不容乐观。据《中国能源报》报道，2020年11月初，中石化徐州停止供应92号乙醇汽油，安徽宿州、山东临沂、枣庄等多地也已开始或准备停止供应乙醇汽油，转供普通汽油。这一消息引起舆论高度关注，造成停售的直接原因是燃料乙醇汽油价格上涨，乙醇汽油价格倒挂；根本原因是当前乙醇汽油对玉米、小麦、稻米等粮食作物的依赖大，乙醇汽油的生产和使用是能源问题，更是粮食问题。

4. 定价机制有待完善

2011年燃料乙醇定价①调整为93号汽油出厂价乘以0.9111。我国生物燃料乙醇生产成本主要受玉米价格变化的影响，而玉米市场与国际原油市场并没有直接关联，这种定价方式使价格难以客观衡量生物燃料乙醇的市场价值，正确配置市场资源，生产商因此面临更高的市场风险。另外，生物燃料乙醇生产企业议价能力弱，成品油批发经营企业不按国家定价政策采购，企业经营风险高。

二、发展纤维素乙醇的现实性、技术性、经济性分析

纤维素乙醇作为二代生物燃料乙醇，是产业未来发展的方向。受粮食供求状况和国际石油价格影响，“十二五”期间，我国陆续出台生产补贴、税收优惠、政府指导销售价格等一系列政策，积极促进非粮生物液体燃料领域发展，鼓励建设生物液体燃料生产和车用乙醇汽油试点，同时启动了燃料乙

---

① 国家发改委:《国家发展改革委办公厅关于调整变性燃料乙醇结算价格的通知》(发改办能源〔2011〕316号)，2010年8月30日。其中，0.9111为乙醇汽油调配销售成本的价格折合系数。

醇产业非粮化改造升级工作。2014 年国家对以粮食特别是玉米为原料的生物燃料乙醇产能进行了限制,2015 年针对生产粮食燃料乙醇的定点企业,取消先征后退增值税政策;针对调配车用乙醇汽油的粮食燃料乙醇,恢复征收 5%的消费税。为解决政策性库存高企和超期超标玉米消纳处理问题,2017 年提出“到 2020 年,在全国范围内推广使用车用乙醇汽油,约新增 1000 万吨燃料乙醇产能”目标①。2019 年年底,覆盖全国的推广计划转变为“鼓励但不强制”。2020 年,在能源监管重点任务清单②中,仍然专项监管乙醇汽油推广,对安徽、江苏、山东等地乙醇汽油推广运行情况进行监管。

(一)现实性分析

发展非粮燃料乙醇的原料主要有木薯、甘蔗和秸秆、木屑等纤维素。由于秸秆、木屑等纤维素在我国资源分布广、数量大,且具有可再生性,其作为发展非粮燃料乙醇原料具有较强的可获得性、稳定性和可持续性。发展纤维素乙醇清洁能源,不仅可以减少秸秆废弃、焚烧带来的环境污染和病虫害问题,还能降低对粮食原料的需要压力。

在国际上,纤维素乙醇在美国和巴西有着较为成熟的经验可借鉴。在国内,提出到 2025 年纤维素乙醇规模化生产、技术、装备、产业要与国际领先水平看齐③。据统计,我国每年约有 1.5 亿吨秸秆可用于生产燃料乙醇。若按照 5:1 的秸秆生产与燃料乙醇测算比例,潜在的以秸秆为原料的纤维素乙醇年产量可接近 3000 万吨,是目前粮食原料燃料乙醇产量的 10 倍,是国家确定全覆盖目标 1000 万吨的 3 倍,可以满足国内需求,并有适当拓展余地。

---

① 国家能源局:《关于扩大生物燃料乙醇生产和推广使用车用乙醇汽油的实施方案》,2017 年 9 月 13 日,见 http://www.gov.cn/xinwen/2017-09/13/content_5224735.htm。

② 国家能源局:《2020 年能源监管重点任务清单》,2020 年 4 月 15 日,见 http://zfxxgk.nea.gov.cn/2020-04/15/c_139104794.htm。

③ 国家能源局:《关于扩大生物燃料乙醇生产和推广使用车用乙醇汽油的实施方案》,2017 年 9 月 13 日,见 http://www.gov.cn/xinwen/2017-09/13/content_5224735.htm。

（二）技术性分析

纤维素乙醇发展已有相对成熟的技术积累，世界共计有近2000个机构或个人在纤维素乙醇领域申请了专利。在工业化进程中，美国投入力度较大，已建设若干个2000万加仑以上的商业化生物乙醇示范厂。我国纤维素生产燃料乙醇技术日趋成熟，已初步建立了秸秆原料收集供应模式，掌握了纤维素酶生产工艺，实现高底物浓浆酶解发酵，已开发出万吨级标准化装置模块，完成万吨级成套工艺包开发，能耗、物耗下降，综合利用水平提升。据调研了解，我国有3家规模不等的纤维素乙醇研发中试装置企业，其中1家企业实现了万吨级装置运行（以玉米芯废渣为原料）。国投生物在黑龙江省海伦市正在筹建2.5万吨纤维素乙醇产业化示范项目，计划2021年施工建设，2022年投产。

（三）经济性分析

小秸秆，大产业。发展纤维素乙醇不仅可以减少秸秆焚烧对空气的污染，还能增加农民收入。据有关专家测算，按照一套年处理30万吨玉米秸秆、年产5万吨的纤维素乙醇装置，约直接产生200—300个就业机会。通过收集、打包、运输、贮存玉米秸秆，又可产生约1500个就业机会。这样一套装置间接带动周边农户年增收可达1.5亿元，不仅具有直接的经济效益，而且具有明显的社会效益和生态环境效益。

三、未来燃料乙醇发展的建议

从发展国内外燃料乙醇的历程和经验来看，燃料乙醇发展的现实必要性和能源战略保障性是毋庸置疑的。但是，我国不像美国、巴西等国资源富裕，发展生物燃料乙醇必须基于我国人口众多、耕地资源稀缺的国情，探索既能解决好突发的粮食结构性过剩问题，又能适情采用一部分过剩粮食生产燃料乙醇的调节机制，但绝不扩大化。从效率看，粮食原料的燃料乙醇不应作为发展方向，但是由于粮食生产的周期性波动，部分粮食品种阶段性过剩时有发生，在库存压力大时，不得不通过燃料乙醇生产调节。从战略看，当前以粮食为原料的燃料乙醇将直接消耗玉米等粮食约 3600 万吨，增加了粮食工业消费 2 个百分点，加剧国内玉米供求关系紧平衡的态势，推动玉米价格上涨，有可能传导到小麦、稻谷等口粮品种，危及粮食市场稳定。立足长远，发展战略方向应瞄准非粮燃料乙醇尤其是纤维素乙醇产业。

因此，我国发展生物燃料乙醇的总体思路是：必须坚持“不与人争粮、不与饲争粮”不动摇、坚持“确保粮食安全、确保食品安全”不动摇，充分利用现有粮食原料燃料乙醇产能与食用酒精互换，在玉米等部分粮食品种高库存情景下随时调串、科学调控、定向生产；将纤维素乙醇作为燃料乙醇发展的主攻方向，加强顶层设计，完善财税扶持政策，突破关键核心技术，充分利用国内大市场优势，加快纤维素乙醇商业化应用。

（一）加强顶层设计，推动制定出台《非粮燃料乙醇“十四五”发展规划》

推动制定出台《非粮燃料乙醇“十四五”发展规划》，规范和指导非粮燃料乙醇发展，进一步明确非粮燃料乙醇发展方向、目标定位、任务举措等，并将非粮燃料乙醇发展有关内容纳入国家产业整体中予以统筹考虑。加大产业化示范应用推广，明确适度规模，建议纤维素乙醇规模不超过 3000 万吨；合理布局，推动纤维素乙醇就近加工；完善纤维素乙醇支持管理等政策措施，倡导和鼓励制定纤维素乙醇企业参与秸秆收运储工作的相关政策。合理利用现有粮食原料燃料乙醇产能，鼓励企业科学转产，技术改造升级，与食用酒精串换生产。鼓励粮食燃料乙醇企业与上下游企业合作，通过市场化方式，进一步整合资源、兼并重组、瘦身健体、提质增效。

（二）加大科技创新，大力支持纤维素乙醇产业化发展

充分利用国际纤维素乙醇转型的有利时机，加大研发力度，大力发展新兴技术，突破纤维素乙醇技术关键点，增强技术话语权。重点是建立纤维素乙醇自主知识产权的技术体系，在工业菌株、核心酶等“卡脖子”的关键环节，加强进口核心替代技术攻关，在基因工程、菌株筛选等基础性的生物技术方面，大力发展、更新升级。利用基因工程，通过戊糖和己糖发酵的菌株，实现半纤维素向乙醇的高效率转化。在纤维素预处理技术和装备方面，进一步加大集成优化和完善，降低纤维素乙醇生产综合成本。

（三）加大政策统筹，出台纤维素乙醇针对性财税扶持政策

参照国外成熟做法和国内相关领域经验，统筹现有秸秆利用补贴政策，对纤维素乙醇提供专项补贴，推动纤维素乙醇产业发展。据国投生物和中粮肇东测算，1 吨纤维素乙醇总生产成本为 6900 元，其中每吨酶制剂成本 2000 元，占总生产成本的 29%；原料成本 2500 元，占 36%；预处理设备成本以及财务费用等约为 2400 元，占 34%。若能将目前黑龙江秸秆处理六大补贴（秸秆还田作业补贴、秸秆离田利用补贴、秸秆还田离田机具购置补贴、“三年行动计划”相关补贴、秸秆离田作业补贴、散煤替代补贴）用到纤维素乙醇生产，纤维素乙醇生产成本能够大幅降低；若纤维素乙醇得到较大商业化应用，现有每吨酶制剂成本也可下降 1000 元左右。单这两项成本节约，就可使纤维素乙醇与粮食燃料乙醇成本大体相当。若国家能在技术创新等方面给予一定的补贴，则可使纤维素乙醇在市场中具有较强的竞争力，加速产业化应用推广。

此外，利用中央预算内资金对纤维素乙醇工业示范项目提供专项资金支持，重点扶持一批纤维素乙醇产业化示范项目建设，使其尽快成为生物燃料乙醇的供应主体。加快我国纤维素乙醇规模化、产业化进程，加强纤维素乙醇优先消纳权，明确要求成品油批发经营企业足额消纳纤维素乙醇，并对

纤维素乙醇企业产品在销售量、价格上给予差别化保障。对非粮燃料乙醇产业发展提供信贷额度，审慎制定产业规范和统一标准，稳步增强产业市场竞争力。

（四）进一步完善机制，建立生物燃料乙醇价格形成联动机制

结合国内成品油价格和税制改革等有关情况，完善定价机制，制定灵活的与市场结合的燃料乙醇结算价格、亏损补贴机制。逐步完善行业管理和规范市场，健全产业标准体系。建立原料成本、燃料乙醇价格、油价联动机制以及醇电联产机制等。

（执笔人：颜波、亢霞、袁舟航、郝晓燕）

第十五章　关于多措并举规制粮食损失浪费的研究[①]

粮食损失浪费是全球性问题,根据联合国粮农组织数据,全球每年浪费的食物高达16亿吨,其中可食用部分达到13亿吨。减少粮食损失浪费成为全球共识,世界许多国家都出台相关法律法规和政策,采取相应措施节粮减损。我国是粮食生产消费大国,同时粮食损失浪费也比较严重。我国要用世界9%的耕地、6%的淡水资源养活近20%的人口,保障粮食安全压力大,既要开源,又要节流。采取多种措施减少粮食损失浪费具有重要意义,也很紧迫。

一、节粮减损所作的努力和取得的成效

我国粮食损失浪费数量较大,特别是粮食消费环节,受传统消费习俗影响,铺张浪费较大。习近平总书记曾指出,餐饮浪费现象,触目惊心、令人痛心!粮食损失浪费是耕地、淡水等各种农业生产资源的损失浪费,节粮减损就是节约资源,减少农业消耗和排放,就是开发“无形粮田”,实现“无地增产”。我国长期以来一直在采取措施减少粮食损失浪费,但还需要进一步加强。

① 本文完成时间为2020年11月,形成书稿时作了必要的修改。

（一）粮食损失浪费涉及粮食产业多链条、多环节

联合国粮农组织的数据显示，每年损失浪费掉的粮食够养活全球1/8的人口。根据欧盟委员会的调查，欧盟国家每年浪费的食物多达9000万吨，人均180公斤。美国农业部监测数据显示，美国食物垃圾占食物供应的30%—40%，浪费掉的粮食总量高达6250万吨。

粮食损失浪费涉及粮食产业链的产购储运加销和消费各环节。收购环节，由于不完善的基础设施、机械质量参差不齐等原因，易造成收获损耗。田间运输和清粮（晒场）作业，农户路边晒粮以及烘干不及时霉变、碎粒等，易造成清理损失。农民农用车售粮易存在粮食汽运抛撒损失。仓储环节，部分农户储粮装具简陋、保管水平低，以及地趴粮等易导致鼠害、虫害、霉变等损失。受出入库作业方式、储藏技术水平低以及储粮生态环境较差等影响，粮库储粮存在部分损失。粮食仓储倒仓、倒垛过程中存在遗撒损失。运输环节，粮食运输装卸、运输设施落后，专用运输设施不足，散运比例偏低，存在遗撒和碎粒损失。汽铁水联运比例低，运输工具对接不及时，以及部分粮食与其他货物混运，存在运输损失。加工环节，过度追求成品粮亮、白，粮食过度加工，出品率降低。小型粮食加工企业低水平粗放式加工，存在加工损失。粮食加工副产物综合利用率较低，如米糠、谷壳、麸皮、胚芽等没有得到有效利用。消费环节，在粮食产品加工成食品（或食物）过程中的原材料遗弃，以及不合理烹饪，造成粮食浪费。传统团餐制就餐、铺张浪费、公共食堂不合理配给、过度消费等，导致在餐桌上浪费的食物也较多。

（二）推进节粮减损是再造“无形良田”

当前，我国是世界上人口最多的国家，粮食需求量巨大，但粮食生产资源不足，每年进口粮食在1亿吨以上，相当于进口约8亿亩耕地。在“十四五”时期和未来十五年，我国人口总数仍将保持增长，人民群众消费需求从“吃得饱”向“吃得好”“吃得健康”转变，促使我国粮食消费将长期保持增

长趋势,紧平衡很可能是我国粮食安全的长期态势。我国粮食播种面积连续多年稳定在17亿亩左右,2017年至2019年累计减少4000多万亩,虽然2020年比2019年增加了1000万亩,但稳面积任务依然艰巨①。全国水资源综合规划成果显示,我国多年年均缺水量为536亿立方米,其中农业缺水约300亿立方米。2018年,我国耕地灌溉面积占比仅为50%左右②。未来工业化和城镇化的持续推进,还将会占用一些耕地和淡水资源。随着未来粮食需求峰值的逼近,耕地、淡水等资源不足问题更为明显,人地矛盾、农工用水矛盾将更加突出。

粮食生产是耕地、淡水、电力、人力、资金等资源的综合投入过程,根据专家核算,每生产1吨粮食大概平均需要2.6亩耕地、1000—2000吨水以及一定财政资金等公共资源,推进节粮减损是减少耕地、淡水等资源投入,相当于再造“无形良田”、增加“淡水供给”和节约财政资金等。节粮减损,提高粮食生产率,在有限资源约束下增加粮食“有效”供给,提高人们营养水平,对世界粮食安全也是重大贡献。同时,粮食生产、加工和消费过程也是大量碳排放过程。据联合国粮农组织估计,粮食损失浪费产生的温室气体排放占全球总排放量的8%,减少粮食损失浪费可以较大幅度减少碳排放量,降低对生态环境的压力。

(三)推进节粮减损取得明显成效

我国历来重视减少粮食损失浪费,据不完全统计,全国已出台的30余个全国性和地方性的法规、规章和政策,都针对粮食损失浪费提出了相关要求。在法律层面,《农业法》规定,国家提倡珍惜和节约粮食,并采取措施改善居民的食物营养结构。在法规层面,国务院出台了《中央储备粮管理条例》,江苏省出台了《粮食流通条例》,贵州省出台了《粮食安全保障条例》,

① 数据来源于国家统计局网站。
② 数据来源于国家统计局网站。

都有涉及减少粮食损失浪费的相关规定。在规章层面，国家发展改革委2009年出台了《粮油仓储管理办法》，2016年出台了《粮食质量安全监管办法》；北京、黑龙江、江苏等省（直辖市）出台了省级储备粮管理办法等10余个地方性规章，均对降低仓储等环节粮食损失浪费作出规定。在政策层面，2010年国务院办公厅印发的《关于进一步加强节约粮食反对浪费工作的通知》，中办、国办印发的《关于厉行节约反对食品浪费的意见》，原国家粮食局2010年出台的《切实加强节约粮食反对浪费工作的实施意见》，以及2020年国家粮食和物资储备局出台的《关于创新举措加大力度进一步做好节粮减损工作的通知》等10余项政策，对节约粮食提出要求、发起倡议。

在国家粮食和物资储备局以及原国家粮食局的统筹和积极推动下，针对粮食收购、储藏、加工、包装、运输、消费等各环节，在全国粮食行业持续多年开展了优质粮食工程、农户科学储粮专项、“粮安工程”建设规划、“智慧粮库”建设、原粮“四散”运输、“粮食适度加工”等节粮减损专项行动，取得了较好的节粮减损效果。我国大力推进的优质粮食工程，到2020年底建成4000多个粮食产后服务中心，粮食损耗浪费和霉变损失平均降低4个百分点。根据相关专家调查评估，农户科学储粮专项使庭院储粮损失、“粮安工程”和“智慧粮库”建设使粮食仓储损失、原粮“四散”运输使粮食运输损耗的损失率都有一定程度的下降。

二、国外规制粮食损失浪费的做法

欧盟、美国等国家农业资源非常丰富，粮食生产能力很强，粮食安全保障水平较高。但基于粮食生产涉及土地、淡水等自然公共资源投入和生态环境的消耗，以及巨额农业补贴和财政支持，为了促进资源的可持续利用和粮食生产可持续发展，保障贫困人口的粮食安全，这些国家仍然通过制定战略明确目标、发起倡议唤起参与、出台政策引导方向、制定法律规范行为等方式对粮食损失浪费进行规制。

（一）欧盟主要通过出台法律和政策、发起战略和采取集体行动等措施减少粮食损失浪费

欧盟很重视节粮减损，采取多种措施推动成员国减少粮食损失浪费。一是通过立法建规推进节粮减损。欧盟为提高资源效能及可持续利用，针对废弃物再循环利用，自 2008 年以来先后颁布了《欧盟废弃物框架指令》《资源高效利用路线图/要点》《欧盟废弃物立法》等法规，将反对食物浪费纳入预防浪费与废弃物再循环利用的相关战略中，强调以预防为主、兼顾再利用和循环利用。二是通过出台政策支持节粮减损。欧盟制定食品标识规定、食品安全规定、食品标准规定、食品再分配政策和食品补贴等政策，引导消费者减少粮食浪费。如欧盟提出要在食品包装上清楚地注明“此日期前最佳”和“此日期前食用”，并制定了更加明确的消费标识规定，希望借此帮助消费者减少粮食浪费。三是制定预防损失浪费战略。欧盟先后制定了《欧洲 2020 年增长战略》《欧洲零售行动计划》等战略，创新措施提高食品利用率，并制定准则，以推动欧盟粮食损失与浪费削减目标实现。四是动员多方力量采取集体行动。欧盟建立各层面粮食损失浪费相关数据库，包括从个体企业到多利益相关方，为政府出台更有效的政策和采取更有效的行动提供数据支撑。组织高等院校、政府机构、消费者和企业等各方面力量，改进对粮食损失与浪费的监督，共同推动节粮减损行动。

（二）美国强调机构合作、政策支持等措施削减粮食损失浪费

美国是粮食生产大国，同时也是粮食浪费大国，政府主要通过加强机构间合作、提供资金支持和鼓励食物捐赠等方式减少粮食损失浪费。一是建立机构间协调合作机制。2018 年，美国农业部、环境保护署和食品药品监督管理局联合签署了“减少食物浪费的倡议”，致力于有效利用政府资源减少粮食损失和浪费；2019 年，三部门与减少食物浪费联盟合作，联合公共机构、非营利性组织或社会公众，协调开展节约食品宣传教育工作，提高人们

的认识,推动向有需要的人捐赠安全食品行动,鼓励消费者采取行动减少粮食损失和浪费。二是为节粮减损活动提供资金支持。美国农业部以提供低息融资方式帮助生产商建造或升级存储设施,从而减少粮食收获后的损失。提供农产品增值生产商奖励计划,通过提高产品加工附加值、优质产品溢价出售、废物再利用等方法,提高农产品价值,减少粮食损失和浪费。三是优化食品标签指南。美国农业部要求食品标签上统一标注"在某日前食用最佳",方便消费者对食物的安全性和质量作出判断,帮助提高食品回收率,减少食品浪费。四是开展食物捐赠活动。美国农业部出台《爱默生比尔·撒玛利亚良好食品捐赠法》《美国联邦食品捐赠法》《内部税收法》等法案,鼓励民众向有需要的人捐赠食物,减少食物浪费。

三、规制粮食损失浪费的举措建议

为认真贯彻落实习近平总书记关于要加强立法,强化监管,采取有效措施,建立长效机制,坚决制止餐饮浪费行为的重要指示精神,结合开展节粮减损工作实际情况,应多措并举、综合施策,有效减少粮食损失浪费。

(一)制修订法律法规,规制粮食损失浪费

借鉴发达国家减少粮食损失浪费做法,从法律制度层面加强推进节粮减损工作。一是积极推进粮食安全保障法和反食品浪费专项立法。节粮减损是保障粮食安全的重要内容,要大力推动"粮食安全保障法"尽快出台,在该法中应有节粮减损的相关规定。要重点加强对粮食收购质量要求、粮食储藏条件、粮食运输条件、粮食加工条件、粮食副产物综合利用、粮食产品分配利用,以及粮食产业链各环节节粮减损措施等方面进行有效规范。推进优质粮食工程、"智慧粮库"建设等节粮减损专项行动。加强反食品浪费专门立法,对一定规模的食品加工企业、商超卖场、餐馆和学校食堂等单位的剩余食材和食物处理方式、食品售卖方式,以及消费者的铺张浪费和食物

丢弃等行为进行经济制约。二是修订完善现有法律法规。修订《食品安全法》,对粮食产品标识、粮食产品安全标准、食物保质期标识、食物消费安全、临近保质期食物和过期食物处理作出合理规定,减少丢弃浪费,鼓励食尽其用等。三是明晰节粮减损各类主体法律责任与义务。节粮减损是各级政府、市场经营主体、行业组织、消费者共同的责任义务,需通过立法予以明确。中央政府要加强节粮减损的顶层设计,修订节粮减损相关法律政策制度,制定节粮减损战略,发起节粮减损号召;统筹实施绿色仓储提升等专项行动,设立国家相关科研专项,支持开发推广体系化节粮减损相关技术,统筹协调全产业链节粮减损行动。地方政府应当根据国家节粮减损基本要求和战略制定适用于本地情况的节粮减损具体行动计划,全面实施国家节粮减损战略和相关法律法规,引导组织粮食经营主体充分利用好各项优惠政策。市场经营主体、消费者要积极主动在食品生产、制造、销售、消费等各个阶段采取有效措施减少粮食损失浪费。各级政府应当采取必要的财政和其他必要措施,保障有关减少粮食损失浪费的措施得以有效实施,并支持市场主体实施节粮减损计划。

(二)完善政策措施,引导节粮减损

完善《粮食企业信用监管和联合惩戒办法》,严格执行《粮油仓储管理办法》《粮油储藏技术规范》《粮油储存安全责任暂行规定》《粮油安全储存守则》等制度,抓紧制定粮食损失浪费衡量标准和核定办法、节粮减损措施和奖惩办法等具体政策。制定支持农户、企业储粮的优惠措施,无偿提供技术帮助农户、企业科学储粮。提供必要的资金、人力等,加大政策执行力度。

(三)建立健全标准,树立节粮减损标杆

制修订粮食收获机械设施标准、收购品质标准、加工标准、储存设施标准、"四散"运输标准等工作标准,以及粮食加工出品率、粮食仓储损失率、加工副产品循环利用率等减损标准。推进建立粮食生产、收储、加工、运输、

销售、消费等各个环节的生产经营工作规范。为节粮减损立“标杆”，为粮食损失浪费划“红线”，为奖惩损失浪费定规立矩。

（四）建立监测监控体系，加强粮食损失浪费监管

建设粮食损失浪费动态监测体系，精准掌握全链条、各环节粮食损失浪费情况。建立粮食浪费对生态影响的指标评估体系和数据库，核算被浪费粮食资源能源投入和生态排放污染，系统评估粮食浪费对生态的影响。定期发布粮食产业链各环节损失浪费情况报告，加强粮食损失浪费监管，对涉及粮食损失浪费责任主体提出整改警示。建立节粮减损奖惩制度，既要对粮食利用效率不达标的经营者进行惩罚，更要通过税费减免、资金支持等方式奖励经营规范、利用率超标准的经营者。

（五）突出重点领域重点环节，应用新技术节粮减损

围绕节粮减损重点领域、重点环节，持续深入推进实施节粮减损专项行动，及时总结经验，巩固放大成效。在生产环节，加强排涝抗旱水利设施建设，大力实施植物保护工程和病虫害统防统治，建立健全防灾减灾体系。提高粮食收割机械化程度和现代化水平。在收购环节，重点提高粮食烘干率和推动产后服务发展。在仓储环节，实施绿色仓储提升行动，建设绿色低温仓储设施，推动农户和粮库储粮先进技术应用，出台减少地趴粮计划。在运输环节，发展新型粮食运输装备，提升粮食运输现代化和装卸智能化水平，促进“四散”技术和铁海联运发展。加大中央财政对粮食主产区及中西部财力薄弱地区的支持力度，继续将仓储物流设施等建设作为财政支农重点领域。在加工环节，推广新技术、新工艺、新设备，严禁过度加工、提高出品率，大力发展粮食加工副产物综合利用。

（六）引导科学消费，制止餐饮浪费

大力倡导合理、健康的饮食文化，推动餐饮消费习惯从“顿顿有余”向“杜

绝浪费,够吃就好”转变。大力开展“光盘行动”,鼓励顾客点半份菜和剩饭打包。以机关、学校、企事业单位食堂等为重点,开展食堂节粮示范行动,通报浪费行为。健全节约用餐、文明用餐标准,引导餐饮企业适应绿色发展理念、转变服务方式。严禁餐饮企业过量推销,引导消费者理性消费、合理消费。

(七)发起减少粮食损失浪费倡议行动,加强节粮减损教育

一是发起节粮减损倡议,提高公众认识,以低成本实现节粮减损。制定节粮减损战略,发起减少粮食损失浪费倡议,搭建合作平台,发挥政府部门节粮减损示范效应,广泛发动群众积极参与。增强公众节约粮食意识,弘扬勤俭节约传统美德,转变粮食消费习惯和消费理念,防止“舌尖上的浪费”。二是加强粮食安全和节粮减损宣传教育。坚持节约粮食从娃娃抓起,将粮食安全和爱粮节粮教育纳入国民教育体系,通过进课堂、入动画、上游戏等生动鲜活“接地气”的形式,强化少年儿童爱粮节粮意识。充分发挥粮食安全宣传教育基地、基层社区的组织宣传作用,健全爱粮节粮宣传长效机制。在“世界粮食日”“全国粮食安全周”“粮食和物资储备科技活动周”等重要时点,加强粮食安全和节约消费宣传,营造爱粮节粮的浓厚社会氛围。

(八)完善“中国方案”,积极响应联合国号召

落实习近平总书记“中方倡议适时召开国际粮食减损大会”重要指示精神,大力开展节粮减损,积极响应联合国减少粮食损失浪费倡议,在国内率先实现粮食安全保障。积极支持并参与联合国2021年举行的首届“粮食系统峰会”,制定行动纲领,推进粮食可持续发展,协助联合国2030年在全球实现“零饥饿”目标。总结好我国规制粮食损失浪费的法制体系建设、政策支持、战略部署和实施行动的有益经验,完善“中国方案”,彰显“中国之治”,体现大国担当,提升我国国际地位。

(执笔人:颜波、胡文国、王娟、李慧强、贾小玲)

第十六章　关于全球粮食安全格局变化与用好两个市场两种资源的研究①

当今世界面临百年未有之大变局,新冠肺炎疫情使大变局加速演进,我国经济正在加快形成以国内大循环为主体,国内国际双循环相互促进的新发展格局。必须顺应新发展格局,基于国际粮食安全格局的变化和国际国内资源禀赋和市场潜力,加快构建不同侧重的粮食领域双循环格局,更好地利用两个市场两种资源、增强多维度保障国家粮食安全能力。

一、全球粮食安全格局时空变化分析

(一)《经济学人》智库的全球粮食安全指数

英国《经济学人》智库发布的全球粮食安全指数是目前国际上较为认可的权威指数体系。自 2012 年起,该机构主要利用联合国相关统计资料和数据,每年发布《全球粮食安全指数报告》,用于衡量全球 113 个国家的粮食安全状态,为了解威胁全球粮食安全的因素提供了一个分析框架。全球粮食安全指数指标(GFSI)体系确定了 4 个一级指标、26 个二级指标和 42 个三级指标的测量体系。其中,一级指标包括 3 个核心指标(粮食购买力、

① 本文完成时间为 2020 年 9 月,形成书稿时作了必要的修改。

供应力、质量与安全)和1个风险调整指标(自然资源与韧性)。粮食安全指数满分设为100,分值越高表示粮食安全状况越好。

(二)基于GFSI的全球粮食安全格局演变分析①

全球粮食安全状况正在逐步改善,粮食购买力增长强劲,质量与安全问题得到重视。但是区域发展不均衡问题突出,粮食供应能力徘徊不前,自然资源可持续开发及抗风险能力减弱。总体来看,全球粮食安全形势依然严峻。

1. 全球粮食安全指数水平差距逐渐缩小,欧洲、北美地区粮食安全状况普遍较好,亚太、中南美洲、中东和北非地区状况接近全球均值水平,撒哈拉以南非洲地区状况堪忧

2017—2019年,全球粮食安全状况明显提升,全球粮食安全指数(GFSI)均值从57增长到63,增幅10.5%。2019年全球粮食安全指数分区域排名依次为,北美>欧洲>中东和北非>亚太>中南美洲>撒哈拉以南非洲。

但是粮食安全状况较好的地区并未明显提升,以撒哈拉以南非洲为代表的粮食安全状况较差的地区反而有较大幅度改善,粮食安全指数水平的差距在逐渐缩小。三年期间GFSI前十名国家的均值一直保持在83,而GFSI后十名国家均值增幅27.6%,增幅远高于全球均值。

2. 全球粮食安全指数中购买力指标增长较为强劲,供应力指标相对稳定,质量与安全指标略增,自然资源与韧性指标明显下滑

2017—2019年,GFSI中一级指标发生显著变化,不同地区的同一指标波动较大、涨跌互现。购买力指标明显提升,且指标落后地区的增长较为显著。全球均值分别为55、56、68,增幅23.6%。北美和欧洲得分较高,其次是亚太、中东和北非、中南美洲,撒哈拉以南非洲得分最低。单项指标前十名国家均值分别为85、87、89.4,增幅5.2%;后十名国家均值分别为18、20、

① 数据来源于英国《经济学人》智库粮食安全指数数据库。

36.5，增幅50.7%，与全球均值、前十名国家差距仍然很大。

供应力指标总体相对稳定，但指标落后地区的得分仍在下降。三年期间，全球均值分别为59.4、60.3、59，得分变化不大。但不同地区表现差异大，北美、欧洲、中南美洲、中东和北非地区的购买力得分明显下降，亚太和撒哈拉以南非洲增长显著。单项指标前十名国家均值分别为79.8、84.8、83.4，得分有小幅增长；后十名国家均值分别为36.8、37.4、35.3，得分呈下降趋势。

质量与安全指标略涨，指标落后地区增幅较大。全球三年均值分别为58.7、58.2、61.0，增幅3.9%。除北美和欧洲外，其他地区的质量与安全指标得分都表现出显著的增长趋势。单项指标前十名国家均值分别为86.7、85.3、88.6，增幅2.2%；指标后十名国家均值分别为25.7、26.0、28.0，增幅8.9%。

自然资源与韧性指标全面下降，指标落后地区的下降幅度更大。全球三年均值分别为62.5、62.2、57.1，降幅达8.6%。其中，单项指标前十名国家均值分别为78.8、78.9、72.7，降幅7.7%；后十名国家均值分别为47.1、46.0、42.2，降幅10.4%。

（二）全球粮食安全状况格局演变原因

1. 欧洲、北美的粮食安全状况持续向好，主要得益于经济基础好，自然资源丰富，技术水平高等因素，但需要警惕自然风险、腐败、区域内部差异扩大等因素对粮食安全造成的威胁

北美和欧洲的经济基础好、基础设施完备、投入产出水平高、自然资源丰富、抗灾能力强，其购买力、供应力、质量与安全指标连续三年（2017—2019年）均排全球第一位和第二位。由于西欧和东欧之间在营养标准、农业基础设施等关键指标方面存在显著差异，以及乌克兰、俄罗斯和塞尔维亚等一些国家的政治稳定和腐败等给区域粮食安全带来了风险，导致欧洲相关指标得分落后于美洲。相对全球其他地区来说，欧洲不容易受到自然资

源限制和气候变化的影响，同时欧盟对自然资源和气候相关风险非常重视，出台了一系列措施，所以该区域的自然资源与韧性指标在全球排名第一。美洲由于墨西哥的土地和水质贫瘠、加拿大容易遭受干旱和洪水以及沿海富营养化等，导致自然资源与韧性指标落于欧洲之后。

2. 亚太地区、中东和北非、中南美洲的粮食安全状况较为稳定，主要得益于当地基础设施建设以及政府政策支持等因素，但要警惕亚太地区的自然资源与韧性以及中南美洲、中东和北非的供应力下降现象

亚太地区有一定的经济基础，铁路等交通运输条件好，农业基础灌溉设施水平相对较高，保障了当地的粮食供应能力。但是腐败、食物多样性对粮食安全形势产生较大威胁，特别是亚太地处环太平洋板块，地壳活动频繁，地震火山等引发的山洪海啸等次生风险，以及干旱、洪涝、海平面上升等气候相关的自然风险很高，对地区粮食安全极为不利。中东和北非位于阿拉伯海湾，石油等资源丰富，收入水平较高，在粮食购买力和质量安全方面有较强保障，但是政治动荡以及极端气候变化对粮食安全产生较大威胁。中南美洲经济发展水平较差，粮食购买力、供应力指标均处于倒数第二位，且由于食品价格持续上涨、物流基础设施差以及政治动荡等因素引发的经济压力，给地区粮食安全保障造成不利影响。

3. 撒哈拉以南非洲的粮食安全状况有所改善，主要得益于政府对保障粮食安全采取的相关措施，如粮食储存、风险预警等，但地区贫困程度高、农业基础设施差、投入过低、自然灾害多、政局不稳定等因素加剧粮食安全形势的不确定性

撒哈拉以南非洲地区收入水平低，很大程度上依赖国际援助缓解当地的粮食危机，加上政治不稳定、冲突和经济停滞以及不断加剧的城市化和人口增长，进一步限制了该地区的粮食系统发展，给当地粮食安全造成极大不利影响。

综上，以美国、加拿大为代表的北美地区，以法国、俄罗斯为代表的欧洲地区，其耕地、水等自然资源丰富、经济发展水平高、基础设施完备，其购买

力、供应力、质量与安全都属世界前列。泰国、哈萨克斯坦等亚太地区交通运输条件好,农业基础灌溉设施水平相对较高,其供应力指标得分较高。以巴西、阿根廷为代表的中南美洲,耕地资源丰富,未来供应力增长潜力较大。以南非、肯尼亚、尼日利亚等为代表的撒哈拉以南地区后备耕地资源丰富但基础设施差,农业生产投入需求潜力较大。

二、利用两个市场两种资源的路径分析

(一)小麦两个市场两种资源利用路径分析

我国小麦供需格局整体宽松,但优质小麦仍存在缺口,总体呈现阶段性供大于求的局面。为满足国内对优质小麦的需求,我国以进口国外优质麦为主,来源主要集中在美国、加拿大、澳大利亚和法国等国家。但近年来,小麦进口结构逐步优化,对澳大利亚、美国的进口依赖性有所降低,对加拿大、哈萨克斯坦、法国等新兴市场的进口份额增加。

我国小麦主要进口国别集中在澳大利亚、美国、加拿大、俄罗斯、法国和哈萨克斯坦等国家。从变化趋势看,澳大利亚和美国所占份额总体上呈现出先上升后下降的趋势,而加拿大所占份额总体上呈现稳步增长趋势。除此之外,近年开始从法国、哈萨克斯坦、俄罗斯等国进口。

根据世界小麦种植分布与出口市场格局,推进小麦进口多元化战略,拓展来源渠道,降低单一市场集聚风险,构建国际粮食贸易合作新格局。在目前国际小麦市场中,要巩固传统的小麦进口国,拓展哈萨克斯坦、俄罗斯、乌克兰等黑海地区国家的合作。这些黑海地区国家位于丝绸之路,与中国地理距离较近,GDP 近年来也呈现出总体上升的趋势,生产状况和经济状况良好,有很大的发展空间,正在发挥其价格优势和区域优势。我国可以充分利用与共建“一带一路”沿线国家的经济合作优势,进一步扩大与这些国家的小麦贸易。此外,法国是欧洲最大的小麦生产国和出口国,目前我国国产

小麦以中低筋品种为主,蛋白质含量较低,满足不了国内生产面包所需高筋小麦的巨大需求,因此也需要进口欧洲高筋小麦,两国小麦贸易合作于2019年取得突破,预计还有较大合作潜力。

(二)稻谷两个市场两种资源利用路径分析

我国稻谷年度供需基本平衡,市场基本面宽松,进口来源地主要集中在东南亚地区。东南亚地区是稻谷的主产地,稻谷年产量在1.5亿吨以上,占谷物的60%以上。稻谷也是东南亚地区唯一一个净出口的粮食品种,年出口量在1000万吨以上。缅甸、柬埔寨、老挝、泰国、越南的稻谷产出稳定,为其优势作物,稻谷出口量占世界稻谷出口总量的40%左右①。

世界大米年贸易量为4800万吨左右,印度、巴基斯坦、泰国、越南是主要出口国。我国在仓储物流、农机农资、生产加工等方面可与这些国家开展合作。一是仓储物流合作。通过收购、参股、新建、改造等多种方式,参与稻谷仓储、港口、码头、运输物流等基础设施建设与运营,合作推动重点港口、产业园区、物流园区建设,建设临港产业园,提升综合运输能力。二是农机农资合作。在具有资源禀赋和产业基础但农业基础条件较差的国家,开展农机装备和农资等合作,提高合作国农业发展水平。在区域贸易协定的框架下,降低对农机设备出口的通关费用。三是生产加工合作。共建境外粮食合作示范区,在农业资源丰富、生产成本较低的国家和地区,加大投入力度,形成生产加工能力,支持境外农业全产业链发展。当前我国与东南亚国家开展食品加工合作的空间较大,可在东南亚地区开展委托加工、建设出口加工区等。

(三)玉米两个市场两种资源利用路径分析②

我国玉米国内供需呈紧平衡态势。随着玉米收储制度改革,2016年我

---

① 数据来源于联合国联农组织(FAO)数据库。

② 数据来源于美国农业部。

国玉米产量开始下行,2020 年产量相比 2015 年下降 1.6%。2017 年产需差额由正转负,库存消费比走低。进口量不断增加,进口来源地较为集中。2020 年我国进口玉米 1129 万吨,主要进口来源国为美国和乌克兰等。受单产提高和消费需求支撑,未来我国玉米生产和消费都将继续增长,产需整体仍将持续呈紧平衡,玉米进口将进一步扩大。

从生产看,全球玉米生产主要集中在北美洲,种植面积最大,占世界近一半,其次为亚洲、欧洲、拉丁美洲和非洲。主要生产国为美国、中国、巴西、欧盟、阿根廷、乌克兰、墨西哥、印度、加拿大、印度尼西亚、南非和俄罗斯等国家和地区,其中前三大生产国产量超过全球总产量的 60%。

从贸易看,玉米出口排名前 11 位的国家(地区)依次是美国、阿根廷、巴西、乌克兰、俄罗斯、欧盟、巴拉圭、塞尔维亚、南非、缅甸和加拿大,玉米出口总量合计占全球玉米出口总量的 90%以上。美国、巴西、阿根廷、乌克兰四国玉米出口量占世界出口总量的 80%以上。

从优势潜力看,美国、阿根廷、巴西、乌克兰和俄罗斯玉米产量和出口量具有较大优势和潜力。美国是全球玉米第一生产国和出口国,单产水平是世界平均水平的 2 倍。据美国农业部预计 2029/30 年度产量和出口量达 4.05 亿吨和 6477 万吨。阿根廷玉米单产水平较高,且播种面积一直呈增长态势,预计 2029/30 年度产量和出口量达 5665 万吨和 3957 万吨。巴西玉米单产水平略低于世界平均水平,随着单产水平的不断提高,巴西对世界玉米的出口量会有更大的贡献,预计 2029/30 年度产量和出口量达到 1.37 亿吨和 4761 万吨。乌克兰玉米产量和出口量近年来大幅增加,预计 2029/30 年度产量和出口量达 3871 万吨和 3125 万吨。俄罗斯幅员辽阔,可耕种面积大,玉米产量和出口量均具有较大潜力。近年来产量一直维持在 1100 万吨以上,但产量波动较大整体为上升趋势,单产水平仅为 4.9 吨/公顷,远低于世界均值,具有较大提升空间,播种面积总体为增加趋势,预计 2029/30 年度产量有望达到 1401 万吨,出口量为 494 万吨。

通过鼓励和支持国内企业与美国、加拿大、阿根廷等国贸易商签订长期贸易协定的方式，稳定玉米进口，降低市场风险。巩固和扩大与乌克兰、俄罗斯、老挝、缅甸的玉米投资合作，加强全产业链合作，稳定贸易规模。重点支持仓储、内航码头、铁海联运枢纽等环节的投资合作，构建道路联通、贸易畅通的玉米进口保障体系。探索培育印度尼西亚、乌拉圭、南非、埃塞俄比亚为我国玉米进口备选国，加快开展印度尼西亚、乌拉圭、南非、埃塞俄比亚等国农业资源和生产评估，系统谋划重点产品海外布局，加强海外农业投资的规划指导和信息服务，加强农产品进口与外交、外贸政策协同配合。

（四）大豆两个市场两种资源利用路径分析①

我国大豆供需缺口较大，对外采买率高。受国际市场挤压和国内政策影响，我国大豆生产波动下降，近几年来在国家支持政策刺激下，生产有所恢复，但缺口巨大，对外采买率超过 80%。大豆进口主要集中在巴西、美国和阿根廷，同时还积极扩大俄罗斯、加拿大等国家和其他地区进口。随着国内经济发展和居民消费结构升级，作为饲料蛋白主要来源的大豆需求仍会刚性增长。受资源禀赋影响，从中长期看，我国大豆供给缺口仍会较大，需大量进口。

从生产看，全球大豆生产主要集中在南北美洲，占世界大豆产量近 90%。主要生产国为美国、巴西、阿根廷、中国、印度、巴拉圭、加拿大、乌克兰、俄罗斯和乌拉圭等国家和地区，其中前三大生产国产量超过全球总产量的 80%。

从贸易看，巴西、美国、阿根廷、巴拉圭和加拿大五国出口总量占全球大豆出口总量的比重超过 90%。随着中国等新兴国家居民消费转型升级，畜产品需求将继续增长，从中长期看，世界大豆贸易量继续增长，据美国农业部预计 2029/30 年度全球大豆出口量将达到 1. 87 亿吨。

从优势潜力看，巴西、美国、阿根廷、加拿大和俄罗斯大豆生产和出口量

① 数据来源于美国农业部。

具有较大优势和潜力。巴西大豆种植效益较好，在国际大豆市场需求快速增长带动下，巴西大豆产量快速增长。从中长期看，巴西大豆产量和出口量仍将保持增长态势，预计 2029/30 年度产量和出口量分别为 1.58 亿吨和 9744 万吨。美国大豆通常在 5 月或 6 月初种植，收获期从 9 月下旬到 10 月，与南美大豆可以形成较好的季节互补。近年来，美国大豆种植收益不断下滑，继续扩大种植规模可能性较小，预计 2029/30 年度产量和出口量分别为 1.28 亿吨和 6096 万吨。阿根廷大豆种植效益非常好，远高于巴西和美国。近年来，阿根廷大豆种植面积增长迅速，预计 2029/30 年度产量和出口量分别为 6770 万吨和 942 万吨。加拿大大豆产量稳步增长，预计 2029/30 年度产量和出口量分别为 831 万吨和 579 万吨。俄罗斯种植的大豆是非转基因大豆，近年来大豆产量快速增长。俄罗斯可开发潜在耕地面积位居世界第二，大豆单产水平较低，大豆产量提升空间很大，但是受本国消费转型升级影响，俄罗斯大豆消费量也快速增长，产不足需，需要进口大豆弥补缺口。从中长期看，俄罗斯大豆产量继续保持增长态势，预计 2029/30 年度产量为 517 万吨，出口量为 85 万吨。

稳定与巴西、阿根廷、美国大豆进口，加强与巴西、阿根廷、乌拉圭等南美洲国家合作，鼓励企业通过订单农业与大豆种植者建立稳定的供应关系，通过参股、并购、合资合作等方式开展粮油仓储设施、码头港口、远洋船队建设，完善南美地区大豆产业链、供应链。挖掘周边地区大豆产业合作潜能，与俄罗斯、乌克兰、哈萨克斯坦等国开展育种、试种和技术合作，加大仓储物流设施投资，建设具备一定规模的大豆生产加工基地。

三、政策建议

（一）分品种加快构建粮食领域双循环格局

认真贯彻“谷物基本自给、口粮绝对安全”的新粮食安全观，在稳定稻谷、小麦供给总量的基础上，坚持以国内大循环为主体，通过深化农业供给侧结构性改革和粮食收储制度改革，深入推进优质粮食工程，充分发挥市场配置资源要素的决定性作用，更好发挥政府作用，加快推动生产结构调整和优化，提高口粮供给质量。要重视玉米国内循环、适度发展国际循环，在稳步提高国内玉米供给水平的同时，促进国内国际双循环。要立足国内耕地资源紧缺、大豆对外采买率高的实际，大力促进大豆振兴，鼓励有条件的地区加快推广玉米大豆间作，提高国内大豆的供给力；充分运用国际循环，加强对进口国别的布局规划，提高国际大豆供给获取能力。

（二）增强多维度保障国家粮食安全能力

可参考 GFSI 相关指标，在提升供给力、质量与安全保障、应对自然灾害风险、增强政策稳定性和饮食多样性等方面，加强综合统筹力度，多部门协同完善粮食监测预警体系，加强粮食安全可持续性投入，参鉴国际经验，研发国家粮食安全辅助决策系统，及时监测粮食安全状况。基于双循环新发展格局，在稳定国内粮食产业链、供应链的基础上，加强与 ADM、邦吉、嘉吉、路易达孚和益海嘉里等国际大粮商合作，鼓励我国粮企与跨国粮商共建粮食供应链。加强与“一带一路”沿线国家和地区粮食产业合作，根据潜力国家的农业发展水平在产业链环节的不同位次和差序化的格局特征，开展不同阶段的农业合作探索，多维度增强粮食安全保障能力，为维护全球粮食安全作贡献。

（三）培育国际化大粮商

政府要加大对“走出去”粮食企业的财政支持、金融支持、税收优惠、保险支持及信息支持力度。可通过设立国家海外农业投资专用资金、扩宽融资渠道和放宽融资标准、建立进口关税和增值税、完善专门的对外农业投资保险体系、建立海外粮食投资企业交流和服务平台等措施，理顺粮食国际贸易管理体制，增强对国际市场粮源的掌控能力。充分发挥中粮集团等国有涉粮企业的主导作用，推动国有企业和民营企业利用国家政策优势，积极在海外开展投资，打造覆盖粮食生产、收购、仓储、运输到贸易加工各环节的高水平优质全产业链体系，提高企业经营的集约化程度和规模效益，同时积极参与全球粮食贸易体系重塑，提高粮食企业在国际市场上的竞争力。

（四）加强粮企“走出去”的风险管控

粮食企业“走出去”一般时间周期较长，土地租用限制、粮食价格波动等风险带来的不确定性较多，粮食企业应结合实际情况，明确海外发展规划和进程，充分评估东道国的政治风险、金融风险、文化习惯等方面的情况，规避政治风险高的国家和投资项目，寻求与东道国机构、企业合作渠道，在分散风险给当地政府的同时，促进当地经济发展，实施本土化战略，融入当地相关法律和文化习俗，充分利用文化沟通平台，加强与当地社会的融合，降低企业风险。探索“走出去”的多种模式，进一步拓宽、深化农业国际交流合作渠道及领域，确保对项目各环节的有效控制，通过投资方式多元化，增强企业应对风险、抵御风险的能力。

（执笔人：陈玉中、亢霞、胡文国、姜明伦、郝晓燕、袁舟航、曾伟、王娟、贾小玲）

附录　我国粮食产业经济发展战略研究①

粮食产业经济是指生产、加工和开发利用粮食，及与之相关联的各类产业经济活动的总和，其主要包括了粮食种植业、加工业、仓储与物流业、科技与信息服务业、粮机装备制造等门类的经济活动。本课题研究的粮食产业经济发展，主要是以粮食加工转化为引擎，以体制、机制、科技、模式、业态创新为动力，促进"产购储加销"一体化，推动一二三产业融合发展，培育产业新业态，激活产业发展新活力，形成链条完整、效益良好的产业体系，实现粮食产业从价值链的中低端向中高端提升，为深入推进粮食供给侧结构性改革、消化库存粮食、促进经济发展和农民增收提供新动能，为构建更高层次、更高质量、更高效率、更可持续的粮食安全保障体系提供重要支撑。

一、粮食产业经济发展现状

（一）粮食产业经济发展取得的成绩

1. 粮食产业经济效益增长

据国家粮食局统计，"十二五"期间，粮食工业总产值平均增速达10.8%，高于GDP年均7.8%的增速。2016年，全国纳入粮食产业经济统计

① 本文完成时间为2017年9月，是国家粮食局召开的全国加快推进粮食产业经济发展现场经验交流会会议参考材料。

范围的各类企业(包括成品粮油加工企业、粮油食品加工企业、饲料加工企业、粮食深加工企业和粮油机械制造企业)达1.8万家,实现工业总产值2.8万亿元、利润1321亿元,同比分别增长13.3%和68.7%;各类企业年处理粮食能力10.4亿吨,实际加工转化粮食4.8亿吨,粮食加工转化率达77.8%。山东、湖北、江苏、安徽、广东、河南、湖南、四川等8省粮油加工业主营业务收入超过千亿元,山东、湖北、安徽、江苏、广东等5省粮油加工业总产值超过了2000亿元,其中山东、湖北两省粮油加工业总产值突破3000亿元。

2. 龙头企业规模质量提升

2016年,全国粮食产业化龙头企业2558家(其中国家级409家),建立优质原粮基地6546万亩,涉及农户数量1385万户;主营业务收入达到100亿元以上的粮食企业集团有16家,其中达千亿元以上的有中粮集团、益海嘉里两家。跨区域龙头企业产业融合、产业与资本融合发展趋势加快,竞争力显著提升。湖南省积极推动和重点扶持有规模、有实力、有潜力的企业与金融资本全方位、宽领域深度对接,全省已有9家粮油类企业成功上市融资,创造了全省单一行业上市企业数量第一的奇迹,其中包括大米第一股金健米业、挂面第一股克明面业、茶油第一股贵太太、杂粮第一股浏阳河、菜籽油第一股道道全等,万福生科、精为天米业填补了湖南粮油精深加工、综合发展方面的空白。安徽省的粮油类国家级农业产业化龙头企业达到23家,省级279家,加工产值超10亿元的42家。中粮集团、江苏牧羊、西安爱菊、天津聚龙、上海良友等一批大型粮食企业集团"走出去",积极拓展国际发展空间,向跨国粮食企业方向发展。

3. 科技创新和自主研发能力增强

近年来,中央和各省级财政都加大了对粮食科技创新的投入力度,各级粮食部门和有关企业认真落实创新驱动战略,完成一批粮食公益性行业科研专项,建成一批粮食产后领域国家工程实验室,推广一批先进适用技术,促进了粮食产业持续发展。各地大力推动粮食科技发展,湖北省安排专项资金推进粮食科技创新和成果转化应用，两年来支持项目164个，涵盖粮油加工、储藏、质检、粮机制造、信息化建设等环节；在全国首届粮食科技成果转化对接推介活动中，湖北省展示成果93项，签约总金额近3.5亿元。山西省成立主食技术标准研究中心，开展主食标准、面粉复配改良等技术研究。上海市推进良友集团技术中心和光明米业农业技术中心建设。山东省滨州市建设8个国家级粮油加工研发平台，各家龙头企业连续多年拿出销售收入的3%以上用于科研，承担“863”计划、“火炬”计划等国家级科研项目17个，促进了滨州市粮食产业的崛起和发展。江苏省搭建平台引导科技成果产权单位向粮食企业转让技术，创建江苏大米产业技术创新战略联盟，为深入实施“好粮油行动计划”打好基础。以企业为主体的自主研发能力显著提高，装备自主化、自动化水平大幅提升，稻谷、小麦和玉米深加工等转化增值技术、油菜籽膨化压榨节能技术等实现了产业化。一批具有自主知识产权的淀粉加工成套装备、数字化色选机等装备达到国际先进水平。

4. 产业布局有所优化

粮食产业布局进一步向粮食主产区和物流通道节点集中。小麦粉产能和产量向黄淮海地区集中，其中河南、山东、河北、安徽和江苏5省小麦粉产量占全国总量的79.6%。大米加工业产能和产量向东北地区和长江中下游地区集中，其中黑龙江、安徽、湖北、江苏、江西的大米产量占全国总量的63%。山东、江苏、黑龙江、广西和广东食用植物油年产能占全国总量的60%。湖北、江苏、四川、安徽和湖南的菜籽油产能占全国总量的69%①。珠三角、长三角和环渤海等地区一批重要的粮油产业集群初步形成，在产业发展以及推动当地经济发展中发挥着重要作用。

5. 现代物流业持续发展

北京市沿“一环两港三线”优化物流节点布局，推动环京4小时粮食物流圈建设。山东省抓住12个市纳入国家“北粮南运”主通道和“大运河走

① 2015年粮食行业统计资料，国家粮食局调控司2017年1月。

廊”通道物流节点的重要机遇，在重要节点城市建设一批粮食现代物流园区，着力构建布局合理、功能完善、系统高效、衔接配套、运行顺畅的现代粮食仓储物流体系。广东省东莞市依托大港口、引进大项目、培育大市场，建成珠三角区域最大的成品粮交易市场，发展粮油产业集聚区，园区年产值220亿元、贸易额100亿元，成为华南地区重要的粮油集散地。粮食物流体系的建设发展，有利于解决我国粮食产销区域不平衡问题，促进了粮食从产区向销区流动，满足了进口粮食需求，带动了粮食产业经济发展。

6. 产销合作对接增强

各地通过举办粮油产销洽谈会、网上交易会、产品推介会和展销会等活动，为产销区之间粮食企业的粮食购销、技术交流、项目对接、产业延伸搭建了平台，逐步形成了清晰的产销区合作思路，加快了粮食产业转移承接与产加销一体化发展，推动了跨区协作交流和信息共享，实现了优势互补。粮食产销协作福建洽谈会、黑龙江金秋粮食交易暨产业合作洽谈会均已举办十三届，合作领域逐步拓宽，规模层次不断提高，成为有全国影响的重要合作对接平台。内蒙古、吉林、山西、湖北、云南、宁夏等省份举办的洽谈会，也都在产销协作中起到了重要推进作用。通过产销协作，产区的粮食品牌知名度不断得到提升，如“吉林大米”“荆楚大地”“广西香米”等一批公共品牌影响不断扩大，有助于主产区提升粮食产业经济发展质量，推动传统的产品经营向品牌营销转变、市场营销从数量扩张型向质量效益提高型转变，实现了优质优价、好粮好价。

（二）粮食产业经济发展探索的模式

近年来，各地高度重视粮食产业经济发展，探索了一批推进产业经济发展的模式。

1. 全产业链发展模式

该模式是指粮食经营主体通过发展“产购储加销”一体化经营，构建从“田间”到“餐桌”的全产业链发展模式。比如，黑龙江象屿集团在饲料原料贸易的基础上，发展成为集种子繁育、合作联社、农业种植、粮食仓储、现代物流、贸易销售、金融服务和粮食深加工于一体、一二三产业有机联动的现代农业全产业链综合服务企业。通过打造专业化种植服务平台，承担农村金融、农资商店、农业技术推广、粮食收储等多个职能，构建了农作物从种到收全过程、全产业链的配套服务体系。四川省安岳县鑫粮仓粮食专业合作社联合一批专业合作社、家庭农场形成联合社，已拥有粮食专业合作社47个，带动农户10万户，订单、流转及托管粮食种植面积达1800万亩。联合社组建了鑫粮仓现代农业科技开发有限责任公司、鑫经纬电子商务有限公司、鑫粮仓粮油配送有限责任公司3个子公司，建有“放心粮油”配送中心1个、电子商务体验店5个、川粮便民连锁网点50个。按照“民办、民管、民收益”的原则，以服务社员、助农增收为目的，联合社发展成为集粮食生产、收购、加工、储藏、销售、电子商务、产后服务于一体的综合企业。

2. 循环经济发展模式

该模式是指粮食企业（或产业园区）按照“吃干榨净、循环发展”的原则，对粮食及资源进行高效利用、产品梯次开发、能量循环利用，形成粮食产业大循环、全利用、可持续发展模式，实现生态效益、经济效益双赢。比如，山东省滨州中裕食品有限公司① 2003年成立以来，经过十余年的发展，从一家单纯的小麦粉加工企业发展成为集良种繁育、种植、收储、精深加工、食品加工、快餐连锁经营、便利店连锁经营、畜牧养殖、有机肥生产、废弃物综合利用于一体的大型粮食加工企业，实现了从“育种→种植→收储→精深加工→废弃物转化→畜牧养殖→肉制品加工→沼气利用→小麦种植”的资源循环利用、全产业链发展。其主要做法：一是从加工环节向前延伸。建立优质小麦良种繁育基地和订单种植基地，并在基地附近配套设立收购网点，

① 滨州中裕食品有限公司：《“中裕”——打造世界领先的优质小麦循环经济的先锋品牌》，2016年9月。

不限期敞开收购，依托企业自有的规模化仓储和物流系统，实现了基地小麦专收、专存和专运。二是加工环节做大做深做精。通过产品创新拓宽延长产业链，不仅生产高档面粉产品，还通过技术创新提升价值链，生产小麦蛋白粉、小麦变性淀粉以及特优级食用酒精等高附加值精深加工产品。三是从加工环节向后延伸。建立快餐连锁店和连锁超市，将产品直接送到市民的厨房和餐桌。四是废弃物资源化利用。将小麦筛下物的杂质作为优质"林下饲养"的鸡饲料，开展畜禽养殖；其他废弃物进行发酵，产生污泥和沼气，污泥经过处理后加工成生物有机肥，输送到企业的优质小麦基地进行土地改良和培肥，沼气经过企业自有的沼气锅炉生产蒸汽，为深加工环节的生产提供热能。五是构建农牧循环发展模式。小麦加工产生的酒糟，加工成液体蛋白饲料，用于绿色生态猪的养殖；养殖环节产生的粪污和种植产生的秸秆用于生产生物有机肥，有机肥用于企业的种植基地，形成了农牧结合的循环模式。在制备生物有机肥时产生的沼气，企业进行高值化利用，提取出生物天然气，不仅作为清洁能源供企业自用，还销售给周边的企业。中裕公司把每一粒小麦，从里至皮，榨干吃尽；从基地到餐桌，食品健康美味；从低端到高端，提高附加值；从头到尾，形成循环不浪费，实现了生态高效、绿色循环的全面发展。山东省香驰集团建成原料、副产品、水、废弃物、能源五大循环圈，实现"吃干榨尽"、循环利用，资源综合利用率达 99%，废弃物实现 100%利用，能源资源单位消耗低于同行业水平 10%左右。

3. *产业融合发展模式*

该模式是指依托新型经营主体，推进粮食生产、加工和服务业之间的深度融合，"重点发展二产、前伸一产、后延三产"，推动传统粮食产业的结构优化与转型升级。比如，四川省根据"品牌区域化、粮源基地化、基地观光化"的工作思路，近年来大力实施"川粮产后服务工程"，以粮食加工为基础，向产前、产后延伸，积极推动一二三产业融合发展，努力做大做强"川粮"品牌经济。四川省崇州市按照"一三互动、产村融合"的发展思路，将种植业、精深加工和旅游休闲结合起来，实现了产业增效、农民增收。湖北省福娃集团以市场需求为导向，以完善利益联结机制为核心，以制度、技术、商业模式创新为动力，着力构建农业与二三产业交叉融合的产业格局，2015年实现销售收入过百亿。在继续做大做强大米产业、夯实休闲食品产业的基础上，福娃集团进军水产业，全面推行“稻虾共育模式”，还依托华中农业大学、武汉轻工大学、中科院水生所、长江大学等高校院所强大的科研实力，进一步探索“稻虾鳖”“稻鱼莲”“稻鳅鳖”等生态高效种养模式，实现了水稻与水产融合发展。

4. 产业园区发展模式

该模式是指以粮食产业园区为载体，发挥区域和资源优势，形成产业集群和规模效应，促进粮食产业经济快速发展的模式。比如，四川省成都青白江现代粮食物流加工园区，发挥地理区位、交通物流优势，依托成都国际铁路港，吸引了益海嘉里米面加工、九三集团食用油包装、成都粮油储备（物流）中心等工贸项目入驻，现已有40个园区完工并投入使用，初步形成了龙头企业带动、产业集聚联动发展的良好态势，对带动区域经济和现代粮食产业集约、集群发展，确保四川乃至西南地区粮食安全有着重要的战略意义。山东省按照“打通五大通道、抓好七个节点、发展十大园区”的目标，着力打造具有山东特色的粮食现代物流体系，重点建设集电子商务、现货交易、储存加工于一体的仓储物流园区。其中，滨州市精确对接国家政策，仅黄河三角洲粮食仓储物流经济园区、滨城区粮食经济园区两大园区四个项目，就落实国家专项建设基金及政策性银行贷款30多亿元，项目总投资40多亿元，带动了一批相关产业的发展。

5. 主食产业化发展模式

该模式是指米、面、玉米、杂粮及薯类主食制品的工业化生产、社会化供应的产业化经营发展模式。比如，河南省把推进主食产业化作为突破粮食产业经济发展瓶颈的有效手段，采取贷款贴息等方式，对主食产业化企业给予扶持，有力地撬动社会资本投入，全省主食产业化率从2010年的不足15%提高到2016年的35%，粮油加工转化率由70%提高到82%。安徽青松食品有限公司①是专业从事政府早餐工程、主食产品加工、检测、仓储、配送、销售为一体的综合型食品公司。该公司在坚持主业做精做专的基础上不断拓展，现已涉及种植、早餐工程、主食加工、冷链配送等多个板块，由一个传统的食品加工餐饮服务企业转型发展为现代化的综合性商贸企业，在全省已建成主食连锁专卖店 80 多家，大型连锁超市主食专柜近 200 多个，早餐网点 1500 多个，形成日供应 100 多个品种、50 万份主食产品规模，发展成为安徽省最大的综合型主食供应基地。天津利达粮油公司推行主食工业化生产、专业化配送、产业化经营，仅馒头一项日产能达 200 万个，把小馒头做成了惠民生的大产业。

6.“互联网+粮食”发展模式

该模式是指以互联网为主要载体，依托现代信息技术和物流手段，将粮食的生产者、经营者和消费者直接对接，大幅度减少产品流通中间环节和交易成本的发展模式。比如，吉林省打破传统的粮食经营方式，创新品牌营销模式，构建线上线下互动、省内省外互联、直营分销互补的吉林大米销售体系。通过搭建“吉林大米网”电商平台，开展网上信息查询、线上销售、网络结算业务，全面推广“线上注册发展会员，线下体验配送大米”的“O2O”营销模式，鼓励企业利用现代营销手段，拓宽销售渠道。目前，全省已有 63 户大米加工企业在淘宝吉林大米馆等各类电商平台开设网店 161 个，线上导入会员 140 余万人，线下开设大米体验店 220 家。河南想念食品有限公司借“一带一路”倡议和“互联网+”东风，积极拓展电子商务，入驻天猫、京东、壹号店等十几个网络平台，基本实现了电商平台全球布局、全国覆盖。2016 年前 7 个月，想念挂面以日均 116 单的速度，通过阿里巴巴等电商平台，出口意大利、美国等 34 个国家。黑龙江省方正县组织种粮大户、加工企业等建立了 2 万亩优质大米种植、仓储、加工一体化的优质大米全产业链经营基地，引入第三权威机构对基地的土地质量和大米品质进行科学检测，采用远

① 安徽青松食品有限公司汇报材料。

程互联网信息技术对优质大米的种植、收购、仓储、加工等各个环节进行全程化监控、透明化管理，建立集优质大米的信息发布、产品交易和产品质量追溯于一体的综合信息平台系统，直接为消费者提供全方位、权威可靠的信息服务，打造了绿色优质“方正大米”这一国家地理标志产品品牌。

（三）存在的主要问题

1. 企业经营机制不活，产业发展内生动力不足

（1）市场化购销不畅。对实行政策性收储的品种和地区，由于国家统一制定的收购价格较高，大部分粮食进入了“国库”，粮食企业特别是加工企业市场化采购原粮较难、成本较高，“稻强米弱”“麦强粉弱”长期存在，严重影响了企业正常经营发展。

（2）收储企业政策依赖性过强。目前，我国粮食仓储量达到 1.2 万亿斤以上，其中 80%以上的库存是政策性粮食。大多数国有粮食购销企业以政策性粮食保管费为主要收入来源，没有走出“收原粮、储原粮、卖原粮”的经营模式，在政策性收购“高地板价”和国际市场“低天花板价”的双重挤压下，缺乏市场经营能力和盈利能力。一些企业探索开展集粮食收购、仓储、加工、供应等于一体的生产经营业务，但发展较缓慢。

（3）创新驱动能力不强。粮食行业研发经费占销售收入的比重仅为 0.3%，远低于发达国家 2%—3%的平均水平。粮食行业基础研究薄弱，国家工程中心、工程实验室等创新平台建设滞后，产学研结合不够紧密，创新人才和开拓型经营管理人才不足，一些关键技术装备的开发还处于仿制阶段，核心技术和装备的研发落后于世界先进水平。缺少技术含量高的新产品，产品附加值低，发展后劲不足。在制度创新方面，国有粮食企业产权制度改革缓慢，现代企业制度建设和混合所有制经济发展不足，企业发展活力和市场竞争能力不强；民营企业中的家族式企业、作坊式企业较多，制度建设不健全，制度创新驱动企业发展的作用不强。

2. 粮食产能结构失衡，绿色优质产品不足

（1）低端产品生产能力过剩。粮食初级加工能力严重过剩，全行业平均产能利用率仅为46%。面粉、大米等成品粮油加工企业数量占比超过70%，深加工企业数量不到2%，精深加工能力不足。中高端和多元化、个性化产品供给缺口较大，难以满足居民消费提档升级的新要求。

（2）绿色优质粮食发展不足。政策性收购难以体现品种和品质差价，对普通粮食定价过高，缩小了与优质粮食的价差，加上仓储环节混收混储，严重影响了绿色优质粮食发展。

（3）加工副产品综合利用率低。玉米、稻谷、小麦加工副产品大部分仅作为初级原料或饲料使用，没有有效深度开发利用。稻谷加工产生的稻壳年总量达4000万吨左右，发电和直接填烧锅炉比例仅为25%；米糠1000多万吨，利用率不到20%，用于制油和深加工的不足10%。

3. 粮食产业链各环节联系不紧密，产业集聚度不高

（1）生产与流通发展不平衡。粮食工作重“生产”轻“流通”没有根本转变，粮食生产方面投入较多，仓储、物流与精深加工等方面投入相对较少，收储精细化和精深加工发展不够，产业发展不平衡、不协调。

（2）产业化经营水平较低。粮食生产、购销、仓储、加工各环节结合不紧密，一二三产业关联度不强、融合度不高、产业链不长，特别是加工业向前后两端延伸不够，对粮食产业经济发展的带动作用未得到充分体现。

（3）产业集聚化水平不高。绝大多数的粮食企业规模小、实力弱，粮食产业布局分散、集中度低，总体上尚未形成产业集群。龙头企业数量较少，难以起到集聚带动作用。龙头企业与基地农户往往是松散的合同订单关系，缺乏紧密型的利益联结机制。

4. 产业发展环境需要优化，基础条件亟待夯实

（1）粮食产业政策不健全。粮食产业发展缺乏顶层规划，产业政策系统性、针对性和协调性不强，财税、金融、保险、土地等支持政策不足。实行大豆、玉米收储制度改革后，生产结构调整、收购资金信贷、信息服务等方面

的措施配套不足。小麦、稻谷收储制度有待完善，存在收购价格与市场价格脱节等问题，抑制了粮食市场化流通和企业经营活动，影响了粮食产业有序发展。

(2)流通成本较高。铁路运输、港口装运和海运基础设施不能完全满足粮食物流的需要，大型综合货运枢纽、物流基地、物流中心等粮食现代物流设施缺乏；各种运输方式之间装备标准不统一，物流包装标准与物流设施设备标准之间缺乏有效衔接，物流信息化、自动化、智能化水平较低，影响了粮食物流集散和运输效率的提高。粮食流通成本占到整个销售价格的1/3左右，是发达国家流通成本的两倍。

(3)粮食产业发展服务能力较弱。粮食企业自有资金少，融资难、融资贵问题突出，难以满足粮食收购、仓储等大规模资金用量的需求。产业链各环节信息整合不足，第三方技术服务机构较少，粮食科技服务的专业性和针对性较差，难以实现信息的互联互通共享。

二、大力发展粮食产业经济的意义与面临的机遇、挑战

(一)大力发展粮食产业经济的重大意义

1. 深入推进粮食供给侧结构性改革的重要抓手

推进粮食供给侧结构性改革，是当前和今后一个时期粮食工作的主线。大力发展粮食产业经济，实现粮食全产业链经营，有利于形成“为消费而加工”“为加工而种植”的引导机制，解决粮食加工与收储、种植环节脱节和产业发展不协调等问题，促进粮食生产经营者根据市场需求，调整粮食产品结构，为消费者提供营养健康、绿色优质粮食产品供给，加速实现从“吃得饱”到“吃得好”“吃得健康”的转变，更好地服务“健康中国”建设。当前，我国粮食高仓满储，玉米、稻谷结构性过剩问题突出，安全储粮压力巨大，通过大力发展粮食产业经济，拓宽粮食加工转化渠道，可以为加快消化政策性粮食

库存提供有效途径。

2. 培育粮食行业发展新动能的必然选择

随着经济发展增速和居民收入增速放缓，粮食消费需求增长也相应放缓；随着粮食收储制度市场化改革的推进，国有粮食企业多年来形成的“买原粮、储原粮、卖原粮”的传统经营模式难以为继，支撑粮食行业发展的传统动能的边际效应不断弱化，亟须培育新动能。只有发展粮食产业经济，以改革为重要手段，激活市场、要素和主体，加快推动制度、机制、科技、模式、业态的创新突破，才能不断积累创新优势、培植新动能，拓展粮食产业价值链。

3. 拓宽农民增收渠道的重要途径

发展粮食产业经济，有利于延伸产业链、打通供应链、形成全产业链，推进粮食一二三产业融合发展，让农民共享产业融合增值收益。有利于吸引资本回乡、人才返乡、科技下乡，发挥龙头企业对生产的引领、协调、服务作用，拓宽农民就业渠道和增收渠道，服务“三农”大局，最大限度释放粮食内部的增收潜力和产业活力，打造脱贫致富的新支柱。比如，山东滨州中裕食品有限公司，建立 150 万亩订单基地，为 35 万农户提供小麦产销全程服务，每年带动农民增收 5 亿多元。

4. 激发粮食主产区经济发展活力的有效措施

粮食主产区对保障国家粮食安全作出了巨大贡献，但是大部分粮食主产区的发展主要依靠财政转移支付和各项政策性资金、项目支持，难以摆脱“粮食大省、经济弱省、财政穷省”的怪圈。主产区通过大力发展粮食产业经济，统筹布局粮食初加工、主食加工、精深加工发展及副产品综合利用，把资源优势转变为产业优势和经济优势，有利于形成新的经济增长点和内生发展机制，形成粮食兴、产业旺、经济强的良性循环，实现粮食生产发展和经济实力增强的有机统一。比如，黑龙江抓住玉米收储制度改革的有利机遇，积极推进玉米深加工产业发展，仅 2017 年上半年，全省加工原粮 241 亿斤，实现产值 362 亿元，增幅分别达到 29% 和 19%，利润增长 7 倍，税收增长73%。

5. 提升粮食产业国际竞争力的必由之路

欧美等发达国家的跨国粮食企业在国际贸易中拥有很强的竞争优势，基本控制了全球粮食流通和贸易体系，我国粮食进出口在国际市场上还缺乏应有的话语权。通过大力发展粮食产业经济，增加优质粮食产品有效供给，有利于打造国内外知名粮食品牌，提高产品竞争力；有利于培育大型跨国粮食集团，打通跨国粮食物流通道，推动粮食产业链向国外延伸，培育粮食产业竞争力；有利于推进发展粮食产业集群，形成规模集聚优势，降低粮食生产、仓储、加工和流通成本，提升我国粮食价格国际竞争力。中粮集团积极“走出去”，在国内外开展产业布局，在上游发展农业服务和物流贸易，中游发展精深加工，下游培育“大品牌、大市场”，粮油加工能力达到9000万吨，国际贸易量达到8000万吨，规模优势和国际影响力、竞争力逐步增强。

（二）大力发展粮食产业经济面临的机遇

1. 全面建成小康社会对绿色优质粮油消费的需求潜力巨大

随着居民生活水平的不断提高和消费层次的不断升级，多元化、个性化、定制化的营养健康粮油产品需求快速增加，为粮食企业创造了极大的经营发展空间，为推进粮食全产业链发展、推动产业经济转型升级提供了强大动力，产业结构调整、转型升级的空间巨大。

2. 收储制度和价格形成机制改革激发产业活力

粮食市场化收储制度改革不断深化，改革成效显著。玉米、大豆价格逐步与市场价格接轨，逐步理顺了产业上下游关系，多元主体入市收购活跃，激活了产业链，为粮食产业发展创造了较好的市场环境。

3. 供给侧结构性改革促进粮食产业提质增效

贯彻落实中央关于深化农业供给侧结构性改革的决策部署，有利于推动粮食行业调结构、去库存、降成本、补短板，促进产业转型升级。通过调整粮食生产结构，增加绿色优质粮食发展，可以满足中高档产品消费需求；加快消化粮食库存，为加工转化提供充足的粮源；降低企业经营成本，为企业发展减轻了负担；补齐制度、机制、技术等短板，有利于增强产业内生发展动力。

4. 充裕的粮食供给为发展产业经济提供了资源基础

近些年来，粮食连年丰收、库存充裕、供应充足，为发展粮食产业经济提供了丰富、多样化的原粮。特别是玉米收储制度和价格形成机制改革，对主产区加工、饲料企业的相关补贴政策，以及大力推进粮食“去库存”，粮食价格降低，增大了粮食加工转化的利润空间，为发展粮食产业经济提供了难得的历史机遇。

5. “一带一路”倡议拓宽了粮食产业经济的发展空间

“一带一路”是世界上最长、最具发展潜力的经济大走廊，沿线涉及俄罗斯、蒙古和中亚、东南亚、南亚、中东欧、西亚、北非等区域的 65 个国家。这些国家或地区粮食、农业资源比较丰富，乌克兰是玉米进口的主要来源国，泰国、越南、巴基斯坦是大米进口的主要来源国；俄罗斯、印度尼西亚、泰国、吉尔吉斯斯坦、马来西亚、缅甸等国家是粮食企业“走出去”的主要地区。我国与“一带一路”沿线国家具有较好的粮食合作基础，这些国家既能为我国粮食产业经济发展提供丰富的粮源，也可为我国粮食技术、装备、产能、产品“走出去”，实现产业链向外延伸提供广阔市场。

（三）大力发展粮食产业经济面临的挑战

1. 粮食供求形势和市场走势复杂多变

当前粮食产量、库存量阶段性“双高叠加”，但从长远看，我国粮食供求仍然偏紧平衡。发展粮食产业经济，要处理好当前与长远的关系。既要立足当前，破解粮食供求阶段性结构性失衡问题；更要着眼长远，从战略高度谋划偏紧平衡状态下国家粮食可持续安全。要增强前瞻性和预见性，加强对未来国际国内粮食供求形势的研判，在建立可持续的国家粮食安全保障体系与稳定健康发展粮食产业经济之间精准把握,取得平衡。

2. 宏观经济换挡减速对粮食产业主体转型发展带来压力

传统的粮油流通、加工企业产品科技含量低、附加值低、人工成本高、盈利能力弱,迫切需要转变经营方式,调整产品结构,实现转型发展。但当前我国经济发展换挡减速,将在较长时间内保持中高速增长,粮食需求增长放缓,对粮食企业经营发展、盈利水平带来不利影响,也将制约企业技术创新、设施改造、经营方式转换。

3. 优化产能和产品结构任重道远

粮食加工业进入门槛低,大多数企业技术含量不高,初加工产能、中低档加工产能严重过剩与优质加工能力严重不足并存,要在短期内解决这些历史形成的问题,实现产能结构优化,增加绿色优质、中高端、多元化、个性化粮食产品供给,提高产品质量和产业综合效益,难度大、任务艰巨。

4. 粮食收储制度改革既迫切又艰难

大豆、玉米已经实行"价补分离、市场化收购"新机制,小麦和稻谷的收储制度改革还在探索,价格形成机制需要进一步完善,但小麦和稻谷是主要口粮品种,为实现确保"口粮绝对安全"的战略目标,需要加快探索积极稳妥的方式,既要保护农民种粮利益和生产积极性,又要有利于理顺产业上下游关系,促进一二三产业融合发展。

三、推进粮食产业经济发展的指导思想、基本原则、发展目标和主要任务

(一)指导思想

全面贯彻党的十八大和十八届三中、四中、五中、六中全会精神,深入贯彻习近平总书记系列重要讲话精神和治国理政新理念新思想新战略,认真落实党中央国务院决策部署,统筹推进"五位一体"总体布局和协调推进

“四个全面”战略布局，牢固树立创新、协调、绿色、开放、共享的新发展理念，全面落实国家粮食安全战略，满足城乡居民消费需求结构升级，适应从“吃得饱”向“吃得好”“吃得健康”转变，以农业供给侧结构性改革为主线，以增加绿色优质粮油产品供给、有效解决市场化形势下农民卖粮问题、促进农民持续增收和保障粮食质量安全为重点，大力实施“优质粮食工程”，推动粮食产业创新发展、转型升级和提质增效，为构建更高层次、更高质量、更有效率、更可持续的粮食安全保障体系夯实产业基础。

（二）基本原则

——坚持市场主导，政府引导。发挥市场在资源配置中的决定性作用，突出企业市场主体地位，激发主体活力、创造力和市场竞争力。更好地发挥政府在规划引导、宏观调控、政策扶持、标准引领、监管服务等方面的作用，营造产业发展良好环境。

——坚持融合发展，统筹协调。正确处理粮食产业经济发展中的数量与质量、产区与销区、生产与消费、市场化改革与保护种粮农民利益等重大关系。树立“大粮食”“大产业”“大市场”“大流通”理念，充分发挥粮食加工转化引擎作用，推动粮食生产与流通、粮食仓储与加工之间的有机衔接，以紧密型利益联结机制为纽带，推进“产购储加销”一体化全产业链经营，促进一二三产业融合发展。补齐粮食行业优质精深加工能力不足、流通效率较低、信息化滞后等突出短板，推动粮食产业经济协调发展。

——坚持因地制宜，分类指导。结合不同区域、不同领域、不同主体的实际情况，选择适合自身特点的产业经济发展模式。加强统筹协调和政策引导，推进产业经济发展方式转变，及时总结推广典型经验，注重典型引领和整体推进，促进可持续发展。

——坚持创新驱动，增强内力。围绕提高粮食产业经济发展质量效益和增强粮食安全保障能力，不断推进体制机制、关键技术、产业模式、经营业态等方面创新。改革完善粮食流通体制，转变企业管理、经营方式和投融资模式;深化国有粮食企业改革,鼓励发展混合所有制经济;在研发应用新技术、新装备等方面实现新突破,促进粮食科技创新成果大量涌现,发挥推动产业经济发展的支撑作用;积极探索产业经济发展有效模式,培育与“互联网+”、信息化融合发展的新业态,推动经营方式和发展动能转变,激发和释放粮食产业经济发展新活力。

——坚持优势互补,开放发展。积极融入“一带一路”建设,主动顺应我国经济深度融入世界经济的趋势,既要立足国内,不断提高粮食产能水平和产业经济发展质量,确保谷物基本自给、口粮绝对安全;又要注重发挥比较优势,引导粮食企业有序“走出去”,完善粮食产业对外发展战略布局,推动粮食产业链向国外延伸,逐步形成内外相联、产销衔接、优势互补、相互促进的粮食产业经济发展新格局。

——坚持安全底线,加快发展。发展粮食产业经济必须服从服务于国家粮食安全战略,出发点和落脚点是在更高层次上保障国家粮食安全。要坚持发展和安全一起抓,把粮食安全意识贯穿于粮食产业经济发展全过程,在发展中促安全、在安全中谋发展,决不能以牺牲粮食安全为代价换取经济效益。

（三）发展目标

到2020年,初步建成适应我国国情粮情、高端高质高效的现代粮食产业体系,各类市场主体的活力、实力和竞争力不断提高,新产品新业态新模式加速成长,科技贡献率和劳动生产率大幅提升,绿色优质粮食产品有效供给稳定增加,粮食质量安全保障能力和集约集聚集群发展水平明显提高,实现粮食产业经济发展由以政策支持和要素支撑为主向创新主导转变,由注重规模扩张向提质增效转变,由价值链中低端向中高端转变。

——市场主体竞争力明显提升。做强做大做优一批骨干国有粮食企业,有效发挥稳市场、保供应、促发展、保安全的重要载体作用。培育一批主营业务收入过百亿的大型粮食企业集团,打造一批具有较强辐射带动能力的大型粮食产业化龙头企业，扶持一批成长性好、特色鲜明的中小企业，引领粮食产业健康持续发展。培育规模大、实力强、效益好的国际大粮商，开展粮食生产、加工、仓储、物流、装备制造等跨国经营，提升我国利用国际资源、市场的能力水平。

——科技创新能力进一步增强。健全以市场为导向的粮食产业创新体系，建设一批粮食科技成果集成示范基地、科技协同创新共同体和技术创新联盟，推动科技创新能力进一步提升。建立粮食产业科技成果转化信息平台，健全定期发布制度。增强科研投入对产业经济发展的支撑能力，深入推进科技兴粮和人才兴粮工程。

——产品结构更加合理。加快淘汰低端落后产能，增强中高端、绿色安全、优质营养、特色鲜明粮食产品的供给能力和市场占有率，着力增加精深加工产品供给，打造一批拥有自主知识产权、核心技术和较强市场竞争力的全球性、全国性、区域性粮食品牌，提高粮食综合利用率和产品附加值。

——粮食产业经济活力全面释放。加快形成一批行之有效的产业发展新模式，加快推动产业融合发展新业态，培育粮食产业新增长点。建设一批国家现代粮食产业发展示范园区（基地），打造一批优势粮食产业集群，充分释放粮食产业发展整体效应，显著提高粮食产业经济发展质量效益，辐射带动周边区域经济发展。

（四）主要任务

发展粮食产业经济的重点任务是“育主体”“构模式”“提质量”“增动力”“新业态”“促开放”“固基础”。即培育壮大引领产业发展的市场主体，探索构建产业发展的有效模式；实施“三品”战略，着力提高粮食供给质量和效率；依靠科技创新，驱动产业经济转型升级；实施“互联网+粮食”战略促进粮食产业信息化发展；利用“两种资源、两个市场”拓展产业发展空间；大力推进“粮安工程”“优质粮食工程”建设夯实产业发展基础，推动粮食产业经济发展走集聚化、规模化、产业化、精深化、品牌化、信息化和循环化之路，推进粮食产业链、创新链、价值链“三链”对接融合发展。

1. 大力培育壮大产业主体，引领粮食产业经济发展

培育和发展多元粮食市场主体，大力发展粮食企业集团和产业联盟，促进粮食企业开展适度规模化经营，转换机制、增强活力，做强做优做大。

（1）加快国有粮食企业改革。对国有粮食企业功能进行界定与分类，对于继续执行政府储备和军粮供应等政策性业务的国有粮食企业，理顺多头管理体制，整合优质资源，提升服从服务于政府宏观调控、维护粮食安全的能力和水平。对于不再执行政策性业务的国有粮食企业，继续深化政企分开改革，积极探索以多种方式入股非国有粮食企业和非国有资本参与国有企业的混合所有制改革，健全法人治理结构，建立健全现代企业制度，加快转换经营机制，确保国有资产保值增值，放大国有资本功能，增强企业竞争力、影响力、控制力。鼓励国有粮食企业依托现有收储网点，主动与新型粮食经营主体等开展合作，盘活国有资产，增强国有资产的活力，提高盈利能力。

（2）培育壮大粮食产业化龙头企业。组织开展粮食产业化国家重点龙头企业认定，认定和扶持一批具有核心竞争力和行业带动力的粮食产业化重点龙头企业，促进资产、资源向优势企业集中，做强做优做大一批骨干龙头企业，增强带动辐射能力，使之成为粮食产业发展的“领军者”。引导支持龙头企业通过多种方式与种粮大户、家庭农场、农民合作社结成经营联合体和利益共同体，引导优质粮食种植，带动农民增收、农村发展。

（3）发展大型粮食集团。以资本、资产、资源、品牌和市场为纽带，通过产权置换、股权转让、品牌整合、兼并重组等方式，发展跨所有制、跨行业、跨区域的大型粮食企业集团，延长、拓宽从田间到餐桌的粮食产业链，提升粮食产业链价值，发挥对粮食产业经济发展的示范、引领、带动作用，推动粮食产业转型升级。

（4）支持多元主体协同发展。鼓励多元主体开展多种形式的合作与融合，大力培育和发展粮食产业化联合体。鼓励龙头企业与产业链上下游各

类市场主体按照“资源集结、业务对接、收益共享”的原则成立粮食产业联盟，共同制订标准、创建品牌、开发市场、攻关技术、扩大融资等，促进产业联盟内各企业建立密切的战略合作关系，实现粮食产业资源优化配置、优势互补。支持符合条件的多元主体积极参与政策性粮食收储、仓储物流设施建设、产后服务体系建设等；在确保区域粮食安全和风险可控的条件下，探索创新多元主体龙头企业参与地方粮食储备机制。

2. 构建有效发展模式，提升粮食产业经济发展质效

探索不同类型的粮食产业经济发展模式，有效对接和整合上下游资源，推进粮食产业由传统发展方式向现代发展方式转变、由粗放经营向集约经营转变，实现粮食产业高效、协调、健康、持续发展。

（1）发展全产业链模式。鼓励支持粮食企业积极参与粮食生产功能区建设，推动粮食企业向上游与新型农业经营主体开展产销对接和协作，通过定向投入、专项服务、良种培育、订单收购、代储加工等方式，探索开展绿色优质特色粮油种植、收购、烘干、储存、专用化加工试点；向下游延伸建设物流营销和服务网络，实现粮源基地化、加工规模化、产品优质化、服务多样化。开展粮食全产业链信息监测和分析预警，加大供需信息发布力度，促进粮食产业链上下游对接、产前产中产后联接，形成各环节贯通、各主体和谐共生发展的良好产业生态，构建从种到收全过程、全产业链的配套服务体系。大力实施“建链、补链、强链”工程，粮源优势突出的地方，要积极培植和引进龙头企业，带动发展配套企业，高起点建立粮食加工流通产业链；产业链条缺失的地方，要大力发展粮食深加工产品及副产品综合利用，加快向高端和终端延伸；产业初具规模但层次较低的地方，要通过注入技术、管理、资本、品牌、服务等要素，提高产品附加值和竞争力。

（2）发展粮食产业园区模式。依托粮食主产区、特色粮油产品和关键粮食物流通道、节点，按照集仓储、加工、物流、贸易、质检、信息服务等功能为一体的模式，建设一批产能集聚、技术领先、功能配套、关联度高的国家现代粮食产业发展示范园区（基地），推进产业向优势产区、关键物流节点集

中布局。完善基础设施、公共服务和配套政策，引导关联产业、配套产业、相关服务业向园区集聚，采取园中园、共建园、特色园等方式，对接开发区、高新区、综合保税区、“双创”平台、科技孵化器等，形成项目集中、资源集约、功能集成区，提升园区现代化、规模化、集约化、专业化、标准化、智能化水平，建设成为推动粮食产业经济发展的重要载体。

(3)发展循环经济模式。鼓励粮食企业建立低碳、环保、绿色的循环经济系统，加大粮食开发利用深度，探索多元化利用途径，降低单位产品能耗和物耗水平，实现粮油加工副产物循环、全值和梯次利用，提高粮食综合利用率和产品附加值。以绿色粮源、绿色仓储、绿色工厂、绿色园区为重点，构建绿色粮食产业体系。推广“仓顶阳光工程”“稻壳发电”等新能源项目，大力开展米糠、碎米、麦麸、麦胚、玉米芯、饼粕等副产物综合利用示范，促进产业提质增效。

(4)发展粮食产后服务模式。顺应粮食收储制度改革和农业适度规模经营发展新形势，整合仓储设施资源，以粮食收储加工企业为主体，建设一批集收购、储存、烘干、加工、销售、质量检测、信息服务等功能于一体的粮食产后服务中心，为农户提供粮食“代清理、代干燥、代储存、代加工、代销售”等全方位、多元化优质服务，打通收储的“最后一公里”，推进农户科学储粮行动，促进粮食提质减损。

(5)发展主食产业化模式。适应新型城镇化发展和居民生活方式转变的需要，大力发展方便食品、速冻食品，推进主食工业化、产业化、社会化发展。开展主食产业化示范工程建设，认定一批放心主食示范单位，推广“生产基地+中央厨房+餐饮门店”“生产基地+加工企业+商超销售”“作坊置换、联合发展”等新模式。保护并挖掘传统主食产品，加大主食产品与其他食品的融合创新，鼓励和支持开发个性化功能性主食产品。

(6)发展产业融合模式。支持粮食生产者与经营者以产品为依托，发展订单粮食和产业链金融，开展共同营销，强化对种粮农户的技术培训、信贷担保等服务。以产业为依托，发展粮食产业化，建设一批粮食一二三产业融合先导区和粮食产业化示范基地，推动农民合作社、家庭农场、种粮大户与粮食龙头企业、配套服务组织集群集聚。以产权为依托，推动农民以土地经营权入股企业，通过“保底+分红”等形式增加农民种粮收入。以产城融合为依托，引导粮食加工业向县域重点乡镇及产业园区集中，推动粮食产业发展与新型城镇化建设相结合。

3. 实施“三品”战略，着力提高粮食产品供给质量和效率

以市场需求为导向，依托“优质粮食工程”，建立“优质优价”的粮食生产、分类收储和交易机制，增加优质品种、提升品质、创建品牌，推进绿色优质粮食产业体系建设。

（1）提高粮食产品品质。推进“优质粮食工程”建设，积极引导和支持各地发展绿色优质粮食生产，重点发展有机小麦、水稻和杂粮。支持鼓励粮食企业按照“公司+中介+基地+农户”的产业化模式，建立绿色优质粮源基地，引导农户按照市场需求进行规模化、标准化生产，为发展优质、高端、高附加值的粮油加工提供充足的优质粮源。鼓励有条件的粮食企业开展专收专储、定点加工、专营专供，大力发展绿色优质粮食产业链。鼓励企业推行更高质量标准，建立粮食产业企业标准领跑者激励机制，提高产品质量水平。

（2）增加精深加工产品供给。支持粮食主产区依托粮食资源优势，积极发展粮食精深加工，完善粮食精深加工转化产品链条和产业体系。按照安全、优质、营养、健康等要求，增加专用米、专用粉、专用油、功能性淀粉糖、功能性蛋白粉等食品，以及化工、医药、保健等领域的有效供给，逐步补齐产品短板，减少相关产品进口依赖。

（3）创建知名品牌。认真落实习近平总书记关于“粮食也要打出品牌，这样效应好，价格高”的重要指示精神，加强粮食品牌建设顶层设计，通过质量提升、自主创新、品牌创建、特色产品认定等手段，多方宣传推介，创建一批特色鲜明、质量过硬、知名度高、信誉良好的区域品牌、企业品牌和产品品牌。把品牌建设与粮食生产功能区、产业园区等建设相结合，整合财政、

金融、土地、环保、水利等方面的政策资源，建立激活民间投资的机制，加强园区优势项目建设，形成园区出品牌、品牌带园区的格局。加强绿色优质粮食品牌宣传、发布、人员培训、市场营销、评价标准体系、展示展销信息平台建设，开展品牌创建和产销对接推介活动、品牌产品交易会等，挖掘区域性粮食文化元素，联合打造区域品牌，促进品牌整合，提高品牌社会影响力，充分发挥品牌对产业发展的引领作用。

(4)开展“中国好粮油”行动。开展标准引领、质量测评、品牌培育、营销渠道和平台建设及试点示范，打造消费者认可的“中国好粮油”。完善优质粮油质量标准，建立“中国好粮油”系列标准，不断提高国产粮油产品的美誉度。加强高于“国标”和“行标”的优质粮油产品的研发，开发生产优质粮食新产品和功能性食品，进一步引导粮食种植、加工等环节的提质升级。建立“中国好粮油”产品及品牌遴选、信息发布和动态调整等机制，引导和推介优质专用粮食进入平台交易。鼓励支持发展“全谷物”等新型营养健康食品，建立“谷类健康消费指南”，促进消费升级，为“中国好粮油”产品培育市场。

4.依靠科技创新，驱动粮食产业经济转型升级

以科技创新为核心的全面创新是推动粮食产业发展的内生动力，要把创新摆在粮食产业发展的核心位置，把增强技术实力作为构建产业新体系的战略支点，健全以市场为导向的粮食产业创新体系，努力提高粮食行业创新发展能力。

(1)加快推动科技创新突破。大力推进信息、生物、新材料等高新技术在粮食产业中的应用，开展粮油安全储存、现代物流、质量安全、精深加工与营养健康的基础研究，加快在节粮减损、加工转化、现代物流、“智慧粮食”等关键核心技术和新产品方面取得突破。认定一批工程技术研发中心，重点支持在粮油加工业关键设备、创新产品等方面的研发，提高粮机及仪器设备制造水平和自主创新能力。加强功能性粮油和食品研发、推广，满足城乡居民多元化、个性化、定制化食品消费需求。

(2)加强科技成果转化应用。深入实施“科技兴粮”工程,建立粮食产业科技成果转化信息平台,健全定期发布制度,开展粮食科技创新供与需、科研机构与粮油企业、科技人才与用人单位“三个对接”,推动科技成果产业化。发挥粮食行业国家工程实验室、重点实验室成果推广示范作用,支持骨干企业与科研机构、高校,共同建设一批粮食科技成果集成示范基地、科技协同创新共同体和技术创新联盟,设立研发基金、成果推广工作站,推动科技资源开放共享。紧跟国际粮食科技发展趋势,紧贴国内粮食产业发展对科技的需求,不断更新技术改造项目储备库,支持重点企业全面实施技术改造升级。

(3)强化企业技术创新能力。落实国家鼓励和支持企业自主创新的政策,用好研发费用加计扣除等优惠政策,支持企业建设技术中心,鼓励企业加大研发投入,引导创新要素向企业集聚,增强企业创新动力、创新活力、创新能力。鼓励有条件的粮食龙头企业建立研发机构,依托大型粮食企业,培育壮大一批科技创新型实体和产业技术创新联盟。着力构建以企业为主体、市场为导向、产学研用结合、科技资源共享、技术优势互补的粮食企业科技创新体系。

5. 实施“互联网+粮食”战略,支持粮食产业信息化发展

依托云计算、大数据、物联网等先进理念和技术,着力提升粮食仓储物流信息化水平,加快建立粮食行业大数据,推动粮食电商平台建设,为粮食产业经济发展提供重要支撑。

(1)发展信息化粮食仓储物流。利用互联网技术,构建区域性粮食物流信息服务平台,积极推广应用绿色生态智能储粮技术,推进智能烘干、智能仓储物流和中转体系建设,提升粮食物流信息化、自动化、智能化水平和运转效率。

(2)建立国家级粮食行业大数据库。制定行业数据标准,建立粮食行业信息资源目录体系和数据交换共享机制,形成粮食行业统一、公共的数据资源池,实现全行业各系统、各类数据来源的集中整合和统一存储。利用行

业大数据资源提升粮食宏观调控、行业监管以及公共服务的精准性和有效性。

（3）发展粮食电子商务。完善国家粮食电子交易平台体系，拓展物流运输、金融服务等功能，发挥其服务种粮农民、购粮企业的积极作用。运用好综合性电商平台和垂直电商平台，鼓励企业通过自建电子商务平台或借助现有电子商务平台，大力发展“网上粮店”，积极推广粮食网络交易会、“OPO”电商、众筹电商等零售新业态、新模式，促进线上线下融合发展，推进粮食网络经济发展。

6. 利用国内国际“两种资源、两个市场”，推动粮食产业经济开放发展

随着居民生活水平的提升，仅依靠国内自然禀赋全面解决粮食供给问题难度较大。保障国家粮食安全，必须要有全球视野和战略布局，重点是搞好进出口调节和实施粮食产业“走出去”战略，拓展粮食产业经济发展空间。

（1）制定并实施明确的粮食进口战略。合理确定粮食进口规模，积极实施进口多元化战略，以签订中长期贸易协议等方式，释放稳定的粮食进口需求信号，引导国际市场，避免出现国际市场不利于我国粮食进口的乱象。在巩固现有粮食进口渠道的同时，积极拓展新的进口来源，合理分散进口风险。鼓励粮食企业通过多种方式进入国际粮食贸易主渠道，增强在国际贸易中的话语权和定价权。加快与主要出口国签订粮食产品进口检验检疫协议，合理运用非关税壁垒等措施，维护国内产业和生态安全。加大打击粮食产品走私力度，规范边民互市管理。

（2）推动粮食企业“走出去”。按照加强周边、拓展美洲、发展非洲的思路，坚持企业运作、政府扶持的原则，鼓励和支持有条件的粮食企业“走出去”，开展粮食生产、加工、仓储、物流、装备制造等跨国经营与合作。以发展粮食仓储物流为主要切入点，以种植、加工和国际贸易为补充，加快与所在国当地政府和粮食企业投资合作，逐步建立境外“产销加储运”基地。鼓励在“一带一路”沿线以及非洲、拉美等区域和国家，建立一批境外粮食产

业合作园区，奠定我国与这些国家粮食发展战略合作的基础。

(3)培育国际大粮商。培育具有国际竞争力和品牌知名度的生产商、贸易商和跨国粮食企业集团，支持企业在粮食生产、加工、仓储、港口和物流等环节开展跨国战略布局。按照“扶优扶强”原则，重点扶持大型涉粮企业完善国内外产业布局，提升其在国际市场上的资源掌控能力、经营能力及市场竞争力。

7. 依托“粮安工程”和“优质粮食工程”，加强粮食产业基础设施建设

扎实推进“粮安工程”建设，大力实施“优质粮食工程”，加强粮食仓储设施建设与利用、加工设施技改、现代物流设施建设和质量安全检验检测体系建设的力度，夯实粮食产业经济发展的物质基础。

(1)统筹粮食仓储设施建设和资源利用。根据粮食收储、物流和产业经济发展需要，不断优化仓储设施布局，重点支持仓容不足地区仓储设施建设。按照“绿色、生态、智能、高效”储粮要求，改造提升仓储设施，提高仓储设施机械化、自动化水平，实现粮食进出库管理、库存管理信息化，粮食装卸和中转智能化。以仓储设施为资本，通过参股、控股、融资等多种形式放大国有资本功能，扩展粮食仓储业服务范围。多渠道开发现有国有粮食企业仓储设施用途，为粮食新型生产经营主体和种粮农户提供产后服务，为加工企业提供原粮仓储保管服务，为期货市场提供交割服务，为“互联网+粮食”经营模式提供“公共仓”交割服务，为城乡居民提供粮食产品配送服务。

(2)加快粮食加工设施技改。适应粮食消费提档升级和产业发展转型升级要求，强化食品质量安全、环保、能耗、安全生产等约束，倒逼一批低效率、小规模的粮食加工厂关停并转，加快淘汰粮食加工落后产能与设施。要把技术改造作为粮食产业转型升级的“牛鼻子”，紧密对接市场需求、先进技术、绿色发展，加快改造粮食加工生产线或设施，建设科技含量高、智能化程度高、资源利用效率高的生产线，发展高效节粮节能成套粮油加工装备。引入机器人技术，建设粮食智能工厂。

(3)加快粮食现代物流设施建设。落实《粮食物流业“十三五”发展规

划》要求，加强粮食物流基础设施和应急供应体系建设，优化物流节点布局，完善物流通道。支持铁路班列运输，降低全产业链物流成本。建设以港口码头、铁路枢纽站、汽运集散地、中心城市为节点，以大型国家储备粮直属库为基础的粮食物流体系。鼓励产销区企业通过合资、重组等方式组成联合体，提高粮食物流组织化水平。加快粮食物流与信息化融合发展，促进粮食物流信息共享，提高粮食流通效率。加大物流基础设施改造力度，推动粮食物流标准化建设，原粮物流推广“四散化”、集装化、标准化。

(4)完善粮食质量安全检验检测体系。按照“机构成网络、监测全覆盖、监管无盲区”的原则，建立与完善由国家、省、市、县四级粮食质检机构构成的粮食质量安全检验检测体系。加强优质、特色粮油产品标准和相关检测方法标准的制修订。开展全国收获粮食质量调查、品质测报和安全风险监测，加强进口粮食质量安全监管，建立进口粮食疫情监测和联防联控机制。积极推广应用粮食物联网等技术，建立覆盖从产地到餐桌全过程的粮食质量安全追溯体系和平台，进一步健全质量安全监管衔接协作机制，形成上下联动、横向互通的粮食质量安全检验检测体系。

四、推进粮食产业经济发展的措施建议

粮食产业经济的发展需要政府加强顶层设计和指导、扶持，要采取强化财税支持力度、健全完善金融保险政策、健全产业发展用地制度、深化粮食流通领域改革、强化公共服务能力等措施，促进粮食产业经济加快发展。

(一)加强财税支持

1. 增强财政资金支持力度

充分利用好现有资金渠道，支持粮食仓储物流设施、国家现代粮食产业发展示范园区(基地)建设和粮食产业转型升级。统筹利用商品粮大省奖励资金、产粮产油大县奖励资金、粮食风险基金等支持粮食产业发展，对粮

食产业龙头企业、承担粮食安全应急任务和纳入优质粮食工程的企业新增仓储与加工能力,以及进行技术改造升级等方面给予大力支持。新型农业经营主体购置仓储、烘干设备,应享受农机购置补贴政策。农业综合开发资金要重点支持粮食产业化经营企业发展优质粮品种选育、新品种推广和粮食生产功能区建设。将粮油加工纳入民生工程,对粮油运输按蔬菜等鲜活农产品给予免收过路费政策,降低粮食企业的生产经营成本,支持粮食收储制度改革和产业经济发展。建立国家级粮食产业经济发展财政专项资金长期投入和增长机制,将专项资金列入财政预算予以保障;省级地方政府配套财政专项资金,在固定资产购置、装备技术升级改造、技术引进等方面给予贷款贴息扶持。充分发挥财政资金优化配置和引导功能,撬动金融资本和社会资本加大对粮食产业的投入。

2. 加大税收优惠支持力度

粮油加工龙头企业从事粮食深加工所得,按规定减免企业所得税。落实国家简并增值税税率有关政策,扩大现行优惠增值税的实施范围,将粮食加工企业纳入农产品增值税进项税额核定扣除试点行业范围,给予更多粮食加工企业即征即退的优惠。进一步完善国有粮食企业土地出让、税收减免等优惠政策,加大对重组改制后的国有粮食企业税收优惠政策支持力度。对符合国家高新技术目录并经国家有关部门批准引进的粮食相关技术与设备,减免进口关税和进口环节增值税。大力支持主产区发展粮食加工,明确粮食初加工企业用电执行农业生产用电优惠政策。

(二)完善金融保险支持政策

1. 鼓励金融机构加强资金支持

政策性、商业性金融机构要在风险可控的前提下加大对粮食产业发展和产业化重点龙头企业的信贷支持。国家开发银行和农业发展银行要发挥政策性银行支持粮食产业发展的主渠道作用,加大对订单粮食生产基地、粮食物流项目、国家现代粮食产业发展示范园区(基地)建设、仓储基础设施和技术改造项目等贷款支持力度;对资信状况好、抗风险能力强的优质企业,提供差别化的优质服务,开辟办贷绿色通道,降低贷款利率。鼓励引导商业性金融机构对有市场前景和经营效益的粮食产业化龙头企业,进一步加大信贷支持,为粮食产业化龙头企业科技创新、转型升级、开发新产品与拓展市场提供新的金融产品和服务。探索建立涉粮贷款担保中心,总结推广东北玉米收购贷款信用保证基金的做法,建立健全粮食收购贷款信用保证基金融资担保机制,采取企业互联互保和国家、省级农业信贷担保机构托底等方式为企业贷款提供担保,切实缓解粮食企业"融资难"问题。

2. 建立多元化投融资机制

高度重视粮食产业资本与金融资本融合,鼓励社会资本、金融资本参与粮食产业经济发展,拓宽企业融资渠道,为粮食收购、加工、仓储、物流等多环节提供多元化金融服务。积极引导私募股权投资基金、创业投资基金及各类投资机构投资粮食产业项目,支持符合条件的粮油企业上市融资或在新三板挂牌,以及发行公司债券、企业债券、并购重组等。在做好风险防范的前提下积极开展厂房抵押和存单、订单、应收账款质押等融资业务,创新产业链金融等服务模式。

3. 建立粮食产业发展投资基金

在每年的财政增量收入和国家土地出让金收入中提取一定比例,同时吸收社会资本,建立粮食产业发展投资基金,实行封闭运行、市场化运作方式,以股权投资等形式带动社会资本投向粮食产业领域。鼓励地方政府建立区域性粮食产业发展投资基金。

4. 加大对农业保险的补贴力度

加大各级财政对粮食保险保费补贴力度,提高保险赔偿标准和保险服务水平。鼓励保险机构扩大粮食保险品种和范围,支持企业开展对外粮食合作和"走出去"保险服务。引导粮食企业合理利用农产品期货市场管理价格风险。推进粮食专业合作社开展互助保险试点,探索开展村集体代保等粮食保险新形式,进一步完善包括再保险、巨灾基金、巨灾风险证券化、保险融资等多种方式的巨灾风险转移分摊机制。

（三）健全用地支持制度

1. 支持和引导土地经营权有序流转

扎实做好农村土地确权登记颁证工作，鼓励采用土地股份合作、土地托管、代耕代种等多种经营方式，探索更多搞活土地经营权的有效途径，引导土地经营权流向种粮能手和新型经营主体，开展土地适度规模化经营，为发展粮食全产业链经营和增加绿色优质粮食产品供给创造条件。

2. 对粮食产业经济发展项目建设用地给予倾斜

在土地利用总体规划和年度计划中，对粮食行业发展重点项目建设用地予以统筹安排和重点支持。结合本地区土地总体规划修编，将建设用地规模和年度计划指标向粮食产业发展项目倾斜。支持和加快国有粮食企业土地变性确权登记，减免或返还土地出让金，增强企业融资功能。改制重组后的粮食企业，可依法处置土地资产，用于企业改革发展和解决历史遗留问题。对粮油加工企业用地要统筹考虑，积极支持粮油企业退城进郊，优先安排粮油产业园区建设用地需求。

（四）加大粮食流通领域改革力度

1. 深化收储制度改革

按照“市场定价、价补分离”的原则，进一步深化和完善粮食收储制度改革，合理调整小麦、稻谷政策性收储的价格水平和执行区域，在价格上逐步与市场接轨，在执行区域上重点保护品种具有种植优势的集中产区，引导发展绿色优质、适应消费需求的粮食生产，真正发挥市场在粮食价格形成中的主导作用，防止出现新的粮食库存积压。鼓励和引导加工、贸易等各类市场主体积极入市收购粮食，充分发挥各类市场主体对粮食供求的调节作用。

2. 健全完善粮食主产区利益补偿机制

进一步加大对粮食主产区奖励补助力度，逐步增加产粮大县奖励资金规模,保护产粮大县重农抓粮的积极性。比照重点生态功能区转移支付政策,制定粮食主产区转移支付政策。加大对主产区的政策和项目扶持,提高粮食加工转化率和产品附加值,推动一二三产业融合发展,将主产区的粮食库存、粮食资源转化为经济发展优势,促进主产区扩大就业、发展经济。

3. 将粮食产业发展纳入粮食安全省长责任制考核范围

建立粮食产业发展监督考核机制,加大在粮食安全省长责任制考核中的权重,形成上下联动的氛围,全面推进粮食产业加快发展。

(五)强化公共服务能力

1. 加强粮食产后服务

充分发挥国家财政专项资金的引导和支持作用,推动各地结合实际建设粮食产后服务体系,充分发挥粮食企业一头连着加工和市场、一头连着农民的优势,服务新型粮食生产经营主体和农户需要。

2. 提升行业服务水平

发挥各类粮食行业协会(商会)在标准、信息、人才、机制等方面优势,创新粮食行业协会运作理念,以客户需求为抓手和突破方向,积极开展网络信息、科技创新、人才培养、品牌创建、区域合作、国际交流等多元化全方位综合性服务,不断提升为企业服务能力和水平,推进粮食产业经济健康发展。

3. 强化行业监管

完善粮食流通监管的各项规章制度,加快部门之间、上下层级监管信息互联互通。强化粮食流通服务监管,加强市场准入、政策执行、流通统计、质量卫生监管、仓储备案管理等重点环节的行政执法监管。加强行业诚信体系建设,为粮食产业经济发展创造公平公正、规范有序的市场环境。

4. 加强行业人才培养

发展粮食高等教育和职业教育,支持高等院校和职业学校开设粮食产业相关专业和课程,完善“政产学研用”相结合的协同育人模式,加快培养行业短缺的适用型人才。加强职业技能培训,举办职业技能竞赛活动,培育“粮工巧匠”,提升粮食行业职工的技能水平。

（执笔人:颜波、胡文国、周竹君、姜明伦、曾伟）

参 考 文 献

王济民、张灵静、欧阳儒彬:《改革开放四十年我国粮食安全:成就、问题及建议》,《农业经济问题》2018 年第 12 期。

严志平:《打造优质粮油需要处理好六个关系》,《中国粮食经济》2018 年第 7 期。

程永波:《关于实施粮食产业强国战略　增加优质粮食供给对策的提案》,《中国粮食经济》2019 年第 1 期。

刘波:《推进新时代我国粮食经济高质量发展》,《中国粮食经济》2019 年第 1 期。

许正斌、张宇翔:《乡村振兴与粮食产业高质量发展》,《中国粮食经济》2018 年第 10 期。

中粮集团有限公司:《全产业链模式助力粮食产业转型升级》,《中国粮食经济》2017 年第 10 期。

颜波:《贯彻新发展理念　加快推进粮食产业高质量发展》,《中国粮食经济》2020 年第 4 期。

李浩民:《新时代高质量发展框架再探讨:理论内涵、制度保障与实践路径》,《现代管理科学》2019 年第 2 期。

叫婷婷:《经济高质量发展的内涵和测度——一个文献综述》,《金融发展评论》2019 年第 5 期。

盛朝迅:《理解高质量发展的五个维度》,《经济日报》2018 年 5 月 1 日。

蒋和平、崔凯:《我国粮食主产区农业现代化指标体系的构建和测算及发展水平评价》,《农业现代化研究》2011 年第 6 期。

刘海龙、杨茂:《粮食加工方式转变指标体系构建及综合评价研究》,《河南农业大学学报》2014 年第 1 期。

辛岭、安晓宁:《我国农业高质量发展评价体系构建与测度分析》,《经济纵横》2019

年第5期。

张军扩、侯永志、刘培林等:《高质量发展的目标要求和战略路径》,《管理世界》2019年第7期。

王瑞峰、李爽、王红蕾、李靖:《中国粮食产业高质量发展评价及实现路径》,《统计与决策》2020年第14期。

陈玉中、周竹君、亢霞:《我国粮食市场体系的典型考察与思考》,《中国粮食经济》,2019年。

杜洪燕、陈俊红、李芸:《推动小农户与现代农业有机衔接的农业生产托管组织方式和利益联结机制》,《农村经济》,2021年。

尹成杰:《后疫情时代粮食发展与粮食安全》,《农业经济问题》,2021年。

[美]熊彼特:《经济发展理论》,何畏、易家洋译,商务印书馆1990年版。

朱世贵:《中国农业科技体制百年变迁研究》,南京农业大学博士学位论文,2012年。

刘思明、张世瑾、朱惠东:《国家创新驱动力测度及其经济高质量发展效应研究》,《数量经济技术经济研究》2019年第4期。

尚勇敏、曾刚:《科技创新推动区域经济发展模式转型:作用和机制》,《地理研究》2017年第12期。

刘汉初、樊杰、周侃:《中国科技创新发展格局与类型划分——基于投入规模和创新效率的分析》,《地理研究》2018年第5期。

姚磊:《中国粮食科技体制改革回顾与展望》,《河南工业大学学报(社会科学版)》2012年第4期。

贾永飞:《多主体共同参与　构建科技创新治理体系》,《科技日报》2019年12月22日。

李丰、蔡荣、曹宝明等:《中国粮食发展报告——中国的粮食产业》,经济管理出版社2017年版。

刘慧:《打造“中国好粮油”推动粮食产业高质量发展》,《中国食品》2020年第2期。

刘慧:《粮食产业仍存短板　加快打造“中国好粮油”供应链》,《经济日报》2019年12月30日。

唐仁敏、陈思锦:《建设粮食产业强国　守卫“舌尖上的安全”》,《中国经贸导刊》2020年第2期。

王佳莉:《中粮集团“全产业链”战略研究》,北京交通大学,2011年。

李喜贵:《国际粮商发展经验对培育我国大粮商的启示》,《中国经贸导刊(中)》2021 年第 4 期。

许益亮、靳明、李明焱:《农产品全产业链运行模式研究——以浙江寿仙谷为例》,《财经论丛》2013 年第 1 期。

裴晗:《跨国粮商对我国粮食产业的控制战略及应对措施》,浙江工商大学,2013 年。

朱勤、勤裴晗、高铁生:《经济全球化视野下跨国粮商对我国粮食安全的影响》,《经济研究参考》2015 年第 56 期。

高维龙:《产业集聚驱动粮食高质量发展机制》,《华南农业大学学报(社会科学版)》2021 年第 2 期。

叶兴庆:《推进"一带一路"农业合作促进我国未来全球粮食供应体系多元化》,《中国粮食经济》2018 年第 7 期。

程国强、朱满德:《中国农业实施全球战略的路径选择与政策框架》,《改革》2014 年第 1 期。

孙致陆、李先德:《"一带一路"沿线国家粮食发展潜力分析》,《华中农业大学学报(社会科学版)》2017 年第 1 期。

金三林:《对新时期我国农业"走出去"的战略思考》,《发展研究》2015 年第 4 期。

宋洪远、徐雪等:《扩大农业对外投资加快实施"走出去"战略》,《农业经济问题》2012 年第 7 期。

周曙东、赵明正等:《世界主要粮食出口国的粮食生产潜力分析》,《农业经济问题》2015 年第 6 期。

国家粮食和物资储备局:《实施国家粮食安全战略　守住管好"天下粮仓"》,《人民日报》2020 年 4 月 27 日。

祁华清:《论产业政策的有效性》,《武汉交通科技大学学报》2000 年第 6 期。

尹义坤:《中国粮食产业政策研究》,东北农业大学博士学位论文,2010 年。

黄英、刘斌:《论政策体系的结构与功能》,《理论探讨》1992 年第 4 期。

张明、杨颖、邹小容等:《新时期中国粮食补贴政策的战略协同与差异设计》,《农业经济问题》2021 年第 3 期。

严志平:《打造优质粮油需要处理好六个关系》,《中国粮食经济》2018 年第 7 期。

周静:《我国粮食补贴:政策演进、体系构成及优化路径》,《西北农林科技大学学报(社会科学版)》2020 年第 6 期。

陈祥云、李荣耀、赵劲松:《我国粮食安全政策:演进轨迹、内在逻辑与战略取向》,《经济学家》2020年第10期。

陈玉中、胡文国等:《建党百年来中国共产党领导粮食流通体制改革的光辉历程和取得的伟大成就(上)》,《中国粮食经济》2021年第7期。

张承惠、潘光伟等:《中国农村金融发展报告2018—2019》,中国发展出版社2020年版。

陈印军、易小燕、陈金强:《藏粮于地战略与路径选择》,《中国农业资源与区划》2016年第12期。

吴晓玲:《抓住机遇迎接挑战全面提高种业创新水平》,《中国农技推广》2018年第10期。

郑国富:《中国小麦进口贸易发展的格局演进与路径优化》,《农业展望》2020年第1期。

Kamaev V., Intensification and the Quality of Economic Growth, *Problems of Economic Transition*, 1986, 28(11).

Daniele V., Natural Resources and the "Quality" of Economic Development, *Journal of Development Studies*, 2011, 47(4).

后　　记

党的十九大报告指出，我国社会主要矛盾已经转化为人民日益增长的美好生活需要和不平衡不充分的发展之间的矛盾，我国经济已由高速增长阶段转向高质量发展阶段。2021 年 3 月，习近平总书记在参加十三届全国人大四次会议青海代表团审议时强调，高质量发展是“十四五”乃至更长时期我国经济社会发展的主题，关系我国社会主义现代化建设全局。粮食产业是关系国计民生的基础性、战略性产业，正处于数量增长转向数量增长与质量提升并重的重要关口，推动粮食产业高质量发展既是满足人民群众“吃得饱”“吃得好”“吃得营养健康”需求的迫切要求，也是构建更高层次、更高质量、更有效率、更可持续的国家粮食安全保障体系的重要途径。

2018 年 12 月，国家粮食和物资储备局确定颜波同志为首批全国粮食行业领军人才。该项目以粮食产业高质量发展为主题，依托中国粮食研究培训中心，联合南京财经大学、武汉轻工大学有关专家，立足新发展阶段，贯彻新发展理念，围绕粮食产业高质量发展理论与现实问题，深入开展课题研究和实践调查，形成了一批研究成果，有些成果获得国务院领导同志重要批示。同时，还在《中国粮食经济》开辟领军人才专栏，刊发论文近 20 篇。该项目的实施，推动加强了粮食产业高质量发展的研究，为政策决策和实际工作提出了有针对性的措施建议，也推动了人才队伍建设，提升了团队学术研究能力和水平。

本书是该项目实施期间形成的一部分重要成果。在课题研究和调研报告的基础上,按照总论篇、专题篇和调研篇三个部分进行统稿,共十六章。第一章为总论篇,主要研究了粮食产业高质量发展的基本内涵、实现路径和政策建议;第二章至第十章为专题篇,重点是粮食产业高质量发展的评价指标、市场主体、科技创新、技能人才培养、收储制度改革、优质粮食工程、产业融合、国际合作和政策体系等方面的专题研究;第十一章至第十六章为调研篇,主要收录了有关重点问题的调研报告,为总论和专题研究提供支撑。本书在统稿时,尽量保持了研究成果当时的原貌,同时也从书稿的整体性、严谨性、准确性等方面进行了必要的调整优化和修改完善,颜波、姜明伦、曾伟负责了书稿的统稿和修改工作;郑凤宜、荆赛做了大量的书稿整理和沟通协调工作。

在项目实施和本书出版的过程中,国家粮食和物资储备局有关领导同志,国家粮食安全政策专家咨询委员会副主任委员赵中权、专家委员胡恒洋和李国祥等专家给予了指导支持;国家粮食和物资储备局人事司、有关地方粮食和物资储备部门、粮食企业提供了支持帮助,在此一并表示诚挚的感谢!

推动粮食产业高质量发展是当前和今后一个时期政策研究和实践工作的一项重要课题,还有待于进一步的深化研究和推动实践。本书仅是一些初步的探索,不足之处恳请批评指正。

本书编写组

2021年12月

策　　划:王　彤
责任编辑:高晓璐
封面设计:王欢欢

图书在版编目(CIP)数据

粮食产业高质量发展理论与实践/颜波 等 著. —北京:人民出版社,2022.5
ISBN 978 - 7 - 01 - 024685 - 7

Ⅰ.①粮…　Ⅱ.①颜…　Ⅲ.①粮食行业-产业发展-研究-中国
Ⅳ.①F326.11

中国版本图书馆 CIP 数据核字(2022)第 058066 号

粮食产业高质量发展理论与实践

LIANGSHI CHANYE GAOZHILIANG FAZHAN LILUN YU SHIJIAN

颜　波等　著

人民出版社 出版发行
(100706　北京市东城区隆福寺街 99 号)

北京九州迅驰传媒文化有限公司印刷　新华书店经销

2022 年 5 月第 1 版　2022 年 5 月北京第 1 次印刷
开本:710 毫米×1000 毫米 1/16　印张:16.75
字数:240 千字

ISBN 978 - 7 - 01 - 024685 - 7　定价:68.00 元

邮购地址 100706　北京市东城区隆福寺街 99 号
人民东方图书销售中心　电话 (010)65250042　65289539